馬國興釋讀

《渾元劍經》

馬國興　釋讀
崔虎剛　整理

前言

馬國興先生，祖籍河北肅寧，出生於北京，七歲啟蒙，隨父修練傳統拳術內、外功夫及基本攻防技法，功夫早成，青年時期即練就「骨響齊鳴」之功。後回到祖籍地，隨其堂祖馬金鐸、表祖柳明三、師爺田京奎三人繼續深造，常以其中一人之秘授打法求教另一人之破法，再於第三人處印證，循環往復。十年後，終至懂勁之藝境，以獨臂練就了「渾身是手」的功夫。

自1998年開始，在常學剛先生和我的支持與幫助下，馬國興先生在《武魂》雜誌上連續發表多篇署名文章，遂為武學界所矚目。同期，經我推薦，在王占偉先生及王躍平編輯的幫助下，馬國興先生正式出版了《古拳論闡釋》《古拳論闡釋續編》《龍涎集》等傳統拳術著作。這些作品不僅有助於廣大武術愛好者理解拳術技法，而且提高了人們對我國傳統文化與傳統武學的認識，在武學界引起很大反響。

馬國興先生一生刻苦修練傳統拳術，潛心於我國古典拳術理論研究，以自身實修的功夫體驗印證前人的著述，力求用中國古代哲學思想認識並闡發傳統拳術攻防之道的修練、建體、至用及攻防藝境昇華的系列方法，以此形成了一套獨特的「馬氏武學體系」，即以《易經》《道德經》《黃帝內經》及兵家理論等為核心的傳統拳術理法體系。其著有「中華拳術明鏡錄」系列書稿近百部（包括《易經卷》《道德經卷》《孫子兵法卷》《渾元劍經闡釋》《少林拳經闡釋》《太極拳經經論註解》《拳術內外功法卷》等），是當今武術界以傳統文化釋論拳術攻防之道的第一人。

歷經多年，克服重重困難，北京科學技術出版社此次推出「馬國興釋讀武學經典（全4冊）」系列，是對《渾元劍經》及經典太極拳譜於傳統文化視角解讀的有益補充。這四本著作將《易經》《道德經》《黃帝內經》及兵家理論等深入地貫穿於論述之中，將刷新學人對太極拳譜及元末明初畢坤先生的《渾元劍經》的認識。

當今傳統武術的傳承存在著兩個「斷代」：一是傳統拳術知識與文化的斷代，二是傳統拳術理論與系統化訓練的斷代。面對前人留下的大量珍貴拳譜、拳論，現代人觀之往往如讀天書，不明所以。本系列書籍的出版，或許能為傳統拳術愛好者們點亮一盞心燈，於斷代之間架起一座橋樑，使今人一窺古人拳法之奧妙。但古籍註釋難免掛一漏萬，斯人已逝，未盡之處，尚請讀者諒解。

馬國興先生常說：「古人誠不欺我，故我不欺人也！」值得一提的是，馬國興先生在該系列叢書中介紹了其很少公開的具體功法，這些功法內外相生、別具一格，期望有心人能借此良機將其發揚光大。

我常想，若馬國興先生尚在，今日留存的《母子拳》等大量珍貴拳譜尚有人可解，而今惟有長嘆了！

崔虎剛謹書

內容提要

《渾元劍經》，明畢坤撰。坤字雲龍，明際劍客，隱居山中。此書分內外兩篇，「內篇」為劍術理法、體用法則，「外篇」為劍術招法及練用法則。

械術、拳術皆為手戰之道，拳術功夫乃械術之基礎。兵器練用之理法，與拳術練用之理法緊密相連。

《渾元劍經》論劍道修練之理法，解開了傳統手戰之道理法的千古之謎。此經產生於元末明初，上承宋元，下啟明清，揭示了傳統手戰之道千古真傳的脈絡，闡述了手戰之道修練、建體、至用及攻防功夫藝境昇華的秘訣、宗旨和過程，使我們明白，明清時期傳統手戰之道的發展、完善，是有歷史原因的。

此經能夠指導我們合理看待傳統手戰之道並正確修練之。其於傳統手戰之道的繼承和發揚，功勞大矣！

《渾元劍經》將修練、建體、至用及攻防功夫藝境昇華的理法闡述得精闢詳密，尤其是運用《易經》中「三才」學說闡述的「三才渾化如一之體、一元三玄之用」的理法，將《越女論劍道》中「陰衰陽興、布形候氣、與神俱往」的本質揭示了出來。它使我們領悟到傳統手戰之道自古一脈相傳的真諦，使習拳者對傳統手戰之道的認識更加深入。

序

《渾元劍經》一書據傳為明際劍客畢坤（字雲龍）所著，向無刻本，亦無人校釋，少為世人所知。今幸有國術明家馬國興先生，據中國國家圖書館藏之清末抄本，以十五萬言對全經加以詳釋，著成《馬國興釋讀〈渾元劍經〉》一書。

國術乃中華民族傳統文化中修證自強之學問，此書之問世，使修練傳統拳術者不必苦苦搜珍獵奇，一揭傳統手戰之道修練、建體、至用及攻防功夫藝境昇華的精旨妙諦，功實大歟！

2003年6月

趙瀛州書於北京養德齋

自序

習武者若能得到一部傳統手戰之道的秘訣經譜，必有如獲至寶之感。成書於元末明初時期並流傳至今的《渾元劍經》，實為彌足珍貴的武學真傳秘本。

《渾元劍經》曾數次刊行，惜未引起武術界人士的廣泛關注，而筆者有幸闡釋其奧義，深感《渾元劍經》學術價值和歷史文化價值之大。其理、法、術、功、形、意、體、用的方法之全面，對練、體、用闡述之透徹，傳統武術經譜中少有能與其比擬者。

其立意傳真，宗三一一三之旨，昭明以劍術成道的修練方法。在論述修練之精義時以「仰人何謂乎先？涵養之以靜以蘊其繼（體），靈妙之以動以暢其用」「體非無以立其大本，用非無以徹其元功」，明確了靜動雙修的先後順序和本末關係。此皆為傳統手戰之道修練、建體、至用的基本法則和規矩。

《渾元劍經》申明：「渾之為體也，純而篤靜；其為用也，動而多玄。……又以靈神，渾化清、寧而一之，更至於空靈。是統三才於一致，內而精、氣、神無少缺欠；外而筋、骨、皮一息堅融，至是則內空靈，而外靈便。」同時指明：馭靜以動，動中亦靜，動靜互為其根；柔化剛發，以柔用剛，陰陽迭神其用。

《渾元劍經》提出了形、氣、神三層功夫藝境說。其文曰：「故君子有三變，望之儼然，即之也溫，聽其言也厲。功用到此，謂文兼武全將相身，更必出處有道焉！」

其「三變」之說，即形劍、氣劍、神劍的三層功夫藝境說。如以拳術攻防功夫藝境而言，就是形拳招熟，氣拳懂勁，神拳神明。這與形意拳明勁、暗勁、化勁的分法，以及王宗岳《太極拳論》中所說的「由招熟而漸悟懂勁，由懂勁而階及神明」有異曲同工之妙。

「靈源秘筏」中的「刺猿劍法」提出了形劍的至妙變化之自出，十二式合一式，身柔若絮，靈活穩準，亦與傳統拳術中形拳招熟的功成標準相同。

「飛仙劍法」中提出了氣劍的「含形隨應致變，皆以他力取法，要在心空靈而手靈妙，動靜皆自然，時至神知」，亦同傳統拳術中氣拳懂勁的功成標準。

《渾元劍經》在「要訣」中描述了練至神明藝境後劍道合一的標準：「緊中急，急中猝；勿遲延，勿少躁；來無影，去無蹤，一團清風倏忽。舒以長其筋，緩以蓄其力，遲以運其神，含以招其妙，活以猝其式，短以應其變，長以發其威。不驚不懼要留神，平其氣兮和其心。一聲駭得他人動，便是乘機致勝門。」

這段話中的「來無影，去無蹤，一團清風倏忽」，其實就是對自己的法身道體的描述。而對此道體的描述還有不少，增補記錄如下，以為對照。

放之則彌六合，其大無外，無所不容；捲之則退藏於密，其小無內，無其所入；捲放得其時中，絲毫無差，無不切機。

煉劍莫先於煉氣，煉氣要首，在於存神。存神之始功，根於固精。能此方可以論劍之練法，否則作輟之，鮮有成為完璧者。

直外便能和中，煉形亦可長生，活動筋骨身輕靈，周身氣血力加增。

功夫貴勿剛勿緩，和平得中，且存且養，內外兼濟。

以上諸論，皆與《渾元劍經》「身道之體的存在，有利於內功法修練」的論點相呼應。

《渾元劍經》詳細介紹了內功法中三步睡功夫的六字訣，即「提、催、靈、閏（音按）、妙、工」之修法；行走之間三字訣，即「清、淨、定」的詳細內容；得訣破七殼，即「玄通、靈根、妙鑰、統真、通樞、涵神、洞幽、左輔元龍、右輔白虎」及「殼通」的種種景象。這在一般武學經譜中皆屬較為罕見的內容。

《渾元劍經》在外技修練方面，提出了「餵手」「盤較」的說法及修練的系統方法。其「初基等級詳序」一文中的「十步功法」，對各層的修練內容、等級劃分標準等，陳述得全面詳密又精闢至極。

《渾元劍經》中「飛罡式、飛罡文、告文式、天清咒」的圖示、文字歌訣及論述，記錄了世傳「踏罡步斗」的練習方法，即「直養自然先天之力，在神為非人力，無害者乃順生機之自然，去其害生機者也。養至真息圓滿，百慧叢生，永無生滅。小可經綸，大可讚育天地，故曰則塞於天地之間。」一闢過去俗人妄傳的迷信說法，闡明了「直養的法身道體乃為太和一氣」這一傳統手戰之道正確的修練方法。

《渾元劍經》使我們對傳統拳術（無論外家拳法、內家拳法）攻防之道中「形拳招熟、氣拳懂勁、神拳神明」這種種藝境的分別，看得更加清楚明白。

《渾元劍經》為我們重新認識歷史上外家拳法與內家拳法的爭論及內家拳法的形成時期提供了新的角度。

《渾元劍經》是元末明初的產物，它的出現同當時的武學有著千絲萬縷的聯繫。明清兩代武學大家的學術成果以及論述，基本未能超出《渾元劍經》。

《渾元劍經》為何未被明清兩代的武學大家發現或重視？《渾元劍經》的思想，又何以會或隱或現地影響同時代的武學著作？這些問題提醒我們，應該對元、明、清三個時期中國武術的發展情況進行再認識。這也是《渾元劍經》的價值之一。

此外本書的問世，讓現代習拳者有了一個深刻思考的機會，即現代人應當如何修練傳統拳術攻防之道，才能充分體現其體用的精旨妙義。《渾元劍經》在修練、建體、至用等方面所揭示出來的妙義，為我們繼承、發揚傳統武術，把握其發展趨勢，提供了成功的可能，這亦是《渾元劍經》現實指導意義的體現。

在本書即將付梓之際，我寫下此序，略表對《渾元劍經》的鍾愛之情。

《渾元劍經》一書闡述了劍道的理、法、術、功、形、意、體、用等，內容豐富，結構完善，佈局合理。我亦未能通解，疏漏之處，尚祈讀者見諒。

在釋讀中，我根據文意，對《渾元劍經》部分篇章順序略有調整、補充，特此說明。此文權當讀者諸君進入迷宮的一把鑰匙吧。正是：

奇文共欣賞，精髓自得之。

與友論妙諦，曉喻後覺知。

馬國興

2004年3月書於北京

目錄

仙脈闡宗

【題解】

中國古代的修身流派之中，有「修真」派，又稱仙宗一脈。此脈多習劍術，內修、外修合一，稱「劍道」。「劍道」，為仙宗一脈的主要修練內容。

緊自劍之肇基也哉，於元始天尊，本乎先天一氣之意，則乎木性之曲直，火功之鍛鍊，土性之渾厚，金質之剛柔，水德之清決，因以象形製器、會意劍法，而劍甫成，以為形。

彼時分九宮九式，九九共絡而成，八十一式而已。嗣傳於盤古氏，以降之伏牛氏，遂分門別式，立意傳真，亦宗三一一三之旨，劍儀殆備。後又傳之唐李靖、李謫仙等。

當太宗之時，劍術大興。善斯技者，精而且備。自唐以後，越宋元二代之久，雖精於外功者不少，能行內功者幾稀。

歷於明初元末間，有畢坤者，字雲龍，於韶齡之年，得異授於伏牛氏，因以遁於川之南山水蓮洞。晝則採薪以自食其力，夕便內外兼修。如此者百餘載，而神墜形爽，周遊宇中。又閱百餘載，始緣遇得以融神超脫。

由明溯至於今，數百載以來，克以劍術成道，神化之功曾未聞見也。由斯觀之，劍雖微技，其旨趣亦浩渺焉。是傳脈之要訣，內篇為首。即由人仙而地仙而天仙之階梯，可不言而喻也。

今則畢氏復不敢秘其渡迷之寶筏，濟世全形之梁輿，更授之於大清北直順天府，奉先郡邑，西南周口里之仙宗派者，其意將欲繼絕學，開後覺於將來也。特此謹識。

清真玉妙通玄真人心壇　敬撰

聚雲山主許地雲　敬書

繄自劍之肇基也哉，於元始天尊，本乎先天一氣之意，則乎木性之曲直，火功之鍛鍊，土性之渾厚，金質之剛柔，水德之清決，因以象形製器、會意劍法，而劍甫成，以為形。

【闡釋】

此段直述造劍和劍術起自元始天尊。元始天尊，道教三清之首，道教認為其是「主宰天界之祖」，在太元（即宇宙）誕生之前便已存在，所以尊為「元始」。道家秉承「一氣化三清」之說，一氣，即先天一氣。

在這裡，元始天尊實際是造劍器、創劍術的先人們的象徵。元始者，初也。天尊者，大也，大道也。

先人們根據天道木、火、土、金、水五行生剋制化的道理，造出了劍這一攻防器具，並創造了劍術和劍道的練、體、用等一系列功法。

彼時分九宮九式，九九共絡而成，八十一式而已。嗣傳於盤古氏，以降之伏牛氏，遂分門別式，立意傳真，亦宗三一一三之旨，劍儀殆備。後又傳之唐李靖、李謫仙等。

當太宗之時，劍術大興。善斯技者，精而且備。自唐以後，越宋元二代之久，雖精於外功者不少，能行內功者幾稀。

【闡釋】

九宮九式，共計八十一式之說，乃尊夏朝《連山易》之說法，又依《易》之「洛書」九宮說而立。傳統手戰之道的「一手拆八手、八手破一招」的練用拆手破招法，可為之證明。「嗣傳於盤古氏，以降之伏牛氏」，講述了繼元始天尊之後，又下傳了盤古氏、伏牛氏。

此處似有不實之處。這樣來說，元始天尊、盤古氏、伏牛氏似乎是三個人，而實際上元始天尊乃喻指先天一氣，盤古喻天地陰陽剖判，二者皆是人格化了的神，並非具體指某人。而伏牛氏，則是指寫《道德經》的老子。老子騎青牛西行，出函谷關而不知所終，留《道德經》五千言傳世，道家仙宗一脈皆尊老子為鼻祖。

此句旨在說明，劍術傳到伏牛氏，遂按「道生一、一生二、二生三、三生萬物」的順生模式分門別式，立意傳真。這正是老子所言的「順生、逆修」之基本法則，即所謂「三一一三之旨」。

「劍儀殆備」四字，說明到了伏牛氏時期，劍、劍術、劍道已經達到了比較完備的程度。這一點從當時出土的劍器和《越女論劍道》一文可以得到印證。

此後劍術經歷了唐代初期、中期「善斯技者，精而且備」的興盛階段和宋元二代「雖精於外功者不少，能行內功者幾稀」的衰退階段。

歷宋元二代，劍道衰落。「雖精於外功者不少，能行內功者幾稀」兩句，提出了「內功、外功」的概念，這一點應當引起現在習拳者的高度注意。一是內功為何？二是修法內容為何？這兩點應是《渾元劍經》的精髓。

此段對「內功不通，純外功之精，不為手戰之道真傳一脈」這一觀點表述得相當明確。

歷於明初元末間，有畢坤者，字雲龍，於韶齡之年，得異授於伏牛氏，因以遁於川之南山水蓮洞。晝則採薪以自食其力，夕便內外兼修。如此者百餘載，而神墜形爽，周遊宇中。又閱百餘載，始緣遇得以融神超脫

【闡釋】

此段說元末明初時期，有個名畢坤字雲龍的人，年輕時得伏牛氏特殊的傳授（當指《渾元劍經》記述的劍術、劍道），於是隱居於川之南山水蓮洞，白天砍柴，晚上修練，百餘年而「神墜形爽，周遊宇中」。後又經歷了百餘年，遇到機緣「融神超脫」了。（融神指心神融會貫通，領悟明白；超脫指超脫凡塵，是成仙的隱喻。）

按此段說，畢坤在人世二百餘年終得羽化登仙，此為美化畢坤而編造的神話。

由明溯至於今，數百載以來，克以劍術成道，神化之功曾未聞見也。由斯觀之，劍雖微技，其旨趣亦浩渺焉。是傳脈之要訣，內篇為首。即由人仙而地仙而天仙之階梯，可不言而喻也

【闡釋】

由明至今（此文寫作之時）數百載以來，能夠修練劍術以成道，達到出神入化之功夫藝境者，未曾聽說或見到。而從這件事（指畢坤由劍入道修練成功的事蹟）看來，劍術雖是微末小技，但其宗旨也是廣闊無邊的，是一脈真傳的功法。本經以「內篇」為首，講述的是由人仙而地仙而天仙的進功昇華的階梯，這是不言而喻的事情。

文中所謂「人仙、地仙、天仙」之說，是由仙學一脈的「鬼仙、地仙、人仙、神仙、天仙」五個修練品級脫化而來，喻指修練功夫的水準、功能、藝境的等級，並無神祕色彩，讀者不可不知。

今則畢氏復不敢秘其渡迷之寶筏，濟世全形之梁輿，更授之於大清北直順天府，奉先郡邑，西南周口里之仙宗派者，其意將欲繼絕學，開後覺於將來也。特此謹識。

清真玉妙通玄真人心壇　敬撰

聚雲山主許地雲　敬書

【闡釋】

此段指出，現今畢氏已不再對其修道成功的方法（即所謂的「寶筏」「梁輿」）保密，將其法傳授給了「北直順天府，奉先郡邑，西南周口里」的仙宗派之人，意在將來「繼絕學，開後覺」。

《仙脈闡宗》一文中，謎團甚多：畢氏乃元末明初之人，其《渾元劍經》是何時成書的？為什麼明代的劍學大家中沒有畢氏的名號？整個明代，為何也未見有介紹《渾元劍經》的作品？而為何獨到了清末時期，才見此經出世？這都是未知之謎。

而在《仙脈闡宗》一文中，只記載畢氏傳授給「西南周口里之仙宗派者」，而其弟子姓甚名誰、仙號為何？皆未見指出。這在仙宗真傳一脈傳承中實屬罕見。

據筆者揣測，有兩種可能：一種是畢氏得傳修練體認以後，年事已高，攜譜雲遊。雲遊到北直順天府、奉先郡邑、西南周口里一帶，住在道觀裡。自知不久於人世，將所撰《渾元劍經》贈給道觀中人。因不能親自傳授，故沒有親傳弟子。此經後來就一直藏於觀中，直到清朝時，才有人將其傳抄。如今有清末抄本藏於中國國家圖書館中。

另一種是：畢坤原是明初戰將，後因某種原因觸怒朝廷，藏身於道觀中著《渾元劍經》。著完之後，將此經藏於觀中，作為鎮觀之寶，並囑後人不可示人。是以自明朝起二百七十年來未見《渾元劍經》流行於世。

前後聯繫起來看，畢氏可能只撰寫了《渾元劍經》，並沒有劍道的親授傳人。即有親傳之人，亦未形成流派。幸而其譜留了下來，還能為今人所用。

至於撰寫此文的通玄真人和抄錄此文的許地雲，事蹟不詳，待考。

渾元劍經戒律

【題解】

在全書結構中，戒律二十條、四宜、四忌、四勿、四權、總歌訣六項內容相對獨立，類似於我們今天所說的「習武須知」，故筆者將此六項內容歸納為「渾元劍經戒律」，獨立於序文、內篇、外篇之外。

戒律二十條

面不改色，舒展自如，小心謹慎，取捨分明，身曲劍直，精神團聚，動轉清靈，步法靈穩，心平氣和，力貫周身，進退有法，劍莫輕動，閃展輕靈，變化莫測，隨其樞機，看其形色，式來當審，預知敵意，後手莫離懷，看地勢險夷寬窄。

【闡釋】

傳統手戰之道各門派皆有門規戒律，多以棄惡揚善、奉公律己、孝儀天下等為其首要內容。然此「戒律二十條」，卻以手戰功夫的修練、建體、至用之內容作為首要。可見畢雲龍先生的傳道、授藝，其思想是注重功夫，真可謂立意鮮明，別具一格。

再有，此戒律並未說《渾元劍經》屬於何宗何派何門，其內容也並未落入現存的門派中。故當今各派的修練之人，都可參照習用。這是《渾元劍經》的又一獨特之處。

此戒律也未看出是「清真玉妙通玄真人」所說的仙宗真傳一脈所獨有的。此經於傳統手戰之道的修練，具有廣泛的意義。前可解釋《越女論劍道》一文的精髓，後可闡釋現存於世的各家拳譜中論手戰功夫諸說的宗旨，無有不合。

面不改色，舒展自如

【闡釋】

夫將者必獨見獨知，見人所不見，知人所不知。見人所不見，謂之明；知人所不知，謂之神。

神明者，先勝者也。先勝者，其守而不可攻。其戰則不可勝，其攻亦不可守。

故神明於內，和顏於外，具有泰山崩於面前心不驚，身處崖側色不改之膽識，神明於內，聽探良知於內，順化良能於外，則攻防拳勢接應必變換舒展自如，變化無形又無窮也。能時時處處得機得勢，自立於不敗之境，此乃人一身真實攻防功夫的體現，非裝模作樣無藝之徒可比。

小心謹慎，取捨分明

【闡釋】

一個人從開始修練的時候，就要小心謹慎，知道取文練法而捨糊塗練法、武練法、橫練法。「不以惡小而為之，不以善小而不為」，惟天道而適從，循序而進階，此乃積善通達造化之捷徑。這是對修練而言。在實戰中，惟取順其勢，借其力；讓力頭，打力尾；黏走相生，化打合一等方法以用之，以意氣君來骨肉臣，尚德不尚力之無爭為爭的準則，捨掉以力鬥力、以爭用爭、頂偏丟抗之病，我守我疆，伺機待勢而動，才謂之修練取捨分明。

身曲劍直

【闡釋】

此論「身曲」二字，乃體用之法合言。以體言：身法之外形要具備柔若無骨的無形又無窮的能力。以用言：柔若無骨而無形又無窮，才是外形最佳的狀態。劍術，劍以身為體，身以劍為用。身曲則能有劍之直用。雙方格鬥較勝負，首要法則為「避實擊虛」。無身體曲蓄之變化，無法避其擊，此乃「曲中求直」之藝境。

用劍諸法，皆在於用中之直，因為兩點最近距離是直線。劍之直行直用，最為簡捷。無身體曲蓄，劍亦不能至於敵身而奏效。

拳訣云：「常收時放是操持，舒少捲多用更奇。」

此訣中的「常收時放」中的常收，「舒少捲多」中的捲多，乃「身曲」的體用精華。

劍器之體，一尖兩刃，本具中正剛直之特性。劍器直行直用是其不可見之元玄機竅，亦只有「身曲」才能行劍器直行直用之元玄機勢，此乃劍法獨特之處。

俞大猷《劍經》有「中直八剛十二柔」，雖論的是棍法，但與劍法相通，闡明了「中在直用」之中，無中無直，用中必直。這從劍法的格、刺、洗、剃、滾等諸法皆在於「用中之直」可證，因為兩點之間最近距離是直線，故而劍之直行直用，最為簡捷。

但又必知劍之直行直用，乃是由身法的曲蓄生化出來的，「曲中求直」亦是用劍的基本方法，應明了「直行直用」和「身曲」兩者的體用、本末關係。

精神團聚，動轉清靈

【闡釋】

此精神團聚，有數法之說：

一為煉精化氣，內氣積聚，具「神以知來，智以藏往」的功能。

此氣乃元精所化之物，故可從精氣而論，亦可從神氣而論，捨氣直以「精神」論之亦可。

「動轉清靈」的「清」字，是說自身之內氣功夫，所謂「天得一以清」也。又有《越女論劍道》中「凡手戰之道，內實精神，外示安儀」和《易筋經‧貫氣訣》中「十二節屈伸往來內外上下論」一文中「骨節者，骨之空隙也，乃人身之壑谷，為神明所流注。此處精神填實，則如鐵如鋼，屈之不能伸，伸則不能屈，氣力方全」。由此可知，「精神」「神明」皆指內氣。

二為「外形似流水」的精神團聚之說。

精之在身，無處不存，形之所成，精氣陰聚而結之，人身者，精神一元之團聚者也。無精神，則無自身，此乃心物一元之說法，精神代表內外合一而言。

三為內外合一之精神團聚說。

即內氣、外形、靈神的三元歸一，又是《九要論‧一要》中「所謂一者，從首項至足底，內而臟腑筋骨，外而肌肉皮膚、五官、四肢百骸，相聯為一貫之者」。

此三說當以第一說為主，因有「精神團聚，動轉清靈」的「清靈」之緣故，才有內氣的清靈之用。

步法靈穩，心平氣和

【闡釋】

步法乃身之進退舟車，靈活穩健，方可運用。堅定穩固，在於內氣凝煉於足；靈活變通，在於內氣升騰於足。內氣、外形相互為用，從內氣與雙足的勁形陰陽逆從反蓄之法中，方見步法靈穩之運用。以內氣為身之君主，外形為身之臣民，即「賓主分明，則中道皇皇」的精義。

自身的攻防機制，必心氣平靜，呼吸之氣和緩，才能使自身內氣、外形相互為用的攻防機制達到最佳狀態，即全身具備聽探之良知，順化之良能，何獨步法！但勁從足下起，步法為一身動變之根，知根達本，不可忽之。

力貫周身，進退有法

【闡釋】

「力貫周身」之力，乃拳家所言之自然力，非指後天外形的筋勁骨力或肌肉爆發力。從內氣而論，又指內氣統貫周身之意。

此力是渾元如一的自然力，有不力自力的功效。

雙方較技，避實擊虛，是攻防動變之總法則。見隙而入，乘隙而進，乃進擊之時機。具體而言，又有步法之進、身法之進、手法之進、三法合一而進及依序而進的區別。

凡進，則進當進之所，擇當進之法。如步法之進則先進前足，後足跟進。手法有前手進擊不中，復起後手跟進擊之。身法有閃展的左閃右展，右閃左展；趨避法的左趨右避，左避右趨；伸縮法的上縮下伸，下縮上伸等。諸般進法數不勝數，皆應一併研究修練而精用之。

退法亦如是。能進則進，不能進則退，亦在上述進法中求之。

要知進退互根之理，前人總結有六進法，實含六退法在其中。要達到「進則人所不及知，退亦人所莫明速」。然不能「力貫周身」內外合一，則不能精確做到上述要求。

「力貫周身」四字，是手戰之道的核心，非單就進退之法而言。

劍莫輕動，閃展輕靈

【闡釋】

劍莫輕動，乃「以不動之腰脊，催動動之手足」之意。劍法乃「身曲劍直」，以身動為主，以身曲變化為法，直行直用，乃不疾而速之正法，不快自快。此亦與拳術中手不妄動，而以步法、身法完成之意相同。

閃展輕靈言明「劍莫輕動」之意，即劍器的直行直用，就近用勢，是靠身法閃展輕靈、不斷變化而施展出的。故真傳的手戰之道與俗學有本質差別。

變化莫測，隨其樞機

【闡釋】

變化而使對手莫能測度，關鍵在於隨其樞機，即以靜制動地順其勢、借其力，讓力頭、打力尾，與對手無爭為之爭，運持無為法式，則對手不能知我，而我獨能知彼，勝敗之機勢，自然能分明！

此乃攻防時施招用手、施手用招之訣竅。

看其形色，式來當審

【闡釋】

雙方交手較技，必先看其形色，以知其勇怯，審察來勢，以知其短長，如此才能揚己之長，避己之短。古人「能屈能伸，能柔能剛，能進能退，能弱能強」「不動如山岳，難知如陰陽，無窮如天地，充實如太倉，浩渺如四海，炫耀如三光」「察來勢之機會，揣敵人之短長」「靜以待動有上法，動中處靜有借法」等論述，將「看其形色，式來當審」的審機度勢、審敵料勢的用法，表達得淋漓盡致。

「看其形色，式來當審」的具體用法內容，可不必細論，能前知者易勝。

預知敵意

【闡釋】

預知敵意上承「看其形色，式來當審」，意在順勢借力，但又不獨此一意。

意在人先者，更強調能預知敵人的意圖，即是說要具備意在人先的能力。意在人先，自能順勢借力，同時更是不快自快的勝人之境。意在人先，有所準備，故動而直截了當。能預知敵意，意在人先，是手戰之道修練到一定藝境的體現。不經此法修練體認，所謂「順勢借力」，皆空談也。

後手莫離懷

【闡釋】

拳法後手具有保護前手，彌補前手所顧不及的妙用。後手離懷，則門自開，敵可乘虛而入。劍法亦如拳法，後手離懷，則亦門開敵入，又可以其器械傷我後手。不利之處，隨處可見。故曰：後手莫離懷。

拳法有「前手去，後手跟」之說，劍法有後手捋奪敵之器械之用。故「後手莫離懷」有攻守兩方面的妙處。且後手不離懷，便於束身而進退等種種變化。前人論手戰之道精矣，細矣！

看地勢險夷寬窄

【闡釋】

雙方較技所處之地，有險峻、平坦之分，有寬敞、狹窄之別。故爭戰之法，亦視地勢而論。地勢險惡而冒進，必有失敗之險。

地勢平坦，亦可步步為營而迫之，使對手處於劣勢，伺機出奇而勝。能戰則戰，不能戰則走。自己絕不處險地、死地，此不能不知。

四宜

存心當忠孝，立品當義勇，內功當勿間，外功當踐實。

存心當忠孝

【闡釋】

忠則為國為民；孝則奉親至孝，事師至孝。忠孝之人，無己之私，無己之慾。故「克以劍術成道，以達神化之功」！

此為修練傳統手戰之道的基本道德標準。具此道德者，方適宜修練傳統手戰之道，因其必有濟世之心。功成之後，亦是宅心仁厚的仁人義士。

立品當義勇

【闡釋】

見義勇為也是修練傳統手戰之道的品德。否則藝只能小成，就算成，也是不能見義勇為的懦夫或欺師叛道的小人。

內功當勿間

【闡釋】

間，即間斷，內功心法的修練，不能間斷。俗云：不怕慢，就怕站，功夫不練當天回。尤其是內功的修練，無有千日的修練，內氣不能獨立存於體內。內功修練頻繁間斷，等於沒有修練，故有此論。

外功當踐實

【闡釋】

外形的柔若無骨及攻防技法的操練，當以實踐運用能力為考核標準。只有實戰應用，才能不斷地改進，最終達到神化的功夫藝境。

四忌

忌厭故喜新，忌功力雜集，忌有名無實，忌氣暴好較。

忌厭故喜新

【闡釋】

修練手戰之道，門派、拳種甚繁。入門從學，重在確立基礎，漸修頓悟，方可漸得精髓真諦。最忌諱見有新說、新潮，不論青紅皂白，就厭舊習。盲目追求，見異思遷者，終不能成事也。

忌功力雜集

【闡釋】

習拳練藝，由始至終，皆崇尚「純自然力」功夫。最忌諱橫力、蠻力、濁力、拙力混於其中。

功力雜集，是學而不求甚解之故。傳統手戰之道，皆是「以柔用剛」之技術方法。

具體的說法是：

修練內功法，以成內勁健運不息之功。修練外功法，以成外形柔若無骨之功。再則內氣、外形匹配如一，又內勁、外形陰陽逆從，勁形反蓄，再到身心空靈而手腳靈妙的黏走相生、化打合一，最終意斂內勁入骨，全體透空，再去掉透空之外形，則成無形無象虛靈妙境之無極功夫。

至此境，乃神化之功，寂感遂通的道境成矣！此即「純自然力」功夫的修練過程，各門派皆應遵此而修之。知此可避「功力雜集」之病。

忌有名無實

【闡釋】

言拳論技，講求「名實相符」。有其名，必有其實為基礎。傳統手戰之道，亦有指鹿為馬、魚目混珠的現象。故「忌名實不符」或「忌有名無實」，是對傳統手戰之道種種不良現象的批判。

前賢戒條中對此多有闡釋，寓意深刻。

《易筋經・貫氣訣》中批判了那些不知內功修練、不得內氣為主者，稱其學為「俗學」。那些惟務手舞足蹈者，「不入元竅」！

少林僧人批判那些「周旋左右，滿片花草的走跳虛文」現象，稱「此為花拳入門，錯了一生矣」！

三皇炮捶傳抄之老譜中說：「那些花拳繡腿，不知身法，不明勁道，不曉規矩，還說能以手腳勝人，豈不讓天下人笑之。」

少林拳譜中，將「大都皆筋努骨突，任氣用力」之人，稱為「猥知魯莽」之人。

太極拳論中批解得更為明白。其論：「斯技旁門甚多，雖勢有區別，概不外壯欺弱，慢讓快耳。有力打無力，手慢讓手快，是皆先天自然之能，非關學力而有為也。」此段論述著重批判了崇尚外形有為之力者，具有重要意義。

在「劍經結文」中，亦有「自傳道者以盲印盲，而習者亦以誤傳誤，甚至真訣日晦，盡是皮毛之學。是以仙俗日相殊闊，言語難通。欲習者無處尋真師益友，欲傳者無處擇忠孝之完才，兩相間隔，咫尺天涯」之說，真確論也！

忌氣暴好較

【闡釋】

性情暴烈，常逞能於人前而好動武，說明其對傳統手戰之道知之甚淺，沒有「自知之明、知人之聰」。「四忌」本是一理貫串的，戾氣衝天、橫氣填膺，正是上述厭故喜新、功力雜集、有名無實諸病的必然產物。

四勿

勿傳匪人，勿傳驕狠，勿得賢不宣，勿稍密訣竅。

勿傳匪人

【闡釋】

「匪人」指行為不端正者或盜寇。傳統手戰之道，當為國為民而用。賢人得之利國利民，惡人得之害國害民。故古傳手戰之道的各門各派，皆有此一條。

勿傳驕狠

【闡釋】

拳師的職責是傳道、授業、解惑，然亦有種種不可教之人，驕者狠者，就是其中的兩種。

驕者，性情狂傲，目空一切，言過其實，盛氣凌人。此種人得傳，實為日後招災惹禍之根苗也。對此種人，使其不知乃是對其之愛護，故不傳也。

狠者，指心性狠毒之人。此種人多惟利是圖，屬心性根底不佳，如其稍獲攻防藝，最終心性不改，易危害他人、危害社會，故明師皆不傳此種人真功技藝。

上述兩種人如有師傳藝，是其師「傳不得人而丟藝」，必損陰德。

故明師者，皆不傳此兩種人真功夫，只傳套路皮毛以候其自知。如確能改之，則亦可授。

勿得賢不宣

【闡釋】

歷代傳統手戰之道的大家多選賢良之輩傳授，故傳統手戰之道流傳至今而不衰。何謂賢者，即存心忠孝，立品義勇，勿驕勿狠，通情達理，心氣平和，樂善好施，心專不二，尊師敬友，視傳統手戰之道為珍寶者。

然有絕學在身的行家裡手，亦多有無傳人而仙逝者。古人云：「當傳之人不傳，則失人矣。」為師者，亦是不忠不孝之人，即不忠於傳統手戰之道，不孝敬師、祖，成為無承傳之斷代絕藝者。故見之賢者必傳。

投明師、選賢徒，是每一個傳統手戰修練者都會遇到的難題，也是最難做得周全的事情。「勿得賢不宣」，話雖簡略，而實際含義至深。

勿稍密訣竅

【闡釋】

此乃教學之良法，有兩說：

一是師之授徒過程中，常常略微保密而不點透，容弟子在練用中激發探索追求的興趣，自己體悟到則終生不會忘記；

二是當弟子體認、領悟達到通解所傳之時，理要論透、法要點明，此時「勿稍密其訣竅」，要全盤揭密而示之，使其對全部訣竅都通解悟透，體認明白。

手戰之道修練的各個環節，一理貫串，本無秘密訣竅可言，所謂秘密訣竅，是對不知者而言。適時點透論明，是幫助弟子昇華的手段。古人云「理明法密藝自高」，就是

「勿稍密訣竅」的本意。「明師出高徒」，也是為師者「勿稍密訣竅」的結果。

四　權

【題解】

權者，衡量、考慮，權衡估量利弊輕沉。故古有二權之說，即知權和事權。知權者，發揮審敵料事的聽探之良知，意在人先，人不知我，我獨知人；事權者，自身周身內外如一，聽探、順化相互為用，故能前後進退合機，左右逢源得勢。兩者相互為用，順勢利導、隨勢變勢、因勢所發。

要擇心性相投，為餵手之助。要彼此盤較，必以真心，不可偶倦。要規過勸善，各勿嫌忌。要常演習，更不許依強凌弱。偶或較力，凡無可奈何時，與外門較，當謙卑自處，不許以藝凌人。心虛神完，慎中再慎，庶免致害。如其得已，還是勿較為是，己躬自厚之學也。

要擇心性相投，為餵手之助。

【闡釋】

此乃「四權」中的第一個權，是講繼內功修練及知己功夫有成之後，為實戰而進行的餵手訓練。

餵手，有餵招、餵勁、招勁齊餵等數項內容，學者可從中體認各種具體攻防招法實戰運用的含義、精髓及其相互轉化的機制、要領。

故餵手可由慢到快，由簡入繁，最後達到快慢相間，繁簡皆能應變自如的程度。這是想得到實戰攻防技藝必須經歷的過程。

餵手是按法而修，循序漸進的細磨過程，能給自己「餵手」的人，必是心性相投者，選擇這樣的人餵手，可使攻防功夫紮實而事半功倍。故能給自己餵手的人，要由自己來選擇。

選好給自己餵手之人，是非常重要的。前人只講一個「要擇心性相投」，是極為精闢的。

要彼此盤較，必以真心，不可偶倦。

【闡釋】

此乃「四權」中的第二個權。餵手修練的目的達到後，要進行「盤較」的修練。

所謂盤較，就是「盤拳過手，盤手過招」，近似於全方位隨機應變的實戰。此種修練方法也是由慢到快，由簡到繁，最後得到攻防實戰的能力。「盤較」也要有助手，此時的助手，一般是由師父、師兄等功夫藝境高於自己的人來擔任，故在盤較過程中才能實踐各種攻防招法，達到真盤實較且不傷人的預期效果。

盤較，必投以真心，不能因產生厭倦情緒而中斷。厭倦情緒是修練過程中的必然現象，多生於自身「功進邪退」的更新變化時期。故此時的修練者，要平心靜氣地繼續堅持修練，數日後，便有功夫昇華之覺知，此即「小明不滅，大明不明」。

真心乃妙明清靜之道心；厭倦、煩惱乃昏昧愚拙之假心、俗心、凡心。此假、俗、凡心不退，則真心不明。邪不自退，必煉之使退，則正陽自立。正陽立，則陰邪不生矣！

盤較的過程，又是一個修練者自己掌握與選擇的過程，故又是「權」的一種體現。

要規過勸善，各勿嫌忌。

【闡釋】

此乃「四權」中的第三個權，說明在餵手、盤較的修練過程中，雙方要按規矩檢查彼此的不足之處。要用善心和善言，方可使對方不生猜疑之心。有此良師益友為武伴，乃習武練藝者一大幸事。

要常演習，更不許依強凌弱。

【闡釋】

此乃「四權」中的第四個權，是說有了好的武伴，要按時按法經常操練各種攻防招法以提高自己的實戰應變能力。熟能生巧，巧能生妙，於精妙之中漸而通神。

此處特別提出依強凌弱，並非僅是傳統意義上的「恃強凌弱」，而是說要實現攻防實戰藝境的不斷昇華。不是靠實手用招的依強凌弱，而是靠順勢借力聽探順化的良知良能。不依強凌弱，那就必然選擇惟道是從的無為法，即以聽探順化為基本法則的攻防技術方法。

在傳統手戰之道的攻防實戰中用什麼心態、什麼方法、什麼準則去爭勝負，是正確與錯誤的分水嶺。如用無為的「無爭之爭」去爭，就是傳統手戰之道所系統修練的內容。如用尚氣任力的「有爭之爭」去爭，必然為「依強凌弱」。此為傳統手戰之道所不取。

一個修練傳統手戰之道的人，充分發揮自己選擇無為法的「權」的作用，就算是踏上了修練的平坦大道。

偶或較力，凡無可奈何時，與外門較，當謙卑自處，不許以藝凌人。心虛神完，慎中再慎，庶免致害。如其得已，還是勿較為是，己躬自厚之學也。

【闡釋】

此段為以上諸「權」的總結語。修練傳統手戰之道，與人切磋較技，當是在所難免，亦是無可奈何。不管是與門內之人，還是與外門之人相較，當「以謙卑自處」，態度不能傲慢，更不許恃藝凌人。

此時尤要做到「心虛神完」（心虛，即謂內心空明而無成見或謙虛而不自滿；神完，即精神飽滿），慎中再慎。一莫傷害對手的身體；二莫傷害對手的自尊心。如此或可免去許多不必要的是非。總之，功至此時，如能得已，還是勿較為是。得已，即出於自己的意願了結之意。

「躬自厚之學」，語出《論語・衛靈公》。子曰：「躬自厚而薄責於人，則遠怨矣。」意為要嚴格地要求自己，對人則採取寬容的態度，在責備和批評別人的時候應該盡量做到和緩寬厚，這樣就自然不會招致怨恨了。

總歌訣

【題解】

此歌訣原譜無名，現名是筆者所加。此歌訣闡發了「戒律二十條、四宜、四忌、四勿、四權」的實用目的。

數條節律記分明，禦敵心和氣貴平，若不如斯當致敗，隨機伸曲莫狂輕。

數條節律記分明

【闡釋】

《渾元劍經》所論，乃實戰的學問，故在戒律條目中，實戰體用的論述，幾乎成為全部內容。而人品道德修養方面的內容，並不多見。這樣的習武戒律條目內容，在眾家拳譜之中也是少見的，其明確地提出了以實戰應用為核心的修練原則。寥寥數言，可見傳統手戰之道的修練、建德體、至道用及攻防功夫內容之浩渺無垠！

禦敵心和氣貴平

【闡釋】

禦者，順其性而用其勢，借其力而為我所用。此順勢借力而制勝的無為法式，必然要心平氣和。心和則靜，氣平則虛，靜則無不應，虛則無不靈。靜則聽探之良知無誤，虛則順化之良能必靈。神化之功的虛靈妙境，得之於心平氣和。故拳訣有「和顏悅色真剛毅」者。

若不如斯當致敗

【闡釋】

不能心和氣平，則聽探之良知不能知全，順化之良能不能化周，必出斷隔之病，反被對手擊敗。此乃必然之理。拳訣言：「拳有寸隔，見肉鋒傷；腰無少主，終歸狽狼。」此之謂也。

隨機伸曲莫狂輕

【闡釋】

手戰較技爭鬥，小則關乎勝負，大則關乎性命，全憑聽探之良知，順化之良能來決定。這兩點都不是狂傲輕慢和依強凌弱所能取得的。

只有心平氣和，順其勢、借其力，隨其屈伸往來進退，才能遊刃有餘戰勝對手，絕對不可狂輕。此句一揭傳統手戰之道修練、建德體、至道用之精髓。

渾元劍經内外篇原序

【題解】

此序文作者玄真玉妙真人的情況，同前《仙脈闡宗》一文撰者通玄真人一樣，皆不詳待考。如此看來，本經只有序文之後的內外篇是畢坤先生的原作。然此「序文」所述，亦深得《渾元劍經》修真之精義，故亦當作為武學修真之經典闡釋。由此聯想：「玄真玉妙真人」是否是畢坤（雲龍）先生的法號呢？

之所以有此聯想，是因為此序文的標題是「渾元劍經內外篇原序」，而非按常規寫作「渾元劍經序」。多出的這個「原」字，當是事先有文在前，後由轉抄者或出版者在原文原題上所加。若這個聯想成立，那麼此序文就有可能是畢坤本人所撰寫。這樣，可以認為《渾元劍經》由「戒律、序文、內篇、外篇和劍經結文」五項內容組成。

由此我們大膽推測：畢坤，乃修真一脈之傳人，精通劍道、易學，其法號即「玄真玉妙真人」。

有此認識，可知《渾元劍經》為何在明、清兩代沒有流傳，蓋因道家修真一脈皆自修而不入世。

鑒於上述原因，我將此序文亦作為畢坤先生原作予以闡釋。

繄乎渾合之極，元始為尊。渾合之旨，為內為靜，為體為中；元始之玄，為外為動，為用為首。惟其必反乎內，故取象於離。而離之中虛，坤體之至靜者也。惟能效坤之至靜，故遁幽杳之中，可潛修而無悶。亦惟其必著於外，故取象於坎。而坎之中實，乾用之至動者也。尤須則乾之至動，乃極於九天之上，可首出而無虞。

故必於微積之悠也久也，其涵蓄游躍之力始純。亦必泉以達擴，使變也化也，其陰陽互蒂之神始著。純則不雜，合萬變而寓用無形；著由於幾，化三千而充體於無外。

夫放彌六合，渾之體為展佈也；退藏於密，元之用為包容也。渾者合也，元者一也。竊思：天之所以清，得此一也；地之所以寧，得此一也；人之所以靈，亦莫不在此一也。三而一之渾合，以堅其體；一而三之元玄，以昭其用。

試由天而地，以近索乎人。人為萬物之靈，其即仰觀天以執行，俯察地以建極，居覆載之中，首出庶物者也。仰人何謂乎先？涵養之以靜以蘊其繼，靈妙之以動以暢其用。體非無以立其大本，用非無以徹其元功。離之中坤其靜基也，《易》之卑法地者此也。然靜則功力綿綿不息，其體至柔至剛。非柔則原委難於無間；非柔中剛，未免有作輟之時。柔者靜之體， 剛者則又柔之體也。坎之中乾其動機也，《易》之崇效天者此也。非無則空靈猶恐障蔽；非無中生有，奚以見變應之奇。

渾則靜，以逸待勞；玄則元，馭靜以動，動中亦靜，則正奇進退之機，遲速幻轉之妙，悉出於無心，係自然之運用，因時致變，因力制人。至於方圓立體發用之妙，件件原委之於自然之神。統蓄以先天寸綿之力，為無為無不為也。以動靜互為其根，陰陽迭神其用。非渾於始，奚得其元之玄；非元之大，無以顯其渾之德。是渾元者，其即無生妙有也。

元之為字，初畫奇也，合第二畫則偶也。其第三之兒字， 奇偶、陰陽、乾坤，相構而生者人也。是元者，三才總會之地。元即太極，即太和之氣，即先天也。故必渾涵以先天太和之氣，合三才於一致，以內外交修，直養時習，練至體用渾化，寂感而通，始足以稱之元渾。而能渾者，近虛能捨正， 謂後人以發也；元者，象圓能粹正，謂先人以至也。渾則涵神，至於無幽杳之內，秘密而人莫窺其機，發則必中，元之玄機也。

凡外病於形者，皆失之心有定規。若目幾靜悅者，心必隱靈鑑也。彼目昏滯者，其內無實學，外飾以色莊者也。若此者，其必助資於敵，又安見玄元渾化無方乎？

噫！大矣哉！渾之為體也，純而篤靜；其為用也，動而多玄。即曰純靜，以其本乎天之一，養氣於至清；則乎地之一，融精於至寧；此於艮之一，涵神於至靈。又渾化清、寧而一之，更至於空靈。是統三才於一致，內而精氣神無少缺欠，外筋骨皮一息堅融，至是則內空靈，而外靈便。此渾元功驗之所以然也。

極之則光閃耀而人影無蹤，身飛騰而劍芒倏忽。或一躍千里之遙，縱橫隨其意向；或靜息方寸之內，神威感於至誠。至於形劍之名，後天之功，果能以先天之神為體用，亦足以向機御變，因變致神。是形劍又顧名思義者也。

劍者，決也，斷也。必內而決七情，斷凡息，內三寶得以渾化而至於純陽，此內而劍學之築基，內殼通而堅實也。尤當外而決灰心，斷聲跡，加之以招式變化之奇，以夕朝時習，外三寶得以渾成，而至於柔剛，此外而劍法之暗練，外殼注而靈穩也。至如近世所學之劍，以舞之者，類皆皮毛中皮毛，浮之至淺而至鄙者也。昔伏牛氏祖云：果爾志向上，當先靜以築其基，存之深養之熟，內外三寶合一，渾化歸一。正所謂：

內外全無渣滓質，養成一片紫金霜。

陰陽造化都歸我，變動飛潛各有常。

推其有內工外工，內驗外驗之別，故統以內外篇名其經。究其所以內功外形得內外驗者，又其誰乎？則人之靈神耳。

然三才之奧旨，猶不止此。有積氣為劍者，名氣劍，即劍使也。用之為劍，約之於內仍氣也。有積神為劍者，名神劍，即劍仙也。用之為劍，虛而還之仍神也。此二者即地仙、天仙之分也。至於人之習能百戰無敵者，亦足以稱之為人仙矣。

遂乎其藝，幽乎其氣，柔乎其質，剛乎其神，悠久也其功，變化也其驗。故形而上者謂之道，形而下者謂之器。道者器之體，器者道之用。是因形練形，極至道成者：其妙存乎虛靈之人，其幾速於影響。此劍也，實亦入道之基。小可神變超塵，大則可以氣奪屍解。極則胎脫神結，面朝上帝，而拔升矣，是知一陰陽之道，其至矣廣矣，豈獨長一藝之妙，而可限其神妙，足盡其浩渺之藏乎？願學者矢志盹誠，為大有為之君子。括而要之，以造於神武不殺之時，當能贊參天地；立於其間，必足以止戈於億萬代之後。

故曰：大仁不仁，大勇不勇。噫！於劍學之中，克取法乎上，蓋已解矣，而況於道乎！其奧更深。其能庸行造極者，則將幾絕矣哉！

玄真玉妙真人心壇　撰序

光緒二十二年丙申九月戊戌朔日許國本　敬書

緊乎渾合之極，元始為尊。渾合之旨，為內為靜，為體為中；元始之玄，為外為動，為用為首。惟其必反乎內，故取象於離。而離之中虛，坤體之至靜者也。惟能效坤之至靜，故遁幽杳之中，可潛修而無悶。亦惟其必著於外，故取象於坎。而坎之中實，乾用之至動者也。尤須則乾之至動，乃極於九天之上，可首出而無虞。

【闡釋】

神、氣、形三者渾合如一這個最初的狀態，是修練傳統手戰之道最尊崇的境界。這個「渾合」「元始」的旨義和玄妙是什麼呢？

「渾合」的旨義是「為內為靜，為體為中」，即渾合為自己法身道體的統一。這個法身道體的統一，是用內氣、外形中和的方法達到的。而這個法身道體的本性卻是「虛靜」的。「元始」之玄妙是「為外為動，為用為首」，即那個法身道體呈現為「元始」的道的狀態時，「元始」在攻防中的主導作用是為外、為動、為用、為首。

這就是傳統手戰之道「靜為本體，動為作用」的「體靜用動說」的出處。

在「渾合之旨」和「元始之玄」的論述中，還有一條內外靜動的基本界定法則不能不知，即由「根生為動，歸根曰靜」來界定自身內外靜動。良知的聽探過程，是由外向內的訊息傳遞，是為「靜」；良能的順化過程，是由內向外的訊息傳遞，是為「動」。而訊息發而未發之時，是名「動靜」。知此，就能通解「知靜之為靜，動亦靜也；知動之為動，靜亦動也」這條拳訣所講為何了。

而瞭解了這一點，對理解、應用傳統手戰之道中的一切「動靜」說，自然就不會失誤了。此乃探本窮源之法，即元之玄也。

下面，經文又根據《易》理詳細地闡述了「動靜」的基本道理，惟外形必反乎內，故取象於離卦。而離卦外陽而中陰，謂之「離中虛」，外形就應是「離中虛」的卦象。此乃外形象坤體的虛空之靜。外形惟能象坤體的虛空之至靜，才能隱藏內氣於幽杳之中，才能於修練內功時吸提呼放而無憋悶現象發生。而內氣必顯於外，故取象於坎卦。而坎卦外陰而中陽，謂之「坎中滿」，內氣就應是「坎中滿」的卦象之存在。

此乃內氣象乾體的實中之動。內氣惟有傚法乾天的至動，才能有至剛健而動變不拘的功能。內氣在體內健運不息，可上至百會，下至湧泉，外至皮毛，內至無間幽杳之地。不單如此，內氣還可外放，能極於九天之遠，故內氣可為自身手戰的君主統帥，而不會出現差錯。「筋骨空靈意，精神要切實」正是此之解說。

此段以離、坎二卦的卦象，來論證自身的外形、內氣所應具備的功能，即傳統手戰之道的「一陰一陽是為拳，一靜一動是為拳，一虛一實是為拳」。

故必於微積之悠也久也，其涵蓄游躍之力始純。亦必泉以達擴，使變也化也，其陰陽互蒂之神始著。純則不雜，合萬變而寓用無形；著由於幾，化三千而充體於無外。

【闡釋】

上段所述「內氣象乾，外形象坤，內功修練內三寶，精氣神合一，外功修練外三寶，筋骨皮合一」的系列方法，使內氣、外形柔外剛中匹配如一。這段修練過程，正是「故必於微積之悠也久也，其涵蓄游躍之力始純」所要表達的修練之實質，即「意氣君來骨肉臣」的君臣主從匹配法則。這使自身生命力像噴泉一樣擴布開來，變也化也；使內氣、外形相互為用，陰陽互蒂之神方始顯著，最後方能運用於實戰而獲勝。

「其陰陽互蒂之神始著」一句，將《渾元劍經》的渾合之體、元玄之用的神、氣、形三者和盤托出了。

而「純而不雜，合萬變而寓用無形」一句，將傳統手戰之道的體用批解得詳細而又清明。法身道體之用，本就「無形無象」。此論緊扣「渾合之旨，為內為靜，為體為中」之論述。

「著由於幾，化三千而充體於無外」，即為數不多的幾式組合，卻有變化三千之勢，可有其大無外之境域。此論緊扣「元始之玄，為外為動，為用為首」之論述。

夫放彌六合，渾之體為展佈也；退藏於密，元之用為包容也。渾者合也，元者一也。竊思：天之所以清，得此一也；地之所以寧，得此一也；人之所以靈，亦莫不在此一也。三而一之渾合，以堅其體；一而三之元玄，以昭其用。

【闡釋】

手戰之道的攻防之勢，不外攻擊時的展放，防守時的捲蓄。然放則彌六合，其大無外，我正則彼必跌出，乃渾合之道體的展開布設之妙也；退守防護藏於縝密，其小無內，致彼無隙可乘，無間可入，乃元之用的包容之巧也。

渾者，言說的是神、氣、形三者的合一之體也；元者，論說的是神、氣、形三者合一之體的至用。由此自見體用分明，手戰之道自來就是練用有別和體用有別。

老子曾說：「天得一以清；地得一以寧；侯王得一以為天下正。」而拳家亦說：「得此一也，人之所以靈。」此「一」，即「元者之一」。

神、氣、形三而一之渾合，內外上下一而貫之，相聯而為一貫者，破之而不開，撞之而不散，可謂之堅矣！一而三之元玄，以昭其用，則有用形、用氣、用神之分別和「靜，動靜，動」的三個周而復始環節為用！

試由天而地，以近索乎人。人為萬物之靈，其即仰觀天以執行，俯察地以建極，居覆載之中，首出庶物者也。仰人何謂乎先？涵養之以靜以蘊其繼，靈妙之以動以暢其用。體非無以立其大本，用非無以徹其元功。離之中坤其靜基也，《易》之卑法地者此也。然靜則功力綿綿不息，其體至柔至剛。非柔則原委難於無間；非柔中剛，未免有作輟之時。柔者靜之體，剛者則又柔之體也。坎之中乾其動機也，《易》之崇效天者此也。非無則空靈猶恐障蔽；非無中生有，奚以見變應之奇。

【闡釋】

此段論人之所以為天地間萬物之靈，有「首出庶物」之能，是因其由仰天俯地，觀察萬物，掌握了涵養靜練之內功法，使自身的神、氣、形三合如一，達到神、意、氣、勁、形、中六合一統，繼而具有了動變接續不斷之能力。

傳統手戰之道講究建體至用。「建體」多以靜練法修之；「至用」多以動練法修之。此體是「以神為主，以氣為充，形從而利」建立起的攻防之道體，若此體不立，則無以確立自身攻防之機體這個「大本」。

同時，如果不以「不攖人之力」「順其勢、借其力；讓力頭，打力尾」的無為法用之，而是以尚氣任力、恃強凌弱、丟扁頂抗的蠻橫之法用之，那麼也難使那個道體徹底地發揮其應有的功能。

下面再講如何據《易》理正確地修練。離之中爻，乃坤爻。坤爻主靜，「《易》之卑法地者此也」，即內功修練乃取坤靜為法。只有靜練，即體靜氣動，才可得到純正的內氣，使內氣綿綿不息地運行，身體達到至剛至柔的境界。此體至剛至柔，達「無間」之妙境，可免攻防動變中出現中止斷隔而不能續接的現象。

坎之中爻，乾爻也，乾爻主動。《易》之崇效天者此也，即外功修練以動練為主，才能得到元玄妙用之機。內氣的修練，乃崇效天的健運不息，故外形虛空，才能有內氣之至用。如不到外形虛空至無的境界，空靈中猶恐有各種阻隔障蔽之病存焉。故拳論中有「全體透空」的虛靈妙境和「無形無象」的無極藝境。

內氣，乃虛無中所生之妙有也。訣云「道本虛無生一氣」，即言內氣乃無中生有之「有」。外形虛空或無，內氣切實妙有。各種攻防之勢，皆由此「無、有」相互錯綜變化而生。

此段主要論述了外形從坤，內氣從乾及內外合一匹配的功效。而靜動練法的不同作用，使此段成為從《易》而論修練的典範。

渾則靜，以逸待勞；玄則元，馭靜以動，動中亦靜，則正奇進退之機，遲速幻轉之妙，悉出於無心，係自然之運用，因時致變，因力制人。至於方圓立體發用之妙，件件原委之於自然之神。統蓄以先天寸綿之力，為無為無不為也。以動靜互為其根，陰陽迭神其用。非渾於始，奚得其元之玄；非元之大，無以顯其渾之德。是渾元者，其即無生妙有也。

【闡釋】

三才渾元合一之法身，是由「靜練法」「以逸待勞」而修得。「渾之體」以靜為用，故曰「以逸待勞」。元之玄機，馭靜以動，動中亦靜，即以聽探之良知，駕馭順化之良能，隨時聽探對方的變化，把握正奇進退、遲速幻轉。且這種把握，全出於無心的自然運用，有感而應，因時致變，因力制人。

這種整體（立體）發用之妙，皆來自自然之神。此「立體」，非形也，乃超出象外的「法身」之立體，是神、氣、形三者渾合為一所成的道體。「立體發用之妙」，即此內氣外形渾合道體的發用之妙。

所謂「自然之神」，即此道體自身與生俱來的聽探與順化之良能。這種由自身最佳狀態所統蓄的先天寸綿之力，無為無不為，動靜互為其根，陰陽迭神其用。

沒有渾合如一的初始之修，如何能得元玄之妙用？沒有無所不包的「元之大」，如何能顯渾合如一之道體之德？萬物初始之渾元道體本無，只有從此無中，才能生出「元」之玄機妙用來。此正是「無生妙有」之精義，有無相生之至用。

此段講述了修練傳統手戰之道是無中生有的造化過程。有到極限，又由有化無，是以有入無的神化過程。能修練到以有入無的境界，便是「無為無不為」的無上道境了。

元之為字，初畫奇也，合第二畫則偶也。其第三之兒字，奇偶、陰陽、乾坤，相構而生者人也。是元者，三才總會之地。元即太極，即太和之氣，即先天也。故必渾涵以先天太和之氣，合三才於一致，以內外交修，直養時習，練至體用渾化，寂感而通，始足以稱之元渾。而能渾者，近虛能捨正，謂後人以發也；元者，象圓能粹正，謂先人以至也。渾則涵神，至於無幽杳之內，秘密而人莫窺其機，發則必中，元之玄機也。

【闡釋】

「元」這個有初始之意的字，如以卦之爻象言之，其筆畫構成有深意。

初畫「一」，奇也，合二爻之畫「二」，則為偶也，再合第三之「兒」字，合觀是一「元」字。此「兒」字從奇偶、陰陽、乾坤相構言之，為「人」字，是以天一、地二，天地交合而生人也。故人乃三也。人和天地並立，是「元」為天地人三才的總會之地。元即太極，即先天太和之氣。故必渾涵蘊化神、氣、形三者，使渾合如一，即渾元如一，「內外交修，直養時習」，方可成功。

內外交互修練，練至體渾化如一，用則寂感而通，功臻寂感而通之體用，始足以稱之為元渾或渾元。而能渾者，則近虛能捨正，後人以發，先人以至。渾合則涵神於渺無幽杳之內，秘密令人莫能窺其機，可內動不令人知，故發則必中，此即無生妙有的元之玄機。元之玄機，乃人身故有的良知良能相互為用的「攻防機制」。

凡外病於形者，皆失之心有定規。若目幾靜悅者，心必隱靈鑑也。彼目昏滯者，其內無實學，外飾以色莊者也。若此者，其必助資於敵，又安見玄元渾化無方乎？

【闡釋】

管子曰：「形不正者，德不來；中不精者，心不治。正形飾德，萬物畢得。」「心生規，意生矩」，凡修練手戰之道外病於形者，非外形官骸之過，皆心之過也。失之心有定規，即心中無規矩，外病之根本在內。知此，則知內修根本的重要性。

若目幾靜悅者，心必隱靈鑑也。靈鑑，明鏡，此處即心靈的鑑別能力，亦即明心見性之功。手戰之道修練靈敏神通的鑑別能力，講求眼之見性，耳之聞聽，鼻之嗅覺，體之觸覺，心之靈性，總稱為「靈鑑」。此處僅以「目」言，非只言目也，是謂內在功夫切實的體現。

「靈鑑」即神明，是聽探的良知功夫。如果一個修練者目不明，耳不聰，觸覺不敏，心性不靈，不具備「靈鑑」之功，那麼在內其實並無功夫，只不過外表像個練家子。若此種人與他人較技，必是資助對手打敗自己。這樣的習武者，又安能見到玄元渾化無方之妙境呢？此處之無方，是言其體無方，即無圭角，乃從圓善變靈動也。

噫！大矣哉！渾之為體也，純而篤靜；其為用也，動而多玄。即曰純靜，以其本乎天之一，養氣於至清；則乎地

之一，融精於至寧；此於艮之一，涵神於至靈。又渾化清、寧而一之，更至於空靈。是統三才於一致，內而精氣神無少缺欠，外筋骨皮一息堅融，至是則內空靈，而外靈便。此渾元功驗之所以然也

【闡釋】

以上之論太重要了！神、氣、形三者合一的「渾之為體」純而篤靜，其用動而多玄。而這個「渾之體」稱「純靜」，是因其體現了「天得一以清」。故修練傳統拳術攻防之道的第一件事，就是本著天道的法則，養至清的真元之氣，即內功法的煉精化氣，煉氣生神，煉神還虛。至煉神還虛之境時，就是養真元之氣於至清之境了。此乃從天道之法而修得。

再者，其體現了「地得一以寧」，即按照地道的法則，修練至寧的外形筋骨皮，即外功的抻筋拔骨，展筋伸骨，柔若無骨。至柔若無骨時，就是融精於至寧之境了。此時外形自不妄動，惟順從內勁以動，故曰「至寧」。此即順之體，乃從地德之法而修出。

最後，其體現了「人得一以正」，就是按「誠之者」的人道法則，「此於艮之一，涵神於至靈」。

何謂「此於艮之一」？艮者，艮卦也。《序卦傳》說：「物不可以終動，止之，故受之以艮，艮者止也。」

「涵神於至靈」是指將神止於至靈之處。此處至靈指人的背部，有艮卦的卦辭為證：「艮其背，不獲其身，行其庭，不見其人，無咎。」

背部靜止，身體就是想動，也不能動。背與胸對，故用此來比喻內心寧靜，不為外物所動。當達到這一境界時，物我兩忘，內心保持安和寧靜，必然清醒冷靜，能夠適可而止，故不會有災難。這是卦理爻辭的說法。

上面三件事做到了，還要以「靈神」再渾化清、寧而達到渾化合一之境。至於空靈，歷代拳術大家多有所論，如「有形如流水，無形如大氣」「筋骨空靈意，精神要切實」「全體透空，無形無象」等。

然最精彩者，乃孫祿堂先生的兩段論述，前段見《八卦拳學》，後段見《拳意述真》，錄之如下。

惟身體如同九重天，內外如一，玲瓏剔透，無有雜氣摻入其中，心一思念，純是天理，身一動作，皆是天道。故能不勉而中，不思而得，從容中道。此聖人所以與太虛同體，與天地並立也。拳術之理，亦所以與聖道合而為一者也。

拳術至練虛合道，是將真意化到至虛至無之境。不動之時，內中寂然，空虛無一動其心，至於忽然有不測之事，雖不見不聞，而能覺而避之。《中庸》云：「至誠之道，可以前知。」是此意也。

由此可見，古今武學修練家的認識是有一貫性的，這在《渾元劍經》的許多論述中都可以體現。

「統三才於一致」，由誰統？當然首先是由「道」統，即以天道統三才歸於一。然拳術攻防之道是人修練之事，所以還要「以神為主，以氣為充，形從而利」，統三才於一致。此乃以神統之，即「誠之者，人道也」。此乃知「道」統以後而「體道」的過程。

「誠之者」的人道之修，使自身「精足、氣充、神全，而無少缺欠」，則一氣貫串剛堅，外筋骨皮一息堅融。

上述乃「渾元」之功，驗證之所以如此，皆惟道是從所致。道法自然而成之。序文從開篇至此段，皆談論渾元功法道理等內容，揭示了手戰之道的練、體、用之宗旨、精髓及其種種妙義，足證《渾元劍經》之價值！

而序文的下半部分，又將形劍、氣劍、神劍之內容，分為地仙、人仙、天仙三個功夫修練藝境，來論述「渾元」的具體內容。因此《渾元劍經》雖以劍論，然手戰之道乃械術、拳術通論之名，故筆者借劍論拳，亦在情理之中，習拳者、習器械者皆可通解之。

此乃兩不相悖之論，一家無二言。

極之則光閃耀而人影無蹤，身飛騰而劍芒倏忽。或一躍千里之遙，縱橫隨其意向；或靜息方寸之內，神威感於至誠。至於形劍之名，後天之功，果能以先天之神為體用，亦足以向機御變，因變致神。是形劍又顧名思義者也

【闡釋】

修練「渾元」功夫到至極之境，則只見劍光閃耀而人影無蹤，身法展轉飛騰，劍法鋒芒倏忽，或一躍千里，或縱橫隨意，或內斂靜息於方寸之內，或外放神威動人心魄，此數句極言渾元劍術之出神入化。

在「至於形劍之名」一句中，作者提出了「形劍」的概念。所謂「形劍」，乃後天所修之功夫，即用後天有形之筋骨肌肉之力的劍法。接著，作者又提出了「先天之神為體用」的概念，指出形劍若能昇華至「先天之神為體用」，即

「以神為主，以氣為充，形從而利」的藝境，則「亦足以向機御變，因變致神」。

以後天之形為體用，是名「形劍」；以先天之神為體用，即名「神劍」；而以「先天真元之氣以禦外形為體用者」，是否可名「氣劍」呢？一句「顧名思義」，啟發了我們，也為後世習者提出了兩個值得深入分析的問題。對此後將詳論，此處不贅。

劍者，決也，斷也。必內而決七情，斷凡息，內三寶得以渾化而至於純陽，此內而劍學之築基，內殼通而堅實也。尤當外而決灰心，斷聲跡，加之以招式變化之奇，以夕朝時習，外三寶得以渾成，而至於柔剛，此外而劍法之暗練，外殼注而靈穩也。至如近世所學之劍，以舞之者，類皆皮毛中皮毛，浮之至淺而至鄙者也。昔伏牛氏祖云：果爾志向上，當先靜以築其基，存之深養之熟，內外三寶合一，渾化歸一。正所謂：

內外全無渣滓質，養成一片紫金霜

陰陽造化都歸我，變動飛潛各有常

【闡釋】

劍者，決也，斷也。這裡所要「決斷」的，正是修練手戰之道有所不為的內容。

其決說的是內而決七情。七情即喜、怒、悲、思、憂、恐、驚七種情緒。修練手戰之道，本克己之慾，惟道是從，必絕情斷慾，方能成道而達神化之功，縱情任慾者何能為之？七情過之，其害大矣。過喜則傷心；過怒則傷肝；過悲則肺氣下陷；過思則傷脾氣結；過恐則傷腎；憂而不解則傷神；驚則傷膽，膽氣散脫。

七情過者，有此中一傷，皆傷根本，何能再談修練之事！故決此七情，乃修練之前事，屬於「練拳始練性」中「練性」之內容。

斷凡息：所謂凡息者，指人後天口鼻之呼吸。斷此凡息，非斷凡念之義。故修練者應將凡息、凡念分辨清楚。

凡息乃凡念中的一種。氣入丹田謂之息，神伏丹田謂之閉。合而言之謂閉息，即伏氣煉神之法。以此伏氣煉神之法，繼而煉精化氣，積此真元之氣，便是「內氣」。此內氣在丹田中的吸提呼放，即真氣呼吸法，簡名「真息」。此法別於一般人的凡息，即後天之口鼻呼吸法。

凡息乃後天法，真息乃先天法。由此而分，可知修練者是否為行家裡手。不能決七情、斷凡息者，不知「後天返先天」之精義，則必不得其門。

精、氣、神內三寶得以渾化而至於純陽，是在決七情、斷凡息之後。其純粹之精，陽剛之性，健運不息。此內修功法所得之陽物，乃劍學的築基功夫，能使內殼通而堅實。外形功夫的修練，尤重克制灰心，亦不可追求虛名，此即「決灰心」「斷聲跡」之義。

再加上攻防招式奇正變化的朝夕習練，筋骨皮外三寶自然得以渾化合一，而至柔化剛發之境。此乃手戰之道外形功夫的「暗練」之法，明練外形，外形殼通，內氣注於其中，內感通靈，則外形必「注而靈穩」。

隨後作者對習練傳統手戰之道卻「以舞之者」給予了嚴厲的批判，痛斥其為「類皆皮毛中皮毛，浮之至淺而至鄙者也」。

傳統手戰之道本具三性，即「調心修真養道性；調心修技養鬥性；調心修殺養野性」，此三性調養法乃其本真之面目。拳術、械術種種旨在娛情怡性的表演，本無可非議，但斷不可被當成是手戰之道的主體內容和核心本質而大行其道。這種喧賓奪主的做法，會使手戰之道的攻防實戰功能、作用湮沒不存。此種批判，時至今日，亦有現實意義！

為抵制上述「以舞之者」現象的氾濫，作者特別向真心向上的修練者，申明了昔日伏牛氏的祖訓，告誡即使修練有成，「得神化之功者」，亦必「慎終如始」，重在「物有本末，事有始終，知所先後」。並重申了「靜以築基」「深存養護」「三寶合一」「渾化歸一」這連續四步的修練程序，以四句詩文為修練者描繪了功成之後的境界。

內外全無渣滓質：

此即內外功法修練「排卻眾陰邪，然後立正陽」之景象，故曰「純」。此即前賢所喻「理經三昧方才亮，靈境一片是玻璃」之境，又是「一旦無障礙，恍然悟太空」之景象。

養成一片紫金霜：

此又提升了一層境界，即金光普照的光明境。前一層的空無之境，而生今之妙有之景，即靜寧光明之景象。

陰陽造化都歸我：

精者，陰也；神者，陽也。血者，陰也；氣者，陽也。形者，陰精所成也；神者，陽氣所化也。所謂煉精化氣，煉氣化神，煉神還虛等，一切造化生機所能成之，皆我外尊天道，內順生機而修得之。諸般好處歸於我，皆如是法，並無神祕之處。

變動飛潛各有常：

修練過程中的各種變化，各有一定常規。循序漸進，不可作輟，不可躐等，一而貫之，方可修成。差之毫釐，謬以千里，慎乎！慎乎！

推其有內工外工，內驗外驗之別，故統以內外篇名其經。究其所以內功外形得內外驗者，又其誰乎？則人之靈神耳

【闡釋】

手戰之道的修練，有內工、外工和內驗、外驗的分別，所以本節經文以「內外篇」命名。內功外形得以內外驗者，方見功夫藝境之真。

工者，乃修練之意，功者，透過修練所獲得的能力。故知內工者，即內修練；外工者，即外修練。內修練得內功，外修練得外功。

工與功這兩個概念要分清，否則會給習拳者帶來練用上的混亂，如常常以「工法」代替「功法」來說手戰之道的攻防應用內容，或以「功法」代替「工法」來論手戰之道的修練內容，讓人不知所云。此皆概念混亂所致。

究其所以內功、外形得內外驗者，又其誰乎？人之靈神耳。此中所言「內功、外形」者何？內三寶精、氣、神渾化合一，以成內勁，此以內勁為內功；外三寶筋、骨、皮渾化合一，稱外形，而不稱外功。此並非作者獨出心裁。古有「練拳不練功，到老一場空」「力不打術，術不打功」的諺語。依此而觀之，功者，內功也，即內勁。故此文作者將內修的成果稱為「內功」，而筋骨皮合一稱「外形」。

所以內功外形渾化歸一，得內外驗者，又是什麼主使的？乃人之靈神耳。此即「以先天之神為體用」一句之解說。所謂先天之神，即此處之「靈神」。此乃傳統手戰之道「以神為主，以氣為充，形從而利」的具有普遍代表性的論斷。傳統手戰之道的最高境界，即「神明藝境，神化之功」。故內外渾化歸一的具體應驗，在人之靈神，也就是順理成章的了。

然三才之奧旨，猶不止此。有積氣為劍者，名氣劍，即劍使也。用之為劍，約之於內仍氣也。有積神為劍者，名神劍，即劍仙也。用之為劍，虛而還之仍神也。此二者即地仙、天仙之分也。至於人之習能百戰無敵者，亦足以稱之為人仙矣。

【闡釋】

前論渾化內外三寶歸一，得虛靈妙境，應驗於人之靈神。然三才的奧旨，還不止此。尚有「氣劍」「神劍」之分，此即前文「是形劍又顧名思義者」一句的遞進闡釋。

氣劍者，即積先天真元之氣以禦外形為體用者。其重在用意，意為神之使者，故又名劍使也。此乃解前文之「或一躍千里之遙，縱橫隨其意向」這句修練內功馭氣之法的。

神劍者，即積神為劍，能以先天之神為體用者，其重在用神。故名神劍，又名劍仙。此乃解前文「靜息方寸之內，神威感於至誠」一句之精義。即我所解說：內功修練已至光明境者，斂光明而靜息泥丸宮中，乃名「寸光」的積神之法。故曰：用之為劍，虛而還之乃神也。

此又重申了《渾元劍經》中的練內氣之法和練先天元

神之法，而將渾元劍法的功夫藝境，分為上中下三個等級。形劍者必以先天之神為體用，至於人之習能百戰無敵者，亦足以稱之為人仙矣！

氣劍者稱地仙，神劍者稱天仙。因為作者是修真之人，故論劍術等級品位，也用「仙」字來分。此乃出於道家修真派。《鍾呂傳道集》中有論：修練一事，法有三成，仙有五等。三成者：小成、中成、大成之不同。五等者：鬼仙、人仙、地仙、神仙、天仙之不等，皆是仙也。鬼仙不離於鬼，人仙不離於人，地仙不離於地，神仙不離於神，天仙不離於道。

《鍾呂傳道集》中對五仙的說詞，均為修行內功之術語，非俗人日常用語，並無迷信。傳統手戰修練得大道者，即能「法分三修，成功至大成藝境」者，便是超凡入聖之境界。《渾元劍經》中的人仙、地仙、天仙，是按三才的形劍、氣劍、神劍來分的。形劍者小成，氣劍者中成，神劍者大成。如以形劍為明勁、氣劍為暗勁、神劍為化勁，則劍道、拳道，又是一以貫之的。看來，「法分三修，功有三成，其實一也」乃手戰之道修練的基本規律。

遂乎其藝，幽乎其氣，柔乎其質，剛乎其神，悠久也其功，變化也其驗。故形而上者謂之道，形而下者謂之器。道者器之體，器者道之用。是因形練形，極至道成者。其妙存乎虛靈之人，其幾速於影響。此劍也，實亦入道之基。小可神變超塵，大則可以氣奪屍解。極則胎脫神結，面朝上帝，而拔升矣，是知一陰陽之道，其至矣廣矣，豈獨長一藝之妙，而可限其神妙，足盡其浩渺之藏乎？願學者矢志盹

誠，為大有為之君子。括而要之，以造於神武不殺之時，當能贊參天地；立於其間，必足以止戈於億萬代之後。

【闡釋】

「遂乎其藝」是說劍術技藝是隨著一個人修練進程的不同而變化的，且每一步的變化，都有相應內氣、外形、靈神三者功能的具體表現來驗證。

「幽乎其氣」是說煉精化氣，積氣則成內氣，內氣以丹田為中心收放。收則聚於丹田，放則達於四肢梢部及體表。其隱於內而不顯於外，故曰幽。

「柔乎其質」是說外形的柔若無骨之功夫。初修抻筋拔骨，再修展筋伸骨，再修柔若無骨。每一步修練，皆有切實的內景、外形之驗證。

「剛乎其神」是說內氣積累的修練。先修練氣化神，再修練神還虛，此時外形全體透空，神還虛空之體內，已達能以先天之神為體用之境，此即「剛乎其神」之精義。

「其幾速於影響」一句，描述了「虛靈」功夫之應變神速，幾乎超越聲音和光影，體現了寂感而通的「自動」藝境。

渾之體是形而上者之道體，形、氣、神，乃形而下之器。形、氣、神的三形之修，極至道成，即三者渾元歸一，此練用之妙存乎虛靈之人。

此乃劍術、劍道，拳術、拳道通用的修練模式，是修練者入道、體道的開始。如果堅持正確的修練方法，克以術而成道，小可神變超乎塵技，大則氣奪萬象超脫各種劫難。其運用範圍之廣，豈是只掌握一攻防之技就可言說其神妙和浩渺的呢？

願學者虔誠修練矢志不移，做大有作為的君子。概括地說是「以造於神武不殺之時」。此言意為雖然達到了神化之功，但與人角技，仍要保持「用必打犯而不傷人」之藝境。這時，讚美參照天地化育萬物的生生之德、廣生之德，實施君子的修練之德、應用之德，也就是「當能贊參天地」的又一層精義了。

能立於此，則足可免去後人的是非爭議，止戈於萬代之後了。

故曰：大仁不仁，大勇不勇。噫！於劍學之中，克取法乎上，蓋已解矣，而況於道乎！其奧更深。其能庸行造極者，則將幾絕矣哉！

玄真玉妙真人心壇　撰序

光緒二十二年丙申九月戊戌朔日許國本　敬書

【闡釋】

先聖治學教化萬方，作《易》以順性命之理。手戰之道遵此而立修練、建體、至用之法式，講求仁、勇。仁者，是陰柔祥和之德性。

「大仁不仁」，即講用之性、德。大仁，指武事修練，外操柔軟，內含堅剛。所謂「大」者，乃人遵道行者為大。以柔軟接堅剛，內要含蓄堅剛而不外施。不仁，乃言義之作用。義者，乃「陽剛直率」之德性。無堅不摧，無惡不除，是不仁之精義，見大仁才有大義。

古人云，勇乃力之奮。《詩經》云：「無拳無勇。」而《六合十要序》中有：「心為勇性。」可知勇乃心性之所生。勇有大勇和小勇的分別。

以手戰之道來論，「以外形為制，任氣用力，神從則害」，屬尚力派，為小技，是為小勇；而「以神為主，以氣為充，形從而利」的內家拳法，屬尚德、尚意派，即「以柔用剛」的大道，此乃古人所言之大勇，即仁義之勇。

然不勇者何意？不勇，乃求大勇之心態、方法、藝境。此乃遵「反者道之動」的宗旨所確立的修練、至用之法則。其不以小勇為勇，知「勇在不勇之中」。「內要含蓄堅剛而不外施，終柔軟而應敵，以柔軟而應堅剛，使堅剛化為無有。」其修練時「幽乎其氣，柔乎其質，剛乎其神」，神、氣、形內外三寶合一，渾化歸一；運用時以柔用剛，不攖人之力，順其勢，借其力，讓力頭，打力尾。其藝境乃「不先物為」之「無為」，「因物之所為」而「無不能為」，人不知我，我獨知人。

本序言最後感嘆，於傳統手戰之道中，克己之慾，取上乘之修法以修練自身者，已經很稀少了。煉虛合道、寂感而通的道境之修練，其精髓奧旨就更深邃玄妙了。其能以平常心，惟道是從而造極者，則幾乎絕跡了！

渾元劍經内篇

劍髓千言

夫劍乃儒雅中之利器，有正直之風，和緩中銳鋒，具溫柔之氣，靈則通神，玄能入妙，飛來飛去，無影無蹤，作雲作雨，如虎如龍，變化莫測，轉展無窮，誅人間之惡黨，斬地下之鬼精，可破陣以攻城，隨手指點，草木皆兵，可防一身之害，資三捷之成，故珍為致寶，運可通神。

光靈明而不昧，體剛健而長生，掃則霧消煙掩，揮去則石走雲崩。可避水火之災，入不溺焚；可解刀兵之亂，視如不見。

其為德亦若人也，資稟於陰陽爐火之煉，性成於元亨利貞之能，百折不屈，九轉而形骸備。

鑄冶始於神人，傳授依乎仙術，習貴專精，功宜百倍，非取天地之氣，無以培養人之本源；不吞日月之精，奚以輕身健體？非精足氣不能清，非氣足神不能靈。

非內而精氣神、外而筋骨皮，渾成一片，身不能輕。將何以飛取雁書、遠逐鴻跡？非如此何以通妙，而能超眾？能禦大敵，足稱萬兵之祖。故精足則戰耐久；氣滿則呼吸細；神清靜而圓融，則變化莫測。故曰：身完天下無敵手，劍完四海少敵兵。

能此二者，方可超凡入聖境，庶幾馭眾為高明，勿負古人之留意、仙佛之苦衷！

習得形劍成於外，則劍氣備於內，是爾身心自有主。其為用也，可除災以斷水，可畫地以成河；斬七情、斷六慾而絕淫根；破異術、滅妖通以除惡黨。

神智從生，豁古今於親目；謀猷克布，協治化以感通。儒之禦侮，以此而威行；道之降伏，以此而欲空；釋之真空，以此而功成。

夫劍氣即罡炁也。而宇宙之間，亦必恃此為化育，主宰生殺權宜。故學者業貴於精，心宜於謙，藝當熟習，志莫驕矜。外有三尺劍，內必籍五本以佐之，始保一身安閒，無事紛紜耳。再者，此物為仁人之珍寶，彼匪人之所畏，故好而知惡為貴。或徒負氣好勝，每生嫌隙。

一旦欲勝乎理，小則魯莽僨事，大則積愁成恨，反恨成狠，將禍延無已。此真好武中之惡習。

故劍法既成，尤當博閱天文、地理、人事，駁雜於中，在一番體認知改擇中，卑以身處之心，又或於澹定之候，靜以撫琴，涵養性真，化淨猛烈之習，效成一片溫和氣象。外人豈能知哉？目為武士，而有儒雅之風，稱為呆儒，而有威嚴之度。故君子有三變，望之儼然，即之也溫，聽其言也厲，功用到此，謂文兼武全將相身，更必出處有道焉。

試止以時，不以道殉身，亦不失機，勿貪為主，勿吝為先。如有欲習此者，詳言喻眾，莫為己私，化傳萬方，奠定國家，小則終保厥身，大則兼濟天下，豈可輕乎哉？試思昔有伯溫先生言：此天子氣也，十年之內，必都金陵，吾當負劍從之。

非明悉天文地理人事，善舞劍而能止戈者乎？更有善觀劍者風胡子，善舞劍者李靖、伍員、吳季子等，孔門之季路善佩劍。於此觀之，劍為奇珍，自古惟然。其用非但主於玩器，其旨趣亦深焉耳。

望古遙企，得精秘傳者，不乏人矣。彼丈夫也，我丈夫也，吾何畏彼哉！必加一能己百，十能己千之力，甚勿空演招數。更須深參奧旨，方克許有為哉！

煉劍莫先於煉氣，煉氣要首在於存神。存神之始功，根於固精。能此方可以論劍之練法，否則作輟之，鮮有成為完璧者。

功夫貴勿剛勿緩，和平得中，且存且養，內外兼濟。直外便能和中，煉形亦可長生。活動筋骨身輕靈，周身氣血力加增。由子至午鍛鍊外，自未至申靜息中。戌則呑斗持罡，運用水火，和合坎離，妙在築基，要乃清心寡慾。

此入道之機、成道之具，豈可杳視？惟晝夜無間，則陰陽協理。呼吸定則靈光生，而三寶定位，同居其中。金丹日益，身法愈輕。

昔唐太宗養劍士數百人，時或令舞，則諸士身共劍各飛。若此神舞，神威足以勝人者，非此而何？

夫劍貴乘機以進，無隙則退。故奇正明，劍法成；精神全，神力猛。古語之「一聲嚇斷長江水」，乃威神並作也。既能如此，何患對敵難勝？

非內外打成一片，難以飛而出快，妙而顯神。非真陰陽生，不能召天地之精氣神，歸入身心。惟氣結於根，久戰如未戰也。至於生威之道，在於存神。神能常存，久自生威。存神以固精為本。《聖經》[①]云：知止。止者，亦進攻退守之道也。

進攻之道，見機而作；退守之道，忍辱為先。進退得宜，便為知止。若茫然而進與退，昧然而守與攻，非徒無益，恐招尤之媒來自面前，而悔已晚。是求榮反辱。欲固守己身，多助敵資，良可惜也。故曰：戰勝一時，由於訓練千日功夫。豈偶然乎？

人既為萬物之靈，必心與道洽，庶幾致人，不為人所致也。故君子必具天險王道之全，洞天時地理人事之權宜，其略則孫、吳、司馬之策，始可運籌帷幄，決勝千里。故君子戰必勝也，歷觀古人各有取法。

昔亞聖云：浩然之氣，至剛至大，直養[②]無害，塞於天地之間。夫浩然之氣，在於天地間，則保合太和之氣，以之生成，在人則空靈無間之氣也，即真氣。其中剛柔渾合、陰陽互生，即所以結丹粒之道也。其大莫喻，其小難破，而來往造化之神涵於其內。故曰：放之彌六合，卷之藏於密，直養即勿妄勿助。

直自然先天之力，在神為非人力也。無害者乃順生機之自然，去其害生機者也。養至真息圓滿，百慧從生，永生無滅。小可經綸，大可讚譽天地，故曰則塞於天地之間。

夫勿妄者，非具剛決武火之力，安能常於若存？勿助者，非有攸柔文火之功，安得依行不偃？果能明道不計其功，是無為之為，神為也。

能庸行無息武火之力，固少頑空昏沉之偏。至若樂行不期報，亦非人力之有為，以其呼用略照吸用。全妄者，文火之功，豈更有著相燥妄之失，故內而靜功、外而武學者，皆當準乎文武火候，以行為的。

故戕賊成者，終難深造乎道。綿長者久必顯達。過急則銳，恐多退速之虞；太緩則疏，未免作輟之情。然二夫準期何在？詩云：

休逞歡來歇力行，免將過役倦容生。

中庸萬古傳心法，中以庸行戒律清。

氣欲足兮精為本，神光無滯天地春。
四肢鼓盪皆符道，力量增加要日新。[③]

劍法又有：正奇正、奇正奇、奇中正、正中奇、奇中又奇、正而復正，六門之別，所宜別辨而熟演之。凡高勢雙勢為正，旁門低勢小勢為奇。低忽高，旁忽正，單化雙，奇中正，高忽低，正忽旁，雙化為單，正中奇，左腿為正，右腿為奇，剪並奇，飛步正，顛換步奇中正，丁字步正中奇，前弓勢奇中正，七星式正中奇，四平勢伏虎勢為正，釣魚問獻為奇，三揭為正中奇，齊眉劍為奇中正，刺猿劍為奇中奇，飛仙劍為正中正。是皆陰陽變化，尤當洞澈，可闡發而彰明。

論陰陽手法，陰來陽敵，陽來陰敵。若陽變陰、陰變陽，還得看他陰陽虛實之數。故曰：悉明天地盈虛數，便是伏牛親身傳。習至如此，乃能全身遠害，戰勝守固也。

又有三步睡功夫。一曰仰臥，兩腿直，十足指回勾腰控，存想湧泉，雙手搭扣撐住；二曰左偏臥，頭枕左足尖，左手搬左足跟，右換如之；三曰伏臥，雙手抱頭，足跟朝天，十足指尖用力向地，存想泥丸。

隨便臥時，頭腰腿要三直。立時足勿實踏，雙手齊垂，目光四射，時或垂簾。行步必活穩輕急，宜自跟撤尖碾，行非無跟之輕跳。閒息時，有引氣下行之法，乃六字訣，連唸到下丹田存在。久則氣不湧出，亦能久而無倦，用力少而成功捷。

巧從熟生，靈從快生，剛生於柔，智生於拙。非養得目有神光，難使敵一見生畏怯於心。非神光難禦亂敵。非有元光，難臨大陣而耐久。

靈光者，身外有紅光繚繞。神光者，目中有青蒼之氣，足以照遠出威。元光乃身外黃光閃爍，是內外功滿，毫無缺欠，渾光普照，無隙可乘。

惟目中劍內手上，更有一番穩準氣象，足使人畏。故敵人動得其咎。學力至此，乃為練家，方不愧居其名，亦可留芳千古，令後世慨見而神警。故聞聲而懼者，因實稱其名，威感夙著也。

此真向戰不持寸鐵，何待矢折而勝也耶？古之將帥，操不勝之術者，以其訓練精細，百戰無敵，誰敢慢視哉？

又要訣曰：一精氣神，二剛柔力，三遐邇相當，四陰陽相濟，五劍逢雙刃與雙鋒，皆指其展轉靈根；若敵大刀共大戰，來回緊急隙間攻。

前所云六字訣，傳列於後——提催靈閆（音按）妙工。

此乃通天徹地功夫，宜得暇即用，久可卻疾，添益精氣，培補下元，活湧泉穴。此穴開通，則身中筋骨血絡，皆舒展自如，乃千古不宣之妙，宜當時習之即覺也。

提者，自湧泉直上泥丸；催字，自天目中少停，繞頭三轉，自左而右；靈字，至玉枕，歸一度喉間；閆字，分入兩肩，從臂內降至十指尖，由手背上穿缺盆夾脊，橫穿前後心，降臍中少停；妙字，自腰眼小小穴三轉，少停至海底氣海④多住，降肛前腎後即會陰少住，至尾閭多住；工字，入環跳穴多住，至膝脛達湧泉，反上脛間，膝後多停，升到腎前九轉，至下田停住。九轉為滿，此坐功完也。

夫行走之間，更有三字訣，乃「清、淨、定」也。清字，存神泥丸，如水清月朗，風輕日暖；淨字，一氣到臍，思看取蓮花淨⑤之意；定字，一氣至海底停住，思如泰山之穩，外誘難撓，如松之茂，如秋陽之清暖，如露之含珠，月之浸水。其堅如剛，其柔如絮。再合而為一，自泥丸一想湧泉，渾渾澄澄，無礙無停，久則神光聚也。

氣愈下兮身愈輕，
神居上兮心生靈。
精常固兮法術行，
形自空兮玄妙通⑥。

外固則內壯，心靜則神安。欲為人上人，且莫行捷徑。

工夫要在學愚魯，神常生兮心如腐。
不見不聞身形固，不動不牽意誠篤。
何非大效何非功，務遠貪高徒自誤。

出奇本乎平常，出妙由於拙笨。故匠之誨人也，能使人以規矩，不能使人巧。善哉斯言也！且出快之要，非能接天地之呼吸，難至高超。欲得接外呼吸，當補內殼之三寶。

凝堅而後，則目光清活圓潤，面見金色，乾中潤澤，周身若綿，聲音響中綿軟，此為內足之證。外佐以操練之功，久則風從足下生。到如此境界，方謂天根月窟常來往，三十六宮都是春。

時乎可與天地通氣機，與仙人通言語，借日精月華以自補，合太極為一體，內外合一。

渾身有痛酸之處，痛是氣虛，酸是血虛，或氣血之不到，然猶有別。皮裡肉外脂膜未淨者，酸多痛少；精虛損者，痛多酸少；氣血初暢之時，亦痛多酸少。酸中帶麻木，或抽筋者，兩虛兼積寒濕，或偶感誤中風也。

嘗思天下之物，皆具靈氣，況人乎哉？人為萬物之首，受命而後性理咸備。果能從生後識開之候，窒慾懲忿，使七情六塵永息無生，則人心日死而至灰揚，道心日明以至純粹，則基乃固矣。且心中各具七殼，尤得當訣以通，斯可矣，曰玄通、靈根、妙鑰、統真、通樞、涵神、洞幽，左輔元龍，右輔白虎。

玄通殼開，則甘露每夜子時升於泥丸，每日午時，流貫周身，則皮膚鮮嫩。

靈根殼開，則先天之精，刻添一粒，日夜生九十六粒，流走上下；久則皮潤澤生，光眼清爽，永無生背發熱發脹昏迷；雖數夜不眠，亦無倦怠，面色如金。有歌訣兩首為證⑦。

一

一竅開時便通天，初時幽暗玄又玄，
靜侯靜待無煩惱，靈根洞開入九淵，
霹靂聲聲飛龍起，一片通明九重天。

二

此時天人合一體，便與天地通氣機，
可借精華補自己，靈神圓滿香寰宇，
根竅通時百竅通，此竅通時知天機。

妙鑰殼開，則心性含香，陽和遍體，而立主宰，外則芳氣襲人，身活如綿，發招捷速。

統真殼開，則目讀心契，理無畛域，虛靈圓滿，耳通真言。

通樞殼開，則身活骨輕，百節生胎，日夜不眠，永無怠倦。

涵神殼開，則氣無湧出，神生泥丸，普照湧泉。左目日也，右目月也，故日照臨下土。

洞幽殼開，目生真精，而天文地理奇偶之妙，變化之神，自然豁通於心矣。耳塞能通，清音可聆，役使勿停。

元龍白虎殼開，則周身三萬六千毛孔皆開，通天地之氣。功夫至此，周身氣候，節之運行，與天地無違，久則孔孔生胎，則外三寶始稱堅實，無六淫之感，可謂疾魔退矣。

夫練劍亦當先開七殼，再演外武功。火候有準，武備成道法明，所謂性命雙修者此也。平時貴飲白水，茶多傷神冷精，使陰陽未和，奚以剛柔相濟也？食宜淡，濃則濁，氣撓神，珍饈美味也，況肉食乎？非身心了無一病，何以神通絕技乎？五穀之氣，尚能損人，而況厚味乎？故嗜欲消一分，則道長一分；臭味薄一分，則心性明一分。常叩大羅，則頭中風火油渣之氣漸消；常揉兩腿根之筋骨核，則筋脈漸長。

夫氣靈力長身輕之後，還須保養百日，方許試習。如隨養隨練，謂之抽筋扒骨，費力難成。如成之後，再力活靜息三百日，則三寶凝定矣。又詩云：

精神凝結一團團，動靜之為貴自然。

隨所往來無阻滯，任從指點合先天。

又詩云：

手眼身勿滯，敵難知我武。
睛光威射人，甫不至於人。
稍疏便有失，此為真起手。

大成之法，先須活步身。單演招對招，入妙致人，方不助於人也。孫思邈之膽大心從，體用至矣。

凡事依行，萬無一失，矧在操技者哉？怯敵己必受害，輕敵亦受其計。惟禦以膽敢，待以虛心。有膽敢則彼威自抑，有虛心則猝變堪防，庶免資敵致害。雖平時空演，亦如見敵一般。進退橫斜，步加穩準，體驗得深，習演得到。或無患臨場失志，猝變難隨也。

至若因變亦變，逸以待勞，或從之為進退，逆力以為揭獻。或柔以濟剛，陽以化陰，猝中含柔，緩中蘊剛。或寓進於退中，寄奇於偶內，虛中實而又虛，實中虛而更實。側伏引詐之機，涵於無形；注定圓照之神，寂於覺裡。蓄發之前，繼發於已發之候，隨發於將發之形，必深造於此，方能對敵無隙。

《書》曰滿損謙益。尤必以有若無、實若虛之心，卑以自居，乃為妥要。若偶或稍漏一心，則憤恨之氣便起，是自取其亂之媒，斯為以藝累身。何其惑乎甚矣！

再動示之不動，進示之以退，可謂因人隨變。彼雖機妙，烏能災我哉！倘夙未細心，或疏茫動，敗有必然者。又有順逆誑呆，驕慢喜怒，動靜遠近，立行反霸擊神之策，要在因地制宜，因性施逆。

又曰：氣盈神靈則勝，氣欠神昏則敗。若平時技精兵練，聲名自著。要知異地人情之喜忌險曲，地勢之夷險寬窄，設防變外。知天則生剋造化之理悉，知地則山河進退之路熟，知風土則計策易決，知人情則引誘乃順。知此者，自能心在規矩之中，神遊規矩之外。造詣如茲，詎能為所誤耶？

止戈之術，可備而弗用，豈可用而無備？故臨渴掘井，晚之已甚。藝高慢敵，昧之至矣。故君子貴尊賢容眾，採群智以擇從，謙以自馭，敬以接人。柔中剛非愚柔，此處出全身渾形遠之道。群魔盡散，而高人義士得以近接也。故天時地利，不若人和。止戈之法，如斯而已。

是以慧筆揮來，乃見龍飛鳳舞。心壇授持乎人力，仙機闡天地幾絕之奇文，啟後覺由生之等級。雖經中奧蒂或有漏遺，而劍內奇觀已稱略備。果能依此，若閱星霜，當不見棄於天地。勿謂紙短情長，言多莫如言簡。若稟斯言，行難知易。練身要在練心，願從此乘為萬代遺規，相傳以綿綿不息也已。

噫！克於依行，繼傳不息者，抑亦觀難其人也。第謹筆之於楮，先生之面前，以待後學之取式。故將其中妙旨變式，備詳於後。特為三復致意，識者當勿忽諸爾。

河北雲中子立福識

【註釋】

① 此處的《聖經》，乃指《易經》。《周易・艮卦・彖傳》：「艮，止也。時止則止，時行則行；動靜不失其

時，其道光明。」

② 原譜缺「養」字，據「氣以直養而無害」而加之。

③ 此歌訣原為八句合抄，以押韻及內容言，當為兩首，各四句。

④ 海底氣海，此處指內氣由腰降至尾閭再到會陰穴，復上升到氣海丹田中。下一句之「降肛前腎後」，是指內氣從丹田又降落到會陰穴了。會陰穴又名壺底。因有「弄壺中之日月，搏手上之陰陽」的說法而得名。

⑤ 蓮花淨，內功心法中有「蓮花童子功」的修練法式，內可成此景象。

⑥ 此句不見於通行版本。

⑦ 此句及歌訣兩首不見於通行版本。

劍學指要

夫劍者，見也，見機而作也。機者，樞也；樞者，腕手活動之謂也。

豫知樞者，而能防其機，致勝之由也。由者根由，知其由來，能弭其源、塞其流者，焉有不勝之理乎？

劍法之妙，妙難盡言。劍分先天與後天。先天之劍，靈活自然。敵劍未動，而我先知之，一目了然，便可應變通權。彼進我退，彼後我先，彼低我高，彼左我右，彼直我橫，彼提我伏，列此數端，可以類明。

倘然他來得快活，我退速伏退守，乘虛再攻其不備，彼必忙中失色。此敗以伏勝之法，亦一破十二連宮之法。乃後天之劍，機在於肩，為發轉之源；樞在腕，為曲直上下左右應用之官。明此，可謂為青白眼哉！

【闡釋】

「劍學指要」也是手戰之道指要，首要是見機而作。機者：時宜、合宜的時候。樞者：樞紐，事物相互聯繫的中心環節。

此處之樞機，就攻防機制而言，有內外之說。由內而外言之，在神、意、氣、勁、形、中六合一統攻防機制中，內為外之樞，乃聽探、順化之良能。以外形而言，梢節領、中節隨、根節催，三節齊到力增加，此時腕手活動的部位為之樞，一身有形之樞機明矣！

雙方較技，接手便制住其根樞，如一臂之根節的膀根，一身之根節的足根，一腿之根節的胯根，手臂、一身、腿足的中樞之節肘、腰、膝。預知樞機者，而能防其機變，制住其樞，就能防止其變化，此乃致勝之由。由者，根由，知其根由，截其勁路、塞其勁道，焉有不勝之理！

劍術之妙難於盡言，其可分為後天之劍、先天之劍，此與拳術中分外家拳法、內家拳法同。

先天之劍，應與內家拳法的懂勁相對應，尚先天自然之力。後天之劍，則是與內家拳法形拳招熟相對應的形劍法式。

先天之劍，乃指懂勁的神知藝境，故而靈活自然。敵劍未動，而我先知其虛實動靜意圖。正如孫祿堂先生所言：「拳術至煉虛合道，是將真意化到至虛至無之境，不動之時，內中寂然，空虛無一動其心，至於忽有不測之事，雖不見不聞，而能覺而避之。《中庸》云：『至誠之道，可以前知』，是此意也。」可知拳道、劍道、手戰之道，皆是「至誠之道」。而修練至「至誠」境界，當是劍道、拳道、手戰之道之要點。

「彼進我退，彼後我先，彼低我高，彼左我右，彼直我橫，彼提我伏」，其所列六種方法，說明了順隨施手用招的法則。即能前知，較技對陣，便可審機度勢一目了然，隨機權變造勢了。總之，其要在「乘虛再攻其不備」。採用迅速的退伏退守策略，乘虛再選隙攻其不防備之處，彼由於出乎其意料而慌亂，我則乘機勝之。此乃佯敗以伏勝之法，用此一法，可破「十二連宮之法」。

後天之劍，「機在於肩，為發轉之源；樞在腕，為曲直上下左右應用之官」，此論外形之攻防機制。此乃「小樞」之論，而實際應從全身外形而論，機在足，樞在腰，是從人身三才部位的根、中、梢三節論樞機。而此「小樞」之論乃簡說，故經文後面尚有「大小樞」之說。

劍法是步法、身法、劍法三法合一而運用的，先天劍法以神為樞機，合觀之，正成此「大小樞機」之論。

先天劍法和後天劍法，除先天劍法崇尚暗勁法式，後天劍法多明勁法式的區別外，其所用攻防之招式及應用法則，基本上是一致的。有了這樣的認識，我們對先天和後天劍法的區別及應用的方法、準則，就心中有數了。

青白眼：《晉書・阮籍傳》記載，阮籍處世見人能為青白眼。青眼：眼珠在中間，是正視時的目光。白眼：眼珠向上翻出或向旁邊轉出眼白的部分。青眼表示對人的尊重或喜愛，白眼表示對人的輕視或憎惡。此處藉以表示對先後天劍法竅要有清楚的認識和判斷。

明白了上節所指出的劍學要點，可謂明青白眼哉！何謂青白眼？即黑白分明之法眼，較技時審人度勢，能明見，能通幽，能察彼之來龍去脈，也就是現在所說的「行家的眼光」。諺云：「行家看門道，外行看熱鬧。」故知：傳統手戰之道的行家裡手，才具有青白眼。

這與其他行當是一樣的，內行就是內行，外行總是外行，然外行可經過修練而成為內行。這要有明師的口傳身授，加之自己勤奮好學，苦修苦練，持之以恆方可。

氣貫周身法

夫氣起於丹田，升於泥丸，降於背，入於肩，流於肘，抵於腕，至十指尖，此氣之上貫也。氣生丹田，入於兩腎間，降於湧泉，此氣之下貫也。

氣隨心到，心逐氣穿，心能普照，氣自周全，久而力自加焉。式如行雲流水，無停無滯，瞬息存養，動靜清輕而靈，入手神妙，可以進退如意，形無定門，非斜非橫，忽高忽蹲。功夫到此，可謂通真。

【闡釋】

手戰之道以煉氣為先，貫氣之法是煉精化氣，真氣生成之後，周身上下內外行氣搬運的總稱。《易筋經・貫氣訣》專門述此貫氣之法的練用。其法不外乎煉精化氣、煉氣化神、煉神還虛，自達真人藝境，即與太虛同體之藝境。

由於歷來所傳之法不同，故貫氣之法，運行之道路，所歷之境界，亦不完全相同。由於功法不同，所得內氣亦會不同，但最終效果卻是無疑的。

不同的貫氣之法，對精、氣、神、血所產生的效果也不同；對筋、骨、皮、肉所造成的脫胎換骨、脫拙換靈的效果也不同。對修練手戰之道者而言，不同的貫氣之法產生的攻防境界亦不相同。而本經所言的「六字訣」「三字訣」「通七殼」諸法，都是很好的方法。故此貫氣法，也應是經常修練的方法。

丹田乃氣海，內氣積聚、存蓄之所在。內氣由陰陽精相交而生成，初成之內氣，陰性太盛，尚無靈性，必須透過運行，在全身周遊，方可逐漸地去其陰性以成純陽，最終神氣歸一。故拳家說：「十年練拳，十年養氣。」

此貫氣法的內氣起於丹田，沿腹胸頸腔內直升泥丸，此處泥丸乃百會穴。降於背、降於肩、流於肘、抵於手腕、至於十指，此上半身之貫氣法。

泥丸：丹書多言泥丸宮，古人將頭中煉丹存神所在稱為「泥丸」。

泥丸宮非百會穴，而是另一所在。在囟門下靠前，左右太陽穴連線的正中，印堂、天目內，有一圓形空洞球體（並非實體），此即為泥丸宮，此宮按前人說法，方圓一寸二分。然泥丸宮非一定方法不能開啟，故有妙開泥丸宮之法。泥丸宮開啟後，可為煉丹成丹之所在。

氣生於丹田，入於兩腎間，即會陰穴，分兩股至左右環跳穴，經大小腿、踝，至湧泉穴，亦可通命門至環跳穴而下貫，亦可由命門至會陰復返環跳，此下半身之貫氣法。

此貫氣法的上下兩貫是同時進行的，自可成上下兩奪之勢，即現時所言的對拉拔長或對爭。此只對內氣而言。

拳自心生，捶由意發。心到氣到，氣隨心到，主從明矣。心之使者，意也。故心到、意到、氣到、力亦到，即內外一貫一至之意。心逐氣穿，逐者，驅使也。氣無所不入，可入於無間，凡氣所達之處，心能普照何處。心之所明，借氣之所行而成之，心氣不通，則心昧不明。可知貫氣之法，就是明心見性之法了。

為何前賢論內功修法，皆言「貫氣」而不言「灌氣」呢？貫者，一氣貫串之意，而灌者，乃灌滿之意。故知貫乃一氣通暢，灌則滯矣！

久而力自加焉。此「力」乃指「先天自然之力」，可直以「內氣」來言，其有「不力自力」之妙用。

如果將「久而力自加焉」理解成後天有為力法，如肌肉爆發力或尚氣用蠻力的筋努骨突之力，就謬之千里了。通觀劍經所論，毫無此後天有為力法之言。倒有「是統三才於一致，內而精氣神無少缺欠，外而筋骨皮一息堅融，至是則內空靈，而外靈便。此渾元功驗之所以然也」一段論述，講的是先天自然之聽探、順化能力，即以柔用剛的攻防至用之能力。

久之內氣、外形的剛發柔化掌握得愈加細膩，則可「以柔用剛」。行招用勢如行雲流水，生生不已，無停無滯，瞬息存養，動靜轉化清輕而靈，剛柔變化勁勢方圓曲直分明。

以此功夫境界與人較技，可以進退自如，皆因人不能知我，而我獨能知人。順勢借力，毫不著意，他意即是我之意；機在人先，形不妄動，他形便是已之形。

故形無定勢，意無專注，視正猶斜，視斜猶正，非斜非橫，以正用奇，隨高就高，隨低就低。功夫修練至此，可謂已通傳統手戰之道練、體、用之真諦。

精神氣息解

夫氣足耐寒，血足耐暑，神足耐飢，精足力綿。惟真陽以禦之，則蒸然流遍大千；血猶油也，惟真陽以化之，則渣質淨而胎元生；神即心之主宰，人之主人翁也，逢火鍛之則光凝，遇水潤之則體靈；精即髓液，遇火則融注，逢水則清明。總而言之，四美也。

氣、神，火也；精、血，水也。水陰中之陽，火陽中之陰。陰潛於陽，陽伏於陰。水火融和，內外功日進。又云：神陽中陽，血陰中陽，精陽中陰，氣陰中陰。陰陽結合，一元復昌。

泥丸為神舍，玄牝為神谷，湧泉為火眼，氣海為火元，白虎為氣殼，尾閭為氣路，方寸為水宅，周身脈絡為水渠，舌本為甘泉。

精血者氣之化，神亦從之。精舍即生死戶也，神胎所結之區，而真意生焉。若能常常照覺，則四美日益，至於能斬開內外之殼者，乃神之良知、氣之良能也。悉禦之以靜，則水火升降、溫潤之驗，日甚一日也。神足力勇無息，悉發於先天之自然；氣足則九萬六千毛孔生胎；精足則皮膚如嬰兒；血足則肌嫩彩澤，無皺紋也。

【闡釋】

精、神、氣、血，四美也。息者，此四者生化之子母關係。這種生化關係，歷代修練家的認識和看法雖不完全相同，但從整體上看，並無大的異議。

下面引用古代修練家的論述，以便理解經文的宗旨。

《易筋經・貫氣訣》載：「元精，非津液脂髓之精；元氣，非呼吸吐納之氣；元神，非知覺運動之神。元精，能採陰陽之精華，結成為精，生亦能變化無窮，神通廣大矣！生時不過能養靈性。至若元氣、元神，即經元神存養多年，功行圓滿。神用之大放光明，億萬化身，斂之則如混沌一元。氣用之則風雲雷雨，變態無端，藏之則與太虛一體。元精足，護元氣元神，下能隨元氣送元神上升。

修練家所以煉元精者，為養元氣、元神故也。就即生時觀之，元精乃元氣、元神之母也。元氣、元神活活潑潑，虛虛實實，不即不離，極明極靈。元神又為元精之主宰，元氣又做元精之驅使。神氣之重，更不待辯而可明矣！氣乃精神之中樞，此論明矣！」

《易筋經・貫氣訣》載：「神者，氣之靈明也，是神化於氣，氣無精不化，是氣又化於精矣。蓋人之生也，稟先天之神以化氣，積氣以化精，以成此形體。即生之後，賴後天水穀之津液以化精，積氣以化神，結於丹鼎，會於黃庭，靈明不測，剛勇莫敵，為內丹田之至寶，氣力之根本。

故氣無形，屬陽而化於神；血有質，屬陰而化於精。神虛，故靈明不測，變化無窮；精實，故充塞凝聚，堅硬莫敵。神必借精，精必附神，精神合一，氣力乃成。夫乃知氣力者，即精神能勝物之謂也，無精神，則無氣力矣！」

中氣，即仙經所謂之元陽，醫道所謂之元氣也。以其居人之正中，故武備名曰中氣。此氣即先天真乙之氣，文練則成內丹，武練則為外丹。然外丹未有不借內丹而成者也。蓋動靜互根，溫養合法，自有結胎還原之妙。

我們結合引文和經文所論述的內容，便可解得此經文之意了。

氣足耐寒：氣屬陽，陽足則耐寒。血足耐暑：血有質，屬陰，陰盛則耐暑。神足耐飢，精足力綿，精神合一，氣力乃成。氣足則不知疲，精足則不思食。氣猶水，惟真陽可以駕馭，蒸騰周流一身內外。

真陽者，元陽也。大千，此處即指全身內外。血猶油也，以真陽之火煉之，則油純而渣質去淨。

由此可知：氣血之周流蒸騰、質淨，皆以真陽為原動力。所謂「胎元生」，即喻之有靈性。此氣血之論，乃言人體之本元。修練手戰之道是順生機之修，去害生機者。故修練家們皆以氣血生化之理論述修練之事。

神，心之主宰。此「神」具靈明之性體，非經修練得當，不知其存在，不知其功用能量。故曰：「逢火鍛之則光凝，遇水潤之則體靈。」即內功修練法的「天一生水功法」和「地二生火功法」。神得水火之煉，方能清明靈光。

精，講為髓液，實指陰精、陽精經修練而融合化一之物。遇火鍛之方能融洽合一而能注於四肢百骸，逢水洗之方能清明無雜塵。

一般而言，氣、神為陽之物；血、精乃陰之物。氣血調和，精神乃住，身心乃健。攻防所用，氣血精神爾。故曰此為「四美」。

《易》曰：「黃中通理，美在其中。」就是指修練者只有「四美」蘊其中，方能身心健康形於外，攻防技擊能運用。此乃「以中治外」之宗旨爾。

神，陽中陽；血，陰中陽；精，陽中陰；氣，陰中陰。

神，最靈最明，最具神通，故以陽中陽視之。

血，陰之物具陽之性，故以陰中陽視之。

精，陰之物，化陽致用，故以陽中陰視之。

氣，雖屬純陽之物，但寓於無形之中，雖能接於有形之表而不可見之，又可達至幽之境，故以陰中陰視之。

此四象的陰陽之解，與前面所論的陰陽之說，本質無差異，只是論述的角度不同，其目的是說明下面的論述。

陰陽結合，即精血神氣的結合。以內功修練，可神充氣足，精足血足，既可養生，又可技擊。這充分表現了傳統手戰之道養生、技擊並行不悖的理念，無非是靜練體、動練用。此段從精神氣血的生化機能、練功方法方面，較細緻而又全面地論述清楚了。

此篇的核心思想，就是內功修練的主要功能，即「黃中通理美在其中」。同時還解釋了一些內功修練的名詞精義。

劍訣提綱

八式者，奇、正、背、向、鈕、跨、起、伏。

八法者，隙、幾、猝、轉、剛、柔、纏、繼。

八形者，象乎龍神之變化、獅骨之清健、魚跳之自然、蝶舞之蹁躚、鶴立之超峭、猿躍之靈穩、鹿奔之迅速、貓伏之窈窕。

三門者，上、中、下。又分前後左右，共分三四一十二門也。

詩云：

招式八式別三門，仔細推來仔細尋。

莫把神機看輕了，務須功力體精神。

八式者，奇、正、背、向、鈕、跨、起、伏

八法者，隙、幾、猝、轉、剛、柔、纏、繼

【闡釋】

既言「劍訣提綱」，當是提綱挈領之要點，下面依序逐字分析。

八式，乃身法之八式。

奇，乃六門法中的奇式，旁門、低勢、小勢為奇。

正，乃六門法中的正式，正門、高勢、雙勢為正。

兵家言：以正對敵，出奇制勝。拳家言練用中的攻防招式的奇正互變，皆從自身內變而言外之奇正。此八式的奇、正，是以「身法之勢態」而分。「形為正，勁為奇」，此即以柔用剛之攻防技術的精義。其中單數正，偶數隅，此乃論體；然其用，則為「正者奇，隅者正」，即「以奇用兵，以正合」。

背，以身形朝向分「背向」，身形不朝敵者為背。研究背向敵之戰法極為重要。

向，身形對敵之面名為向，有奇正之別、起伏之分、扭跨之異，不可不知。

歷來拳家論身法，很少以「背向」立論。但在具體攻防招法接應變化中，確有很多背向的攻防技術，如手法的退步釘肘，臀部的擂天鼓，迅轉身的背折靠、虎尾腿、蹶子腳、後蹬，高級的倒踢紫金冠，背後的撤步剪摔等。歷來拳家多不談背向法，而此劍經把背向法提為綱中之要訣，可見其確有獨到之處。有一本成書於清乾隆年間的《張橫秋秘授跌打抓拿法》，曾在「大敵備要」一節專論「向背」之運用，可資對照，錄之如下。

若值眾敵四攻，其要以強弱，知背向。弱者背之，強者向之。反身先攻之，卸退再應強。所謂指東擊西，視南攻北也。軒強摧弱以孤其勢，降弱示強，以警眾心。是為挫其銳氣，以削其羽翼也。其初也，須大喝一聲，張其神威，乃轟然發手，即警挫其能。卸退一步，勢若山崩地塌；跨進一步，狠如倒海排山。橫衝直撞，令其難擋吾雄；左投右身，毋使能敵吾鋒。疾如奔電，速若迅雷；觸之者損傷，當之者危亡。任其眾敵齊攻，莫不駭心喪膽也，誠能如是，敵斯破而危斯解矣！

「向背」問題，如以身法勁勢講，則有「人剛我柔謂之走，我順人背謂之黏」的「避向擊背」之法式，又有向背的「前空後豐、前散後趨」奇正法的「前三後七」之論述和以柔用剛的「避向擊背」之技術方法，實質上都是在解決向背問題，而「以柔用剛」是「避向擊背」不爭的法則。

扭，身法之擰轉式，可稱為扭。這可從後文「練身解」中的「扭式」知道。「枯樹盤根」是典型的扭式；「犀中望月」也是立身時典型的扭式。

跨，乃單手托天式上下相隨之身法，如丹鳳朝陽手即是跨式，一般少林拳法的開手式皆以跨式亮相，其含有「接骨鬥榫」的意義。一身則顯半開半合之形意，半柔半剛之態勢，乃身法左右剛柔變化的基本身法。不柔則不能扭，不剛則不為跨，體現了剛以柔為體，柔以剛為用之精義。

起，起勢好似龍捲風。同一起式，有領提而起，有蹬踏而起。此中分別不可不知。

伏，分威法伏熊，收伏如貓，皆伺機而動之勢。打人長身之法，皆謂之起，然無伏則無起，故起伏相互為根。一般按用法來說，進則長身為起，退則矮身為伏。

由上可知，此身法之八式，內氣、外形柔外剛中，匹配合一，所有攻防招法的身式不出此八式之範疇。習練運用，皆以此八式為要點。

八法者，乃運用之八法，可與太極中的「掤捋擠按採挒肘靠」八法相比較。

相同之處，皆為用之八法；不同之處，拳中八法皆系列之攻防法式，劍中八法所涵蓋的範圍要廣泛得多，然其內容在拳學中又皆有闡述，下面分別逐字解析。

隙，隙即空檔之意。訣言「見隙即進，無隙則退」，言明施招攻防進退之法則，是積極進取，但又絕非蠻幹。是以順隨為法，乘隙順勢以發之。得隙在於聽探，用隙在於順化之能力。知人之隙可用，己不能有隙。自己無隙之方法，在於順隨。在順隨變幻中不滯不貪，先要自身中正，還要意在人先。最終可前知於人。

幾，幾從「機」，有乘機而進之說。隙、幾乃是一對，即拳家所言之機勢。凡能善用機勢者，皆能乘機攻其隙，而自己出招用勢無過不及，恰到好處。

猝，突然、急驟之意也。猝然之變，常可造隙、乘隙、用隙，故猝法是常用之大法。有快中急停，慢中突快，快慢相間，還有勁勢輕沉的猝然變化的運用等，皆可使對手有隙被我利用。故此猝法充分體現了手戰之道的「順隨為法，打人由我」，牢牢掌握主動權的策略。反之，若敵猝變如何防之？有虛心則猝變堪防。聽探之良知，順化之良能，達到最佳狀態，方能做到臨場較技，應變自如，亦不畏其猝變矣！

轉，即較技攻防變化之執中用中之道。前人云「樞得環中，應變無窮」「磨轉臍不轉」等，皆是談圓轉的內容。活似車輪，圓轉如一，方圓互轉，變化生焉！猝和轉又是一對相互為用的法則。

就古人所論「攻防變化，無圭角可言」，可達攻防用招入妙致人而不助於人的圓轉變化之妙境。轉為法時，必有轉化的快、慢及猝的運用，才能有順其勢、借其力、乘其機、搗其隙的瞬間制勝能力。「機動靈活，圓轉自如，先知於人，勝在當時」，即是言轉法之精妙。

剛，以剛柔立法，亦從體、用二字求之。以體言，內氣為剛，健運不息，純粹之精，在體內獨立而不改，乃一身之君主。平時為相，戰時為將。

柔，以體言，外形為柔，鎮靜厚載，順從之德，即形如流水是也，乃一身之臣民。平時為民，戰時為兵。

剛柔匹配如一之體，必歷「明、暗、化」即內氣、外形匹配合一的藝境方能成功，即成劍經所言的「渾元功」之體用。以柔用剛的技術，其運用時的剛柔之勢，又是如何呢？用於攻擊時，用陰柔的外形站位，又有陽剛內氣的逼催，以成形前氣後之勢，形勁一以貫之，方有捷效。

用於防守時，用陽剛之內氣接對手之勢，又有陰柔之外形的環繞，成氣前形後之勢，才有迅速化解對手攻勢之妙用。

此外，還知道「柔行氣，剛落點」的剛柔轉化、以柔用剛之法，可謂懂勁了。

纏，古人云，「三股擰成的名繩，二股擰成的名纏」。纏乃從兩儀論攻防之勢，即內氣、外形兩股勁勢。一方面自身的內氣外形匹配如一，騰挪變化，細密周詳而又沿路纏繞綿軟悠長；一方面與對手拆拳破招，拆招破勢，也要從之以為進退，纏繞迴環，細膩蘊貼，才能無過不及恰到好處，才能時時處處制人而不被人所制。

施手用招，以柔用剛的沾黏之勢，使對手不能離我而去，進退不得，這也是纏之藝境。對手無時不被我主宰，此皆纏之效用。

繼，繼往開來。攻防招式，勢勢相承節節連，連綿不斷，勢若長河，上招就是下招的預備式，乃繼之義。有始有終，始於聽探，終於順化，周而復始，循環無端，亦繼也。外形柔化而走，繼以內勁剛發，剛柔變化無始無終，亦繼也。正如經中所言：「馭靜以動，動中亦靜，動靜互為其根；柔化剛發，以柔用剛，陰陽迭神其用。」此乃點明「繼」之運用法式。

自身有十三隨法，對陣有十二連城之技法等，可相互變化連續實施，亦為技法運用時繼之義也。就是修練傳統手戰之道，由始至終，亦呈現由初期功法修練，基礎功夫定後，繼續向中期功法修練，再向高級藝境進修的規律。每一步、每一層次，皆以前修功法的功夫為基礎，層層遞進，這也顯示了繼的含義。就是傳統手戰之道的代代傳承，數千年不衰，亦是繼之義也。由此可知，繼之含義深矣！

八形者，象乎龍神之變化、獅骨之清健、魚跳之自然、蝶舞之蹁躚、鶴立之超峭、猿躍之靈穩、鹿奔之迅速、貓伏之窈窕

【闡釋】

這一段象形取義，述八形而立法。此乃古人以物喻物，借物言物論述手戰之道的拳理拳法。經文從龍、獅、魚、蝶、鶴、猿、鹿、貓八種動物之形立論，故曰八形。而此八形，亦可視為八能，取八形之能集一身。

象乎龍神之變化：

龍可上九天、下九淵，用力不見力，善變無形又無窮。內氣，乃純陽之物，以龍而喻之，形象且逼真。外形，陰柔之物，象地。龍有搜骨之能，喻外形柔若無骨似龍之形，乃因內氣貫通周身。

內氣、外形，柔外剛中匹配如一。「象乎龍神之變化爾」，極言「善變無形又無窮，不疾而速得真宰」之意和「如龍靈變，用力不見力而山莫能阻」之勢。

獅骨之清健：

此乃以獅之雄健而喻自身骨架之矯健。手戰之道中的骨架，有兩個特點，一是攻擊時接骨鬥榫般的形如鋼鑄，二是化解時的柔若無骨。而這兩個特點，皆以獅喻之。只有骨質堅硬，才能用於攻防之中，此乃本經以獅喻身架之精義。

魚跳之自然：

以魚跳喻手戰之道身法。俗云：「斤魚鬥力。」即魚在水中，魚重一斤，當你撲捉時，魚的彈抖能有三十多斤的效果。王薌齋先生云「順風旗，河裡魚」，是言先天自然之力，「不力自力」，純自然而用之。拳諺云「無力者純剛」，即「魚跳之自然」，勢之能也。孫祿堂先生說：「攻防之勢，純出於自然，不要格外用力。」其中格外用力即非自然之力，即非「魚跳之自然」力也。

蝶舞之蹁躚：

古劍訣中言：「蝴蝶雙飛射太陽，梨花舞袖把身藏，鳳凰浪翅乾坤少，掠膝連肩劈兩旁。」此以蝴蝶飛翔忽高忽低，忽聚忽散，雙雙盤繞迴旋而進，比喻拳勢之用，瀟灑自然而又讓對手捉摸不定。此乃「拳有定式，而又無定式」之意，「蝶舞之蹁躚」以借喻之。

鶴立之超峭：

峭，乃山勢又高又陡之象，又喻嚴厲且一絲不苟之精神。故知前賢以此喻攻防勢的「靜如山岳之峭拔，打人全憑蓋勢取」的峭立威勢。

如少林拳經中的「雙肩緊夾而陡來」，即此意也。又喻攻防之勢瞬息萬變，只有秉性嚴峻剛直，才能峭立於對手面前，使之畏懼。古人創各種形拳，其精髓處，乃非形似而神似。知此者，即明形拳立意之妙諦。

猿躍之靈穩：

此指長臂猿，非親目所見長臂猿之縱躍者，不知其靈，不明其穩。長臂猿縱躍之迅疾敏捷使人眼花繚亂，忽爾驟停，悠然自得，安閒自在。其動之疾，不知其所向，靈敏迅捷；其靜之穩，靜若止水，若然無事。靜動之變，靈而穩健，穩健之中隱藏靈動之機，鬆靜自然。故拳種中有「通背猿拳」，乃借長臂猿而喻拳之修練、建體、至用之精義。

鹿奔之迅速：

當代已由「馬有疾蹄之功」而代之，不獨為步法爾。

上談猿躍之靈穩，亦不獨手臂爾。兩者皆此意也。故古有「寸、踮、過、快、濺」五步法，皆應如鹿奔之迅速方可運用。步法乃載身之舟車，不敏捷迅速，則一身呆滯。步乃手法身法變化之根基，不迅速敏捷不能談攻防之變化。為說明這一點，前賢以鹿奔喻之。

貓伏之窈窕：

窈窕，鬆靜柔和，輕靈美妙自然之意。收束為伏，展放為起。防守則收束，攻擊則起勢展放。

前賢言防守之態，縮作一球，乃收束之俯伏狀。收束之勢要輕靈美妙而無圭角，使對手無可借用，無隙可乘。故前賢以「貓伏之窈窕」來比喻收束的防守之勢，其精髓自見矣，妙義自生矣！

古有「分威法伏熊」一說，後來拳家以「收伏如靈貓，展撲似猛虎」來比喻收束勢的輕靈與展放勢的威猛。經文以「貓伏之窈窕」來說明「收束勢的輕靈」，正蘊蓄著展放勢的威猛。

三門者，上、中、下。又分前後左右，共分三四一十二門也。

【闡釋】

手戰之道的功法內容，有「門戶」之論。門者，攻防進退出入道路；戶者，攻防進退守護之地。手乃攻防進退之道路，步乃站位得機用勢之根基。故有「拳從口出，拳從嘴出，拳從洞口出」的說法和站其位、拔其根的用法。

從門立論，自古就有以天地人三才立論的三門法（手為天門、肩為地門、肘為人門）、以手臂之上下裡外分的四門法、以上下左右中來分的五門法、三門加四門的七門法、三門加五門的八門法及以「杜景驚開、休死生傷」立論的八門法。

而此劍經以天地人三才立論，取上中下，而有前後左右，分為三四十二門，立十二門法。

詩云：

招式八式別三門，仔細推來仔細尋。

莫把神機看輕了，務須功力體精神。

【闡釋】

此歌訣對「劍訣提要綱領」進行了全面的總結，並又提綱挈領地說明了「劍訣提綱」的精髓。

招式八式別三門：

各種攻防招式，多得數不勝數，不能死記硬背，照貓畫虎。如果這樣，就會畫虎不成反類犬。應當用約繁就簡的方法，將所有的攻防招式，按八式的奇、正、背、向、鈕、跨、起、伏，分類而通之。

再以三才的上中下三門，法約而化之，這樣就可將所有的攻防招式，融匯在三門八式之中，並以八法而用之了。這是由繁化簡之法。

仔細推來仔細尋：

能將所有攻防招式以八式、三門區分開來，真正做到約繁就簡，也要經過一番認真的推敲，只有心領體會者方能得心應手。

莫把神機看輕了：

神者，先天自然之神。傳統手戰之道是以先天自然之神，即人的主觀能動性為體用。古論乃「神也者，妙萬物而為言者也」。

機者，神明、內氣、外形三者渾化合一之機體也、機制也。此乃「以神為主，以氣為充，形從而利」的攻防機體、機制，簡稱「神機」，乃體、用的兩重意境爾。

這說明在「招式八式別三門」的約繁就簡過程中，一定不能忽略了神機的重要性，要時時刻刻將神機放在主要的位置上，這樣才能達到預定之目的，取得最佳效果。

務須功力體精神：

此處所言之功力，並非今人所言之功力。古人言功力，乃「功夫之能力」。

今人言功力，乃功夫之力的大小。古人言功力，乃「精足則戰耐久，氣滿則呼吸細，神清靜而圓融，則變化莫測。精足氣清，氣足神靈」。內而精氣神，外而筋骨皮，渾成一片，身自能輕靈，自能通妙，而能超眾，能禦大敵，即「文兼武全將相身」。故曰：「身完天下無敵手，劍完四海少敵兵。」所以用「務須」二字強調「功力」的實質，體現的是精神。

以此歌訣來看，從招式起，到精神止，傳統手戰之道重精神的修練體用宗旨，從古至今是一致的。何謂重精神？即「以神為主，以氣為充，形從而利」的機制，渾元功法之義爾。亦即「聽探之良知，順化之良能」和以柔用剛的自動化之體現。

由上所論，乃知「八形」重在體現所借之形的功能神韻，即非求形似，而求神似。這就是「務須功力體精神」的另一層含義。

指南篇

夫劍有五不動。敵具過高過低、偏左偏右、虛點者，皆不動也。如不得已，當致招防護外，招不妄發。如他具若似伸非伸、似屈非屈者，亦須留神，再動為妙，此即手眼清明也。又分寸力，只在劍尖與掌握中，非大搖擺也，止在肩腕活耳。活則應猝，靈則輕準，柔則能隨曲轉移。彼一入圈，則難逃矣。

剛則能禦猛，當取捨得法，乃不貪不呆也。遠近制宜，剛在他力前，柔在他力後。跟乃其步法身式；隨乃其具之剛柔遲速、奇正橫斜、高低撤伏之式；躍可解亂防危；伏可引以取勝；詐乃形之以七情之變幻，使他無所措手；提防時加一分小心，防敵之變，勿貪為尚。

後附詩云：

活靈穩準柔而剛，分寸清明取捨當。

遠近高低於前後，跟隨躍伏詐提防。

【闡釋】

此篇所論內容，乃修練、至用的準則和過程。

「戒律二十條」中，第十二條是「劍莫輕動」，而在「指南篇」中，開宗明義也是「劍莫輕動」。對敵較勝負，劍有五不動。

對手的器械，距自己過高、過低、偏左、偏右以及虛點者，自己的劍不動。動則易露隙於人，為彼所乘。彼器械距己尚遠，不在自己防守範圍之內，故靜以待動，使彼不知我之意圖，此乃不資敵之上法。

是否高、低、左、右及虛點者皆不動呢？否！如不得已，即對手之器械已進入自己的防守之範圍，不防則易遭襲擊，也要動。當致招防護，即只以防護的招法應對，攻擊的招式不妄發，因此時攻擊的時機尚不成熟。

如他器具似伸非伸，似屈非屈，亦須留神。彼伸則我引之，彼屈則我黏而逼之；順從以為進退，聽探對手之虛實，適時以從之，進退可四兩撥千斤，此即「再動為妙」之內涵，如此行招用勢即是手眼清明也。

然能如此，只因用劍的施招用勢有「分寸」力。在劍尖與掌握中，「非大搖擺」，只是肩腕的靈活，分寸掌握得好，力度忖度得妙。此處用尺寸長短講肩腕活動力度，是來區別用勢力度的變化的。

如借喻於長度單位，故有了分力、寸力等手戰之道的術語。尺寸越短，功夫藝境越高，效果越妙。王薌齋的「大動不如小動，小動不如不動，不動之動，才是生生不已之動」，就是解釋動之尺寸長短的論述。

活則能應付突然的襲擊，變化無滯無礙；靈則輕穩準確，分寸、力度恰到妙處；柔若無骨自然能隨彼屈伸而圓轉變換；移形換影方能至極佳藝境，故彼一入我圈內則難逃失敗的後果。只因引之使進，其不敢不進。其進之適位，猝然剛發。其因猝發，不能變化，自然敗矣！

剛則能禦猛，乃言柔行氣中的剛發。然運用剛發要明白取捨之法，以順隨法則中的順隨為進退，方可制人而不為人制。要捨掉頂扁丟抗四病，才能真正達到「以柔用剛」的柔能克剛，剛以禦猛的藝境。只有取捨得法，才能致中和達虛靈妙境。此乃不貪不痴惟道是從，積習而成之的道境攻防功夫。

前面詳細地闡述了施招用勢「準、穩、度」的內容，下面再談「跟」的方法問題。拳訣云：「打手要跟，不跟則不濟。」是說施招用勢招招相連，勢勢相隨，如長河滔滔不絕，上手就是下手的預備勢，不另預備。

跟法乃施招用勢的根本方法之一，然攻防的施招用勢能招招變換，勢勢相連，滔滔不絕，關鍵在於遠近相宜。即遠有遠法，近有近法，遠近皆能施展招式，方能體現跟、隨的精髓妙義。

跟：

乃跟其步法身式而進退自如，變化隨意，與其不即不離，以聽探其虛實。

隨：

乃隨對手之械具之剛柔遲速、奇正橫斜、高低撤伏之式。急則急應，緩則緩隨，此亦是「以柔用剛」的取勝之法。

躍：

解亂防危、應對猝變之良法。「躍」字之妙，在於亂敵當前，躍出圈外，不對群敵，可將眾敵中當前者戰勝之；或突處危險之境，躍而飛出，暫保自身，再與之戰。能明「躍」字之用者，乃精明攻防之道者。能審機度勢，故能不處危亂之中，此亦先為不可勝，然後謀之的良法。

伏：

乃潛伏待動之機勢。前文貓伏，多言外形之象。此則講「勁形反蓄」「陰陽逆從」，乃內氣、外形匹配如一的具體方法。經文所言「以動靜互為其根，陰陽迭神其用」，就是「伏機之制」的論述。

伏機乃以引法為當，彼落入此伏機之內，則可制勝。「伏」字非單指外形而言，更兼內外伏機之制，能知此義而用之，便為攻防制勝之上手。

詐：

乃據對手的喜、怒、憂、思、悲、恐、驚七情之喜畏，相機示形於彼，以假亂真，使其無所措手足而背。兵者，詐也。拳通兵，兵不厭詐，手戰之道亦不厭詐。

詐術之內容，皆不出孫子所論「用而示之不用，近而示之遠，遠而示之近。利而誘之，亂而取之，實而備之，強而避之，忽而撓之，卑而驕之，佚而勞之，親而離之。攻其無備，出其不意」等內容，可詳細琢磨之。

提防：

提神布控，加強防護措施，未交手時如是，交上手後亦如是。此乃「防患於未然」的治未亂思想在傳統手戰之道中的具體應用。

「指南篇」對全篇內容做了精煉的總結，點明了重點。後人應逐字理解、領會，直至運用精熟。

劍法髓言

劍法分力，莫高莫低，過低則無力，過高則迂遲。彼高我攔，彼低我提；不高不低，拿手最宜。

【闡釋】

此乃劍法精髓之言，法不同則力道勁勢不同。故曰：劍法分力。這裡的「分力」，是指分別用力之法，即彼高我攔，彼低我提；不高不低，拿手最宜。攔者，外者為攔，尖上把下。提者，尖下把上。如以手法而言，攔者手上肘下，提者手下肘上。不高不低的中平式，拿法最宜，即以劍腰的推貼沾黏，是謂之拿。如以手法而論，亦是沾黏法的拿。可知劍法、手法，同意同理。

十二連城法

圈拿、攔提、攪拭、穿綳、功按、飛簷、跳澗、鈎點、問獻、左閃右閃、拖貼圍轉、葉裡偷花人罕見，側身斜飛左右揭，何畏他人劍亂顫。

【闡釋】

「十二連城法」有具體攻防招式的交互變化運用，乃守固如城，壁壘森嚴之意。既是攻人之法，又可為防守之用，用時十二法相互變化。「十二連城法」是約簡之言，在每法之中又有具體的攻防招式，分述於下。

圈拿：

圈法和拿法的相互配合。圈者何？亦如拳法中單鞭手防手的下勾動作，謂之圈攔手。可知環繞而能控制對手的方法名圈拿。

圈拿法有由上入下和由下入上兩種環繞入手法，以成控制之勢。亦有左入右圈和右入左圈之分別。此皆謂圈拿。

攔提：

手上肘下外開勢為攔，手下肘上外開勢為提。故知攔提乃兩種入手法式，是應接對手上下攻擊的連續防守方法，故攔提並論。

攪拭：

攪者，絞也。如黃龍三攪水，可與對手手臂或兵器相攪，亂其節奏，乘隙而進。有裡攪、外攪之分。不管裡攪、外攪，皆可從對手裡、外、上、下、中門而入攻擊對手，是接應變化及入手進門的破門方法。

拭者，掠也。勁勢為「擦」勢，是入手進擊之法。

攪法亂其節奏，乘隙以拭法進擊，如諺云「鳳凰浪翅乾坤少，掠膝連肩劈兩旁」「中直八剛十二柔，上剃下滾分左右，打殺高低左右接，手動足進參互進」。此中掠法、剃法皆為拭法之描述，故知攪拭乃即防即進之方法。

穿繃：

穿者，屬穿骨法。敵自上路來，吾極力一伸向前穿之，彼之勁自破。因穿法之中有繃勁，即在抻筋拔骨之穿法中，將繩拉直，繩中間猛然彈起的橫向之勁勢。故穿繃為一法中之兩勢，一法兩用自在其中。繃拳之穿，乃身中天地骨之橫和身弓同時發出的繃勁之勢，產生了穿繃的效果。

穿繃乃直中拉伸之繃，是以繃勁之勢破敵之擊，以穿擊之法擊敵之上部，乃顧打同時之法。

功按：

按者，由上向下按住之方法。而按在腰攻。腰攻及按勁，需要一定的功力，是攻防用勁技巧的功夫，簡名功力，非力量之大小也。有功夫之按法，可按定對手之根，以腰攻之，彼必跌翻。

此法乃功按之精義。按在拇指。拳法兵器，皆如此也。大拇指乃按指，土性敦厚，故按勁渾厚沉實，以此為功，故聯名曰功按。

飛簷：

還繞反跳之法也，即曲中求直之法，名為飛簷。拳招名「燕子穿樑」。古人常說的「飛簷走壁」，「飛簷」已解釋了，何謂「走壁」呢？拳法中以左手承接對方的手臂頭門手腕，復交於自己的右手控制對方的肘部，再以左手擊其面部。在這個過程中，自己的兩隻手猶如在對方的手臂上行走一般，故曰「走壁」。與飛簷的燕子穿樑之環繞手法結合，就成為飛簷走壁了。

跳澗：

騰挪之法。飛簷為避免碰撞的環繞騰挪法，是上下之勢。跳澗亦為避免碰撞的環繞騰挪法，是左右騰挪的起落勢。此皆為曲化直發的曲中求直法式。

鉤點：

鉤者，回手如鉤之鉤也；點者，點擊破解之法也。鉤點皆為破門而入之法式。拳中自有「手勾、肘勾、腳勾」的三勾之法。而點法適應範圍廣泛，可謂無勢不可用點法破之。而此點法，只用於過門之點。故鉤點合用自成破門而入之法。

然鉤法、點法，又可作為破敵之勢、擊敵之法而用，故不能單純以破勢入門之法待之。鉤法可跌摔人，點擊如釘釘之擊打，都可為制勝之法式。

問獻：

問者，試敵應手之法，又名「引手」「虛驚」之法，乃問彼虛實之法。獻者，現出之義，又有現底之義。問獻之獻，乃讓對手現出虛實之底。

揭獻之獻，乃攻擊對手而對手落敗之象。同一獻字，在本經中有兩種用法。問獻之獻，是對己而言；揭獻之獻，乃對敵而論。兩義自有分別，故不可混之。

左閃右閃：

身法也，閃法也。凡防守之招式皆閃法之用也。閃法，避實之上法。

具體而言，有手法、身法、步法及各部位之閃法，故有「八切閃」之說。此乃弱能勝強之妙法，貫徹善戰者不爭的策略。訣云：「偏閃空費拔山力，乘虛而入好用機。」是閃法至用之妙處。

但施閃法之時，應持「讓，中不讓」原則才得閃法之精髓妙義。取近打遠巧妙爾，即左閃右進、右閃左進，方可實現「閃即打、打即閃」，勝敵在瞬間。

拖貼圍轉：

拖者，纏綿之法也，沾連之義爾。貼者，不攖人之力的黏隨之法。不離敵，亦不使之離去爾。敷者為尚，細膩蘊貼，敵不能知我，我獨知敵矣！圍轉者，不遠敵也。敵亦不能遠去也。此種精義，全在一轉字，圓轉如輪，圈敵之法。雖曰圈敵，然敵時刻又在我之圈外，故敵不能擊我，而我隨時隨處可擊敵爾。故拖貼圍轉四法連施，乃圈敵與敵糾纏，尋隙破敵之法。

然圈敵之法，又不單純以拖貼圍轉為法，其中又有上述諸法摻互為用，方見其妙。如以拳法論之，乃「沾連黏隨不丟頂」之法，但要與步法的貼步閃合用，方可達到拖貼圍轉圈敵擊之的目的。

葉裡偷花人罕見：

此乃拖貼圍轉的「明招暗手」之法。訣云「出手不見手，見手不為能」。明招為葉，暗手為花。上述諸法皆可為明招之葉，又可為暗手之花，即皆可化敵之攻勢與敵周旋，又可攻敵制勝。此正所謂「運用之妙，存乎一心」。此句又顯現出「拳花一片，真打一線」之妙趣。

側身斜飛左右揭：

揭者，順其力以變截也。截者，隨其起落領而挫之。可知揭者，乃逆力之打法。雖有葉裡偷花的明招暗手，也要有側身斜飛的左右揭獻、借力打人之方法。

何畏他人劍亂顫：

身備上述「十二連城法」的功夫，胸有成竹，法法精純。守則固若金湯，攻則無堅不摧，全在順勢進退和逆力以為揭獻的借力打人中體現。此正是會家不忙之精義。

正如本經所言，「勝在一時，三年功夫」。平時將十二連城法演練精熟，得心應手，明白順從以為進退，逆力以為揭獻的「順逆」之法，哪還怕對手的強勁呢？真乃一語道破天機。

此十二連城法，應與十二形的具體攻防招式區別開來。

劍法捷訣

劍器最短，易於挪轉。劍有頭、腰、腳、眼之別，頭要不直不屈，腰要用力，腳要靈穩，眼要便利，隨得高就得低，伸非伸屈非屈。

搖者，頭之力，擺者，自頭撤腰之力，生生相應也。揭拖貼，腰與頭之力。按綳切，腰腳之力。鉤點問獻，頭腳之力。相應而動，能隨機應變者，劍眼之力也。

【闡釋】

捷訣，直截了當之訣竅，從簡從捷而立論。

首言「劍器最短，易於挪轉」，是說劍屬短兵器，故易於挪轉變化。劍屬弱兵器，故以用巧制勝為法則。

劍有頭、腰、腳、眼之別，故有劍器的頭、腰、腳、眼的用法之別。劍器之頭在劍尖，劍器之腰在劍身中間三分之一範圍內，劍器之根在護手處。故劍器有三節兩面的六合之妙。

劍身為劍眼，劍尖至護手的中線為劍器中心。劍之頭、腰、腳、眼與身法的頭、腰、腳、眼皆有關聯，頭乃諸陽之首，全身領氣之所，是天才部位；腰乃一身上下之樞紐，是人才部位；腳乃一身之根柢，動變之源頭，是地才部位。眼乃心之窗，眼亮心明，又神之窗也。此劍器和身法的頭、腰、腳、眼通用的論述，只有如此領會，才能身劍如一得心應手而至用，此乃從劍的用法立論的。

頭：

乃諸陽之首，為一身之統領。故頭要不僵直硬挺，不歪斜低縮，自然中正安舒，頭正則一身自正。

腰：

乃一身上下左右動變之樞機，有剛、柔之兩用，能主宰一身上下左右攻防之變化。腰為一身弓之把位，主攻擊發勢助威之用，沒有腰的柔化樞機作用，則柔化不敏，剛發不捷。

腳：

乃一身之根節，根節要沉穩堅固，可助一身攻擊之勢而威生。勁從足下起，傳於腿，騰於腹肋，運化於胸，發於背，過肩肘而達腕指。可有前後之「牮柱」以用之，又可解敵之攻勢，雙腳虛實轉換，乃柔化避實擊虛之關鍵。故腳的變化要靈，成勢要穩。

眼：

乃聽探的審敵料勢、審機度勢之官，有察微知變之能。眼神要快而敏捷，捕捉訊息要準確，方使自身能隨高就低而變化。

有此頭、腰、腳、眼四法功夫在身，還要保證「伸非伸，屈非屈」的蓄勢狀態方能施展一切攻防變化，應敵猝變而無誤。

搖者，頭之力。

拳訣云：「風擺合葉步，身動根不搖。」搖，即晃也。有左右搖、前後搖、直線搖、曲線搖，然搖法是頭之力帶動上身之晃動。尚有定步、活步、跟步之搖法，皆頭領動之晃，謂之搖。

擺者，自頭撤腰之力。

擺者，同搖、晃，但與搖法有別。擺者乃頭撤腰之力，即用頭撤腰之動的力，而成晃動之勢。然搖擺之法，多相混用。而此經文將搖、擺分為二法，其區別細微，明此則練法精矣！

揭拖貼，腰與頭之力。

施用揭法、拖法、推法、貼法，乃腰與頭之力。

按繃切，腰腳之力。

按乃大拇指之力，繃乃腰之力，切乃腰腳之力。

鉤點問獻，頭腳之力。

勾法、點擊、問獻，乃根梢節之力。細分時，用於攻擊梢節發，用於虛驚根節力，梢節易變。

然上述所用之「力」字，應從「勁」解之。用力即是用意，乃本經的自然之力的意思。因其以神為體用，故知為純自然之力爾，即今之所謂的勁意之處也。

相應而動，能隨機應變者，劍眼之力也。

劍眼之力，乃劍器上的「聽探」功夫。只有劍器上具備聽探的良知，方有順化的良能，即相機而動之能力。此乃申明以聽探用順化的「以靜用動」之基本法則。

上述闡釋，以拳法為主，故從身法中的頭、腰、腳、眼而論之，凡諸兵器皆有頭、腰、腳、眼之論述。此乃通明兵器練用之捷法。

劍要竅精言

劍有十三隨，其端可歷舉。腰隨背，背隨項，項隨首；首隨肩，肩隨肘，肘隨腕；兩腕隨兩掌，兩掌隨十指尖，指尖隨十指足尖；足隨脛，脛隨兩膝，膝隨股，股隨臀。如此相隨，乃為身隨，一唱百和，非二力所能致，氣貫周身，自不期然而然矣。

【闡釋】

此乃劍法精髓之言。劍有十三隨的說法，乃自身三才九節一氣貫串、順隨變化的方法。

人身以天、地、人三才立論，頭為天才、腰為人才、足為地才。

上身：腰為地才，頸為人才，頭為天才。

上肢：肩為地才，肘為人才，手為天才。

掌：掌為地才，指為人才，尖為天才；足與之同。

下肢：胯為地才，膝為人才，足為天才。實足從人身論為地才；虛足以下肢論為天才。

順發者，梢節領，中節隨，根節催。

逆收者，梢節領，中節隨，根節回。

由根向梢節，由中向外者為順。

由梢向根節，由外向中者為逆。

順逆兩勢之運動，皆為梢節領動。故順發時，中節不逆梢節，根節不逆中節；逆收時，中節亦不逆梢節，根節亦不逆中節。

一身的順發、逆收的動變之勢，皆呈現的是順而不逆之景象。故獨以隨而論之，方有此「十三隨」之說。

《九要論》曰：「若合而言之，則上自頭頂，下至足底，四肢百骸，總為一節，夫何三節之有哉！」既言一身為一節，就非二力所能致之。一身之十三隨乃周身一氣貫串之謂矣。故一氣貫串，則百體隨和之，十三節能隨之即在此也。一唱者，內氣也；百和者，四肢百骸也，即內外一貫之義也。此即傳統手戰之道「意氣君來骨肉臣」內主外從的意思。正所謂「拳有萬法皆是假，惟有順隨一法真」的體用之妙義。

此論以身形部位言隨之法，而根本卻在內氣一以貫之。自是內氣、外形匹配合一之主從體用的論述。能於此，則以聽探之良知，運用順化之良能，固能隨機應變，達不期然而然之藝境，不期至而至之妙用了。

三直六揭

劍有三直，無論身式高低，皆以首直、式直、劍直為妙，方不受害於人。揭肩與肘、腕、指、喉、羞，乃六揭之法，其妙速於電掣也。

【闡釋】

此處有「三直」之論。直者，同中軸，而又同正。三直乃三軸、三正之義。拳諺有云：「要想拳法好，三正裡邊找。」心正則形正，氣正則勢正，頭正則身正。正身首要正心，心不正則形自不正，心正則規矩出。萬物無不歸中而正，得中而直。

可知劍直、式直、首直，乃自身內外的「中正安舒」之義，即有「立如平準」之勢，方有「活似車輪」之用。而三直之論，內含「用中而得中之用」的妙義於其間。

六揭：揭者，順其力以變截也。截者，順其起落，領而搓之。揭肩、肘、腕、指、喉、羞，乃六揭之法。由於劍為輕短之兵器，雖然順從以為進退的四兩撥千斤之法隨時皆可施之，然揭獻之法，卻於順勢用招中有六法可用。一曰揭肩，二曰揭肘，三曰揭腕，四曰揭指，五曰揭喉，此五揭皆好理解，因有部位所指，故言之即明。

惟羞字難解，何謂「揭羞」？羞者，慚愧而自覺無顏面。此處借用，乃運用揭法造成對手動變不得，尷尬難看，故謂之羞。此揭羞之法，落點施用處之多，不勝枚數，故以羞字統而代之。然專而論之，乃指下陰部位也。其在「練招解」圍字條目中有「進攻當封目損羞，退走當從高低兩路走可也」一句，可證之。

以此三直、六揭與人較技，施招用勢其疾妙速於電掣也。此言之義，妙在「處內制外、以近制遠」爾，隨時隨處就近而能施之。而能用三直六揭，就在十二連城法之中。諸法之中皆具備三直之義、六揭之法，非另有法爾。

雙　吃

雙吃者，左右點腕也。夫直者，直聳；揭者，順其力以變截也；吃者，推貼、纏綿、拉、按之力。推貼，劍腰之力；纏綿，劍於手掌、腕、肘、肩身相應之力；拉者，四中小指之力；按者，大指獨按之力；拉按者，大指與後四指，上提下推相合之力。合而言之，氣到心隨，百體從役，熟妙難言。明此，可謂入門矣。

妙入神劍，劍輕若風，急如電發，搖搖足登。晴空雲裡站，何畏千萬兵。一劍橫揮去，四海雲煙散。

【闡釋】

吃者，攻防方法之效用。雙吃有兩方面含義，即一點連兩擊，或內含兩種攻防法而成一法，亦謂之雙吃。如「左右點腕」一句，乃一點連擊左右兩腕。一點者，謂之吃，連擊左右兩腕謂之雙吃。

夫直者，一也，直而聳，乃直中又含有高聳陡峭之意，謂之雙；揭者，一法也，順其力，以變逆搓之截，此亦謂之雙。直、揭二法，皆一法兩勢之用，亦謂之雙吃之法。

吃者，推貼、纏綿、拉、按之力。吃者為一法，推貼、纏綿中含二法，亦謂之雙吃。

然從力勢解之，推貼，兩法也，其用劍腰之力，腰之力乃一也，乃寄奇於偶內之法也。纏綿，劍與手掌、腕、肘、肩身相應之力，亦謂之雙吃。

拉者，無名指、中指、小指，亦謂之雙吃。

按者，大指獨按之力，亦用腰攻，也是雙吃。

拉按者，本是兩法合一而用，又大指之按與後四指，上提下推相合之力，故亦為雙吃之法式。

故各種雙吃如一法兩擊、兩法合一、兩勁力合一，合而言之，皆是「氣到心隨」「百體從役」之內外合一之法。簡言之，皆是神、氣、形三合一所完成的。雙吃者，伏機之法也。不攖人之力的攻守同一的「內靠外吃」「外靠內吃」，亦是雙吃法式的內容。

故以此為習，演練至久，則妙入神劍之境，劍輕若風，疾如電發，足登飄飄。氣體透空，無一塵雜氣摻入其中。似晴空雲裡站，以自然之神為體用，何畏千萬兵？一劍橫揮去，四海雲煙散。此即「精足則戰耐久，氣充則呼吸細，神靜而圓融，變化莫測」。故此時可謂「身完天下無敵手，劍完四海少敵兵」，自能超凡而入聖境。

要　訣

藝高不宜膽大，吐語豈可凌人？即能強伊百倍，再求入妙入神。神足膽欲大，心平氣欲和。

緊中急，急中猝；勿遲延，勿少躁；來無影，去無蹤，一團清風倏忽。舒以長其筋，緩以蓄其力，遲以運其神，含以招其妙，活以猝其式，短以應其變，長以發其威。

不驚不懼要留神，平其氣兮和其心。一聲駭得他人動，便是乘機致勝門。

【闡釋】

藝高不宜膽大妄為，妄為必有失，談武論道不可盛氣凌人。此兩點乃修為的戒條中事，故必戒之。

即使功夫能強人百倍，亦知功夫無止境，應再求入妙入神。含者為妙，玄者為神，即指「渾之體」之修，「渾元」元玄之用。乃有不期而至之神機，不慮而得之法式，不思而至之妙招，不演而當之法力。得之者，是為入妙入神。體為妙，用為神。神足則自然膽大威生，心平則氣和，「養氣忘言守，降心為不為」。

心平無慾，惟道適從，依勢而行，真氣自生，必得中和之氣。此中和之氣，不偏不倚，無過不及，乃至中至正之氣爾。只有具備此至中至正之氣，則神自足，威自生，膽自大。此膽大能為乃在神明見微知著的基礎上的表現，是功夫。非妄為可比矣！

雙方較鬥是非常激烈緊張的。在激烈爭鬥中，經常會出現急招快打的情況，諸如「緊中急」「急中猝」等情況。此時務必心平氣和，神足膽大，急則急應，緩則緩隨，敵變我變，尋隙乘機用勢而制勝。千萬不要急躁，也不要應變遲緩。此即「勿遲延，勿少躁」之精義。

心平氣和，神明膽大，妙入神境，體輕若風，身手敏捷，即在激烈緊張的急招快打、突然變化之中，既無遲延，也無急躁，坦然相對。迎招化解來擊不見其影，出手攻擊不見其蹤跡，猶如一團清風忽然而來，忽然而去，戲敵於撲朔迷離之中而穩操勝券。只有按以下所論的七條修練，方能自然而成。

舒以長其筋：

中正安舒，展放其筋骨，則筋長力純而脫拙換靈，此正是肌膚骨節處處開張之精義。外形通靈善變無形又無窮，也是練拳始練形之精義。形舒氣暢，諺云：「筋長力大。」而此力，乃靈通變化之能力。

現時所言之柔若無骨、骨響齊鳴等，皆舒以長其筋之精義的論述，即外練筋骨皮，三者渾化如一之精義。

緩以蓄其力：

緩者，和緩之義。蓄其力，蓄其勁也。古有云力者，乃氣力之義，非肌肉爆發力之力。氣力、力氣自有本質上的區別。修練時，只有平時蓄勁勢之收發，舒捲自如，方有用時一觸即發之效用。初修由無到有，繼修從有化無，只有從有化無，方為真藝境。

遲以運其神：

有了上述的功夫基礎，則可續修「涵神於至靈之處」以得靈神的功夫。此功夫是在內氣、外形的功夫純熟以後修出的真功夫，故曰「遲以運其神」。如開始求運其神，則有欲速則不達之弊端。

此「遲」字，乃指修神明藝境在較後時期出現，故曰遲。《神運經》亦宗此說而論之。攻防至用，外形要舒展，內氣要和緩，運其神之時要「不先物為」，是為遲；「因物之所為」其神，是為運。此乃運用靈神之妙處。只有如此運其神，才能一身不妄動妄為。

含以招其妙：

含者，含有、含蓄。在「渾元小解」中，有「夫渾者含也，元者玄也」之語。其中有「法含式、式含招、招含力、力含身、身含步」等「十二含」的內容，前面又有「十三隨」的論述。綜合觀之，即是含蓄而隨式變招的宗旨，方顯示出攻防招法「人不知我，我獨知人」的妙境，這也是經文所講的「來無影，去無蹤，一團清風倏忽」的藝境。

所謂妙字，就是處處用空，妙手連出順隨為法，攻防招式的用法含蓄在用空之境界中。

活以猝其式：

活，包括外形、內氣、神明三個方面。外形靈便，意氣換得靈，神以知來，智以藏往。活則能應對突然的變化，急則急應，緩則緩隨，隨其勢而變招換式，乃一個字——活。即前面所論八形的龍神之變化，魚跳之自然，蝶舞之蹁躚，猿躍之靈穩，鹿奔之迅速等。

活要靈穩方見真功夫，即靈活要有界限，分寸恰到好處，方見活之魂。

短以應其變：

此處之短，即直線的發射距離要短，旋轉的半徑要短。這樣以短的方法，應對他人的攻防變化，快就在其中了。關鍵是以近制遠的方法。近者，短也。遠者，長也。此乃傳統手戰之道中的長短論。

長以發其威：

此處之長，乃勁勢悠長之長。人身勁道，有長有短。長者，由左右足至右左手；短者，由背肩到手肘。二者乃身內勁道之長短。長者威力猛而大，短者相對威力弱而小。如以作用在對手身上來論，作用時間長，則威力強大而猛烈；作用時間短，則威力弱小而無勢。此兩論勁勢之用的長與短，可知「長以發其威」之妙義。

以下四句歌訣「不驚不懼要留神，平其氣兮和其心。一聲駭得他人動，便是乘機制勝門」是此要訣的全面總結。

不驚不懼要留神，不驚不懼謂之膽大。膽欲大則必須神足，故留神則神足，神足則知來藏往，自然膽大敢為。留神即是知彼知己，內外一貫，虛實相需。

平其氣兮和其心，正是心平氣和的說法。心平則內氣中和，即內氣達到至中、至正、至和的狀態。中者，不偏不倚，無過不及；和者，虛空至靈之境。心平氣和則神足，神足則明，乃內外通明如一，內知己、外知彼，故能敵動我知而能應之無差。

一聲駭得他人動，此乃以哼哈的發聲助威之方法。審機度勢，應機乘隙而發之，又加發聲助威，其效果更佳。吐氣開聲發勁法，要於平時單獨操練精熟，再融於各種具體的攻防招法中操練精熟，做到即時而發、準確無誤，就可備而用之了。

便是乘機制勝門，只有明白了上述七法和三句訣竅的練用之精髓，運用又精熟純粹，才能取得動手較技隨時隨處乘隙用機而制勝的門道，捨此別無良法。

秘　鑰

一

一志凝精眼未呆，橫斜進退認從來。
辨清虛實心能定，識透彎環路不乖。
緩急自然難上當，屈伸靈穩莫疑猜。

隨機應變熟而已，神化無方妙矣哉！

二

先將要訣記分明，手眼身形式在清。

大小樞機隨運用，高低正覆有權衡。

【闡釋】

秘鑰者，打開傳統手戰之道各層功夫藝境之門的鑰匙。此兩首歌訣的十二句訣言，句句真實不虛。下面分句闡釋其精義。

一志凝精眼未呆：

志者，腎之神也。古云：心之所向，謂之志。心之所動，謂之意。心之所藏，謂之神。志者，又氣之帥也。此氣乃真元之氣，簡稱真氣、元氣。經修練而成至中至正至和之氣，稱為中氣。而此真氣，乃心中一陰之精，腎中一陽之精，陰陽和合而化之炁。此即凝精之義，亦即傳統說法中煉精化氣之本義。

一志者之一字，乃古練家所言的守一之法。一志者，不二也，始終也。以一氣貫串一形而為一者也。

心氣沉丹田，一志而不二。陰精、陽精合二而一氣生，必有「返觀內視」，謂之「眼未呆」。眼乃神之窗，神可內察體內種種景象之變化，外察種種物形之變化。

由上論述可知，修練強調內主外從，故「煉精化氣」乃一切功法的根本。而煉氣首要在於存神。

橫斜進退認從來：

此即「攻防進退橫豎找」的深刻說法。「認從來」三字，即設問一切攻防招法的進退、橫豎變化之用，從何處生化而來？答曰，從兩個方面化生而來。一個是順隨對手攻防招法的進退橫豎變化，一個是順隨為法的「內外主客觀條件的統一」。

「以靜用動」「有無相生」，順化中聽探，聽探中順化，攻防招法的各種變化無不如此。知此「認從來」之精義，便知去所，勝人之機即在此中。

辨清虛實心能定：

手戰之道的虛實有體、用之別。內氣誠實，外形虛柔，柔外剛中匹配如一，故心定能處「內實外虛」之境而不亂。心不亂則靜定，靜定靈穩方能至用。此段乃傳統手戰之道中的虛實之用的精闢論述。

識透彎環路不乖：

彎環者，曲化也，即弧線走化。訣云「樞得環中，應變無窮」，知此，則可謂「識透彎環」了。

乖，背離之意。不乖，即與人較技時，攻防進退橫豎找的方向不會出錯。

緩急自然難上當：

此句談「施招用手，施手用招」的基本法則之一。「動急則急應，動緩則緩隨，隨曲就伸，無過不及」。但必「人剛我柔謂之走，我順人背謂之黏」。這樣人不知我，我獨知人，自然難上當了。

屈伸靈穩莫疑猜：

屈伸者，即隨屈就伸，隨伸就屈。靈穩者，不丟不頂，不扁不抗，無過不及。

靈穩者恰到好處，絲毫無差。只有意氣換得靈，聽探得清楚明白，氣形方能即時到位。對此化打合一隨曲就伸的方法莫要猜疑，惟此是正確的方法。

隨機應變熟而已：

上述曲中求直、曲化直發方法的隨機應用與正確實施，關鍵在於熟練。純熟即用時不犯思誤，有感而應，應物自然，應無不當。

神化無方妙矣哉：

此句總結前七句，即言達到神化的藝境，方見手戰之道的精純至妙境界。《太極下乘武事解》：「內要含蓄堅剛而不外施，終柔軟而迎敵，以柔軟而應堅剛，使堅剛盡化無有矣！神而明之，化境極矣！」以此論作此句之解，至妙！

先將要訣記分明：

要達化境之極，先要將要訣、密鑰分辨明確記清楚，然後循序漸進苦修。

手眼身形式在清：

即對每招每式的手眼身法步、肩肘腕胯膝的內在章法，外在形式及來龍去脈要體認清楚，全體大用要爛熟於心。

大小樞機隨運用：

即全身內外的攻防機體的大小樞機，層層練透。簡言之：神、意、氣、勁、形、中六合一統的攻防機體及各層各處的樞機，是隨機應變而運用的。

高低正覆有權衡：

權者，權衡輕沉利弊之功能；衡者，動變平衡不失之功能。一切攻防招法的實施，高低、正覆的變化之用在權，而不失卻在於衡。權與衡是自身主客觀統一的存在。

此密鑰歌訣，暗中闡明了繩、準、規、矩的內容。此權、衡之說，乃在最後一句言明。

渾元小解

夫渾者含也，元者玄也。其中有法含式、式含招、招含力、力含身、身含步、步含地、手含劍、劍含脅、脅含肩、肩含肘、肘含腕、腕含手之妙，非渾而何？身、手、法、眼、步、式、招、足、脛、膝、胯、肋、肩、胸、背、掌、指，皆各有其玄，玄玄相應，生之無窮，非元而何？約之渾元之說，乃有不期而至之神機、不慮而得之法式、不思而至之妙招、不演而當之法力。

手手虛實相兼，步步奇偶相濟；高低、前後、左右、上下，隨心而往，有非人力所能致者也。

【闡釋】

渾者，渾然一體之謂也，此乃言其大。然在渾然一體之中，又有含之細節，此乃含之妙。元者，用也，用乃有無相生，相互為用，此乃玄之巧。玄玄相應，生之無窮，元之巧也。渾之體的「含」包括：

法含式：

順從以為進退，逆力以為揭獻，乃四兩撥千斤，借力打人之兩種方法。而在施用此兩種方法中卻包含著各種攻防姿勢的招式。

換言之，各種攻防招法姿勢的至用，不出四兩撥千斤和借力打人兩法。此乃法含式之精義。

式含招：

式者，各種攻防招法的姿勢。招者，各種攻防姿勢的計策、手段。式含招，因一式可有多招之用。

招含力：

力者，勁勢也，招乃策略勝敵之手段，必然落實在勁力作用的效果上。勁力作用效果好，才見招的運用之巧。

力含身：

力者，內勁也，此乃「意氣君來骨肉臣」的精義。

身含步：

步乃載身之舟車，一身之根基。但步必從身之安危而言動靜變化，故曰身含步。此乃明身與步的主從關係。

步含地：

足之落地，敷地而能行，乃利用足與大地的反作用力。步乃人之主動，地乃客觀條件，故地與步之關係，步之運用在人，人為主，故曰步含地。

手含劍：

劍之所用，小處見於手中拇指與四指的變化，故曰手含劍。劍法好壞，在手內之變化，是手含劍之精義。

劍含脊：

握劍在手，劍身一體，劍法所體現的是內氣騰挪的好壞。而內氣騰挪的關鍵在於脊部，脊乃內氣騰挪的樞紐部位。

脊含肩：

內氣騰挪於脊，然發於背過肩。此乃傳遞關係的一氣貫串之理法，故曰脊含肩。

肩含肘：

肩為根節，肘為中節，故曰肩含肘。下面肘含腕，腕含手，皆如是理法。

從十二含中，可以基本明瞭，（劍法）手法、身法、步法三法合一至用的內容。此即「內氣、外形，虛實相需，內外一以貫之」之理法，用「含」字解明外形渾然一體之妙處。明此，乃得「入妙」之體用！

再看元之用玄之義：元者，三才總會之地，三才者，神、氣、形。玄者，有化無，無生有，有無同出謂之玄。然自身的身、手、法、眼、步、式、招、足、脛、膝、胯、脅、肩、胸、背、掌、指皆各有其玄，即皆存在有化無、無生有的變化現象。

這樣，攻防招法變化之用，皆由自身各部位的有無相生、玄玄相應遞進生化而成。故能生生不已，變化無窮。

綜觀渾者之含，元者之玄，乃「萬化生乎身」之精義也。此又是「渾元小解」之精義。

總結渾元之體、用，可知四點：不期而至之神機、不慮而得之法式、不思而至之妙招、不演而當之法力。釋之如下。

不期而至之神機：

乃言渾化歸一之體，具有虛實相須，內外一貫，玄玄相應，生生不已，變化無窮的自動化之攻防機制。

不慮而得之法式：

順隨為法，依勢而行，以柔用剛，黏走相生，化打合一，有感遂通，應變無差。此乃不用思慮，而以自然之神為體用的法式。

不思而至之妙招：

有形若流水，無形如大氣。曲化直發，虛實分明，隨屈就伸，不自妄動。動急急應，動緩緩隨，無過不及，不犯思誤，至妙之招法天成。

不演而當之法力：

身具神明機制，以自然之神為體用的法式，是自然先天之力，在神為非人力。敵未動，我先知，一目了然，便可應變通權，或從之以為進退，可四兩撥千斤，或逆力以為揭獻，能借力打人。

手手虛實相兼：

施招用手，有虛驚、有實取。虛驚時對手不防，便為實取用之；實取時對手預備嚴密，則應接之化為虛驚而走化之。虛能實，實能虛，虛虛實實生化自如，乃自身內氣、外形虛實相濟功夫所成。

步步奇偶相濟：

上有手法攻防之用，中有身法變化之功，下有步法輕沉單雙奇偶變化之巧。瞬間單足承重之狀態名「奇」，雙足勁勢左右騰挪的足之虛實為「偶」。無偶之騰挪的左右足虛實之變化，不能出奇之單足落地開花擊人之勢，明此則知「步步奇偶相濟」之妙。

然手法、身法、步法的勢之高低、前進後退、左右騰挪、上下相隨等諸法之用，皆隨心而往成之。其巧妙至用，有非人力所能致者也。即在神明而為之，非力之所能行也。

詳解劍力

劍有分力、毫力、釐力，無尺寸力。纏綿，釐力；拖貼，毫也；鉤點問獻，分也。

【闡釋】

此乃詳細解析劍法力道、用力之法的條目，故曰「詳解劍力」。

劍法用勁力之勢，有分力、毫力、釐力，無尺寸力。當然，粗淺功夫亦有寸力。

寸、分、毫、釐，乃量度單位。量度單位又加力字，乃以長度控制用力來區別用力之法。

拖貼、推貼，乃進退之法，皆為貼法。拖貼之退，推貼之進，皆用劍腰之力，而要用毫力，毫力又較釐力細微得多。

鉤點問獻四法，要用分力。此分力要較纏綿的釐力和拖貼的毫力為長。

手戰之道，講求在運勁用力上下工夫，非大劈大砍生打硬撞之流所能明之。劍法如是，拳法亦如是。

所謂的寸勁、分勁、釐勁、毫勁，是以勁勢之形態和用力之長度來分，並不以用力大小來論，這一點務要明確。

對寸勁、分勁、釐勁、毫勁的分法，前人又有一定的規矩界限，不可不知。

寸勁：外形動作不過尺，為寸勁。

分勁：外形動作不過寸，為分勁。

釐勁：外形動作不過分，為釐勁。

毫勁：外形動作不過釐，為毫勁。

此乃前人所言：「就技擊而言，大動不如小動，小動不如不動，不動之動才是生生不已之動。」只有外形動得小，內勁動的威力才大。此正合「辨清虛實心能定」的含義。

此經文言力，乃先天自然之力，非後天筋努骨突聚勁凝形之肌肉爆發力。先天內氣為本，後天外形為末。本為主，末為從，畢坤乃明代劍客，深明此道，其又言「練劍始煉氣」。故知其所用之「力」字，乃先天自然之力，即氣力也，非力氣爾。

使手力量

有一擺出三尖之說，腰腳頭三合之力，名青龍擺尾，破金雞亂點頭槍法也。

【闡釋】

劍在手中持握，手有拉按的大指之力、後四指之力和大指與後四指的上提下推相合之力。然劍法有一擺出三尖之說法，就非單手能完成的了，要由腰、腳、頭三合之力來完成。然此三合之力，卻存有自身上下順逆不同之用法。

一曰：腳腰頭內勁順勢而升的擺法。

二曰：自頭徹腰之力的擺法。

三曰：以腰催頭之擺法。

此三法相繼持出，則劍有三尖之變，即一擺之式出三個招法，名曰青龍擺尾式。此一式內藏三尖，即三招，可破槍法的金雞亂點頭之式。一擺而進身，擦槍桿而點對手之手，疾刺對手之喉，一氣呵成。此乃得劍法「直行直用是幽元，三尺白雪丈八廢」之精髓矣！

歌訣

四海為家天下遊，放懷得意到燕州。

傳來法式無雙妙，練就身形似絮柔。

千載奇緣未易逢，而今傳脈獲其宗。

循然善誘曾無厭，變化通玄伏虎龍。

【闡釋】

此歌訣本附於「使手力量」一節之後，實乃「內篇」的結尾詩，分為上下兩首。作者借詩言志、敘史，又借詩傳授功法，點明傳統手戰之道的精髓。今為闡釋之便，單列於此。因對畢坤先生知之甚少，故只能揣度而釋之。

四海為家天下遊：

看來畢坤先生乃閒遊之客，淡薄功名利祿之修練家。其生在元末明初，本是為國建功立業之時，為何身懷絕藝卻甘做暢遊天下的閒客，此乃一疑也。

放懷得意到燕州：

其是否得意？為何放懷？不得知之。然明初燕王建都北京，此時畢坤先生來到燕州，難道就為了將《渾元劍經》流傳下來？別無他意？此乃二疑也。

傳來法式無雙妙：

《渾元劍經》的「習武須知、序文、內篇、外篇、劍經結文」等所述劍法的理、法、術、功、形、意、體、用，結構龐大，系統完善，一以貫之。即便在各種武術經譜大量面世的今天，此經仍具有承前啟後之地位。

無雙妙：「無形法身道體」，《陰符經》稱之為「奇器」，具有無雙之妙用。

練就身形似絮柔：

此說外形要如棉絮之柔，當是外形柔若無骨、形體似水流、有形如流水等說法的較早表述。此乃修練外形功夫之見解，古今大家認識基本相同。

千載奇緣未易逢：

此為第二首詩的第一句。修練手戰之道必拜明師而事之，明師必擇賢徒而授之。明師、賢徒相聚，乃千古難逢之奇緣。故畢坤先生發此感嘆！

而今傳脈獲其宗：

欲想尋徒傳宗接代，而今終有賢徒可授，傳授絕藝後繼有人，喜悅之情難抑而流於筆端。

循然善誘曾無厭：

師者，傳道、授業、解惑，循序傳授，善於誘導，未曾有過厭煩之情緒，此乃大德真師的善教之法。

變化通玄伏虎龍：

此句有兩個含義。一是內功修練達到變化通玄之藝境，因自身功法降龍伏虎而得真元之氣，再煉氣生神，繼之煉神還虛的結果。此「伏虎龍」本取古傳內功經書《龍虎經》之典故，這合於本經「練劍始煉氣」之宗旨。

二是修練傳統手戰之道能夠運用到變化通玄的入妙入神之藝境，就可具有降龍伏虎之才能，即經文所言翦除邪惡，可立濟世之功。

以兩首詩的結尾綜合觀之，此正與《太極拳經》中「健順參半，引進精詳」的內氣、外形論暗合。此乃以內功法的修練內氣功夫為是。這樣，內功修練內氣健運不息，外功修練外形柔若無骨。靜修靈神，再以靈神渾化內氣、外形，渾而化一，乃渾之體，故有一而三之元玄妙用，此正合經文的「三一一三」法式宗旨。這樣，以此歌訣作為「內篇」的結尾，則前後一理貫串，再精彩超妙不過了。

渾元劍經外篇

【題解】

「內篇」著重談內功練法，「外篇」著重談外功的練用之法。然傳統手戰之道本練內以濟外，練外以合內，始於分練，終於合用。分練者二，合用者一，然用之中亦見一者二、二者一，乃太極陰陽之理法。寄奇於偶內，亦是「二一一二」之理法。傳統理法「凡一二之所不能盡者，則約之以三，以見其多，三之所不能盡者，則約之以九，以見其極多」。《素問·三部九候論》中說：「天地之至數，始於一，終於九焉。」故在本經中會經常遇到「一而二、二而一」「三一一三」之理法，如「九九八十一式說」「八九七十二式說」「三十六式說」等。

此等理法，無不取於《易經》學說。不單是數理方面，就是術理的內容，也是基於《易經》學說的天人合一論而展開來的。因為古代的易、儒、道、醫諸家學說是不分家的，故研究傳統手戰之道就要將諸家學說看作統一的、整體的。這樣認識傳統手戰之道，練、體、用也就能一以貫之了，認知或論說也就能周全了。

初基等級詳序

【題解】

此「初基等級詳序」，對初步功夫的修練及二步至十步的功夫做了詳細的介紹。十步功夫修成，也就是功德圓滿之時。下面詳細闡釋正文內容。

夫涵神、養氣、固精，本也。按式單演練習，協和百骸。本立而後，百靈效命，始能禦猝防變。按式，體也，單演隨變致著（招），用也，末也。此之謂本末互生，體用兼備也。涵養固基為之初功。至若背向、屈直、高低、斜正、左右、前後、上中下，乃紫霄形化二十八式中變化之妙，為次功也。再三十六宮劍母，前十二奇中奇，中十二正中正，後十二分左六門奇、右六門正，乃劍母蔭化之源，三步功也。始必尋乎規矩，終當超乎規矩。後再靜養九日，步飛罡三百六十五日。每夜子時，持一點天清之咒，用左劍訣插腰中，踏罡完，飲五雷電符，吸真罡氣三口，以外合內，靜坐一時，再隨意揮舞。如此年餘，活靈異眾，四步功也。再擇一性善知己、毫無忌心者，同伊日較。每件兵器，要逐件精比無遺，為五步功也。件件入妙，力非朝夕，到則內外功純、百靈司職，步穿似箭如電，浮脂化完，陰消陽長，日夜可免大寐，只有小憩而已。三寶堅凝，此六步功也。再靜百五十日，皮肉無少缺欠之處，力亦無邊，再隨演式子，隨上杉木操，為此功五十五日，七步功也。此後再上銕操，四十九日，八步功也。每操前，必先吸罡氣三口，以外合內，運遍周身。操完以後，再開用雙手，引、按、搓、提、運、抖、轉、定八法，活血順氣，引神以和皮肉，去燥火為沐浴周身，此九步功也。再將刺猿、飛仙二劍，靜習百五十日，再靜息三十六日，則十步功圓滿也。可為身劍皆完，而道法幾乎悉備，誠非兒戲之功，力能造於斯也。

夫涵神、養氣、固精，本也。

【闡釋】

人本「心物一元」，即神、氣、形三位一體之存在。

前賢謂：「精、氣、神，內三寶也；筋、骨、皮，外三寶也。」內功修練精、氣、神，乃立本之功夫。

固精：

乃陰精、陽精交合一處，是名「根固」。常說的氣沉丹田，乃固精之法。訣云：「上下凝乎中，中氣甚堅硬。」即心中一陰，腎中一陽，凝乎丹田中，甚堅硬。固精，亦名「築基」。

養氣：

固精之後的事，即陰精、陽精交合一處，化生一氣，此即煉精化氣。煉精化氣以後就是「養氣」了。養的內容有少消耗、開慧增智、復靈性等系列內容。這要從生活起居、飲食、情緒全方位考慮，方可周全。

涵神：

固精之時，氣依神，神息丹田中則氣伏，此謂之「伏煉」，古亦稱「服食」。伏煉之有時，則出現丹田中的升降呼吸，漲渺呼吸的現象，是名「胎息」。這是真氣呼吸的內運動，即所謂煉氣化神。

涵神的最終內容，即煉神還虛。而此「還虛」的內容有兩個方面：一曰內神通，則神還虛空之體內，乃全體透空的太極虛靈妙境；二曰外神通，則神合於無，乃全身無形無象的無極道境，與太虛同體，顯真人之身。

因固精、養氣、涵神乃自身修練之根本，故曰「立本」或「本立」。此乃修練傳統手戰之道的入手之法。

按式單演練習，協和百骸。

【闡釋】

按式單演練習有兩方面內容：一曰內功修練的固精、養氣、涵神；二曰外功十二式樁功及三十六式劍法。內外修練，目的是協調百骸和順。正所謂形順氣暢，協調一致。

本立而後，百靈效命，始能禦猝防變。

【闡釋】

本立，有兩方面內容：一曰固精、養氣、涵神，乃一身之本立也；二曰按式演練，乃技擊攻防之本立也。

內外之本立，則百骸通靈，各司其職，盡其能而效命當時，即聽探之良知，順化之良能達到最佳狀態。這才是能於技擊搏鬥時禦猝防變的開始。

按式，體也，單演隨變致著（招）**，用也，末也。此之謂本末互生，體用兼備也。**

【闡釋】

按式操練演化，以求神、氣、形三合一的「渾之體」也。單式拆解演化隨變而致招法之用，有道體方能運用。道體者，本也；至用者，末也。此之謂「本末互生、體用兼備」之修。

前賢云：「拳者，以道為體，以器為用。」聖人云：「形而上者謂之道，形而下者謂之器。」道體不可見，器之可見。由此亦可理解「拳者道也，技擊乃末技」的精義了。

涵養固基為之初功

【闡釋】

此乃總結第一段的建體之基、技擊之基，即以涵養為主的固基為初步功夫。目的是百體協和，形順氣暢，百靈效命。

至若背向、屈直、高低、斜正、左右、前後、上中下、乃紫霄形化二十八式中變化之妙，為次功也。

【闡釋】

涵養固基初功修畢，即要進入第二步功夫修練了。第二步功夫內容以身法、手法、步法三法合一的完善為主要內容，具體內容如下。

背向：

即背敵一面和向敵一面的處理及轉化方法要領。向敵一面要空而有鋒，背敵一面要堅實而豐，此即「前空後豐」「前散後趨」順勢。如果出現自己不得力背勢時，要知道如何轉化成順勢向敵。

屈直：

不言屈伸，而言屈直，除有自身各處的屈伸內容外，還有建中立軸之內容。屈則縮作一球，直則抻筋拔骨鞭直展舒。只有外形柔若無骨，內氣健運不息、虛實相應、內外一貫，才能屈則勁化於無形而無堅不摧，直則鞭直堅剛、克敵制勝。此正是「柔行氣、剛落點」的屈直之至用的精義。屈伸轉化始終不能無中樞控制。中樞有大小之別，故「秘鑰」歌訣中有「大小樞機隨運用」的說法。

從大處講，一身之「樞」，百會至會陰，乃豎軸；左右之「中」，兩胯尖相連，乃橫軸；前後摺疊之「中」，肚臍至後腰命門，乃順軸；左右側彎之「中」，豎橫順軸相交之處，乃天樞。凡此中樞皆一身動靜變化之關鍵所在。諺云

「中土常守」「中土不離位」，皆言得中用中之道。正所謂「樞得環中，應變無窮」。

高低：

身法有高低之別，自有高低之用。以身而論，打人全憑蓋勢取，言高身法爾；矮身防人無有隙，說低身法爾；進如虎撲，言其高；退若伏貓，說其低。高之還可高，低之還可低，乃曲蓄有餘之法式，無窮至用之妙處。高看頭，矮望胸，言高低之看也。進步要低，退步要高，言步法高低運用之法也。上打咽喉下打陰，乃手法高低之運用方法。內氣高至百會，身如羽輕；低至會陰，勢沉如山。此乃內氣高低之一用爾。形開則內勁降低；形合則內勁升高。此乃內勁升降高低與外形開合相互為用之法爾。

斜正：

看斜似正，看正似斜，斜正之法，勢也。勢正形斜，歸中則不為斜。勢斜形正，歸中亦不為斜。勢正招圓，中正則不斜，否則形雖正，中不正，亦自為斜。中正安舒則立如平準，自為正。雖中正而不安舒，自有牽扯吊掛游離之處，為斜不為正，君正臣從自然正。

意氣為君骨肉臣之意，乃以神為主，以氣為充，以形從之，乃大正，雖斜猶正，可調。以形為制，任氣用力，以神為從，乃大不正，雖正猶斜，不可調。要調整之，須脫胎換骨，另立主從，自可調之。體、用皆如是。

然施招用手之姿勢，自身亦同時有正有斜，故有所謂四正四斜的四正方步、四斜角手的斜正說。遇敵時，無處非正，無處非斜，均須成犄角之勢，攻守皆便宜，此乃正已制人之道。與前之所論，合而觀之，乃視斜猶正，視正猶斜的完整之精義。

左右：

左右攻防變化轉換，相互為用、為根而又相互呼應。左重則左虛，右已進；右重則右杳，左已進。進左必進右，進右必進左。退亦然。明己之左右也。此再言左顧右盼，右顧左盼之法。

顧盼，皆以「照眼」，即「豹眼環視」法為之。此乃眼功之神眼也。故能審人度勢，見微知著。左右呼應，方能奇正相生，接應變換無窮矣。

前後：

前進後退也。「前進半步勝人，後退半步不輸」。進之能退，退之能進，乃明進退之精義。古有「六進法」之說，自然有「六退法」蘊含其中。又有「前行後跟」之意存焉。退亦如此，後足撤回，前足跟回。故前賢云「進則人所不及知，退則人所莫名速」，乃得前進後退之精髓！

還有前後手之論，後手不去，前手不回，乃變手之法則。此前後拳勢的根生之法，乃拳法靈穩準敏捷的關鍵。如此則拳法前後之義可謂全矣。

上中下：

有全身的足、腰、頭，上肢的肩、肘、手，下肢的胯、膝、足；上盤的高勢，中盤的中勢，下盤的低勢，左右上中下的六路等幾方面內容。簡單說，乃全身九節上中下的一氣貫串的柔行氣、剛落點之體用。合而論之，乃虛實相須、內外一貫之全部內容。然內氣健運不息，外形柔若無骨，內功法、外功法築基功成之後，還要修練「紫霄形化的二十八式」之功法，方為第二步功夫成。

再三十六宮劍母，前十二奇中奇，中十二正中正，後十二分左六門奇、右六門正，乃劍母蔭化之源，三步功也。

【闡釋】

下談三步功之內容。三十六宮者，乃由八卦的陰爻陽爻之爻數、位數推算而來。本經文之三十六式，為劍法施招用勢之母式，使人有所取法，易於習演。

此三十六式，必須先練得式式入神。因其為劍母，故每式又化為十二式，脈脈綿生，以為招法之用。故此步功夫先練三十六母式，式式入神為小成爾。

始必尋乎規矩，終當超乎規矩。後再靜養九日，步飛罡三百六十五日。每夜子時，持一點天清之咒，用左劍訣插腰中，踏罡完，飲五雷電符，吸真罡氣三口，以外合內，靜坐一時，再隨意揮舞。如此年餘，活靈異眾，四步功也。

【闡釋】

此乃四步功之內容。開始修練三十六式劍母時，必循規守矩而習，式式外形皆有規定之界限，內勁運行自有一定線路和分寸。當一切攻防招式的演化應用合規矩時，是為「從心所欲不踰矩」。此即「始必尋乎規矩，終當超乎規矩」之修練過程的精義。

修練至此時，要再靜養九日，以調神、氣、形之清靜安和，再轉法修練。所轉之法乃「步飛罡三百六十五日」，即約一年的時間。

所謂「步飛罡」，即以「三十六宮跳步圖式」修練三十六劍母式及其子式。此乃「內功的內氣、外功的外形之手法、身法、步法、劍法」諸法合一的修練模式。

如何具體修練？於每夜子時起持「一點天清咒」，用左手劍訣（即「左手食指、中指伸直，無名指、小指彎曲，以大拇指彎扣此二指指甲上」）手勢，插腰中「踏罡」（即用運行內氣配合走步方法）。罡者，內氣也。踏罡完，飲五雷電符（五雷者，五行之木火土金水，此處指五臟之氣。飲者，意想五臟之氣，腎、肝、心、脾、肺依次相生運行三次最後再入丹田中），吸真罡氣三口（罡氣，清氣也。用意導引法，上由百會，下由湧泉，外由皮毛，收斂浮游之氣以入丹田中）。靜坐一時，再隨意揮舞。

所謂隨意，乃心之所動、意之所向，形隨之所動，此正是神、意、氣、勁、形、中內外六合一統的主從動變順序之修練法則。依法修練，年餘則可「活靈異眾」。此為第四步功夫。

再擇一性善知己、毫無忌心者，同伊日較。每件兵器，要逐件精比無遺，為五步功也。

【闡釋】

第五步功的內容，說的是餵手和盤較的實踐，是理、法、術、功、形、意、體、用，閃展騰挪、拿打踢摔與諸般兵器的實操。

俗云「拳打兩不知」，既不知彼，又不知己，故戰必敗。只有知彼知己，才能百戰不殆。故知第五步功的日日相較，是修練知彼知己之功夫的。

用劍之法，應與其他各種兵器相比較，還要精比，這樣功夫才能精純。如以拳術而論，也應與多家拳法精比。此即第五步功夫。

件件入妙，力非朝夕，到則內外功純、百靈司職，步穿似箭如電，浮脂化完，陰消陽長，日夜可免大寐，只有小憩而已。三寶堅凝，此六步功也。

【闡釋】

件件入妙，乃指用劍之法，非一朝一夕所能成之，功夫到時，則內外功夫到「知人所不知，能人所不能」之境。這是百靈司職，達攻防較技的「神以知來，智以藏往」之藝境。步法穿行似箭如電，浮脂化完，陰消陽長，日夜可免大寐，只有小憩」，此皆是精足、氣足、神足的三寶堅凝之相。此為六步功夫。

再靜百五十日，皮肉無少缺欠之處，力亦無邊，再隨演式子，隨上杉木操，為此功五十五日，七步功也。此後再上銕操，四十九日，八步功也。

【闡釋】

六步功成，再靜養百五十日。所謂靜養，即自己慢練的方法，以養為主，就不必有陪練了。「皮肉無少缺欠之處」，即「虛實相須，內外一以貫之」之景象。此時，力無邊際稜角而圓潤，方圓變化無跡可尋，謂之力亦無邊。此力，乃指內勁功夫。再隨演式子，隨上杉木操，此演練乃從攻防角度立意。

杉木操，本經中未能解說，憑文意揣度，當是以杉木所作木劍之類的輔助器具操練攻防式子。

為此功五十五日：乃取自然陰陽數之合的五十五點子之說，不必死拘此數，約兩個月之數就可以了。此乃七步功法之內容。

銕者，古「鐵」字。銕操，即鐵劍的操練。此鐵劍，乃重劍之謂。

所謂重劍，較常用於較技攻防之劍，約重 1.5~2 倍，因前有木劍的輕靈以練形，此乃用重鐵劍以緩慢、遲練法式修練蓄力、運神。因「要訣」中說，緩以蓄其力，遲以運其神。

四十九日：乃少陽七七之數，又是大衍之數，此數不必拘矣！此八步功也。

每操前，必先吸罡氣三口，以外合內，運遍周身。操完以後，再開用雙手，引、按、搓、提、運、抖、轉、定八法，活血順氣，引神以和皮肉，去燥火為沐浴周身，此九步功也。

【闡釋】

每操前，乃指五、六、七、八步功法是操練前必做的準備活動。

必先吸罡氣三口，以外合內，運遍周身。先吸罡氣三口之吸，要從內勁之吸提呼放來認識。內氣由足踝上升至百會穴，是名吸提；由百會穴下行至雙足踝，是名呼放。內氣的一升一降，是一個週期的陰陽循環之往復。可知其先吸罡氣三口，是指內氣吸提呼放三次。

操練完正式內容後，尚有收功之法。雙手引、按、搓、提、運、抖、轉、定，活血順氣，引神以和皮肉，去燥火為沐浴周身。

引：

以雙手的活動引導內氣運行，達到活血順氣的目的。

如手能發放內氣者，便可以雙手導引內氣運行。

按：

雙手按摩穴位、經絡，亦可活血引氣通暢，有點按法、摸按法、掌法、指法，皆可使聚集之處鬆活而散開。

搓：

搓摸法，揉搓，可使身體僵拙處鬆軟柔和血活氣行。

提：

捏提法，或曰提皮法，常用於關節處或肉厚處。

運：

雙手連續重複一定的動作，運行內氣的方法。或雙足連續重複一定的動作以活氣血。

抖：

渾身抖擻的動作，有全身放鬆的效果。局部抖動震顫，可使局部緊張處放鬆。或用雙手使肌肉抖動，亦有放鬆的效果。

轉：

關節的轉動、鬆活方法。可以用手輔助其他各關節轉動，當然要以輕靈為妙，以達到極限為佳。

定：

按定一處持續一段時間不動，謂之定法。有顧定、對定，要有一定的針對性。上述之法可交互運用，皆為活血順氣定神之法。

上述活血順氣、以內氣沐浴周身的方法，乃操練後的必行之功法，要將內氣收於丹田藏好。此為第九步功的內容。

再將刺猿、飛仙二劍，靜習百五十日，再靜息三十六日，則十步功圓滿也。可為身劍皆完，而道法幾乎悉備，誠非兒戲之功，力能造於斯也。

【闡釋】

九步功法完畢，再將刺猿劍法、飛仙劍法靜習百五十日，即將刺猿劍法的奇中奇法、飛仙劍法的正中正法、正奇變換轉化之法，默練體認清楚。此乃從簡而至用的修練方法，即全體大用的收功練法。百五十日，可再次重溫所習之諸法，此時就可融會貫通了。

再靜息三十六日，即靜養生息三十六日，可達三十六宮皆是春的煥然一新之身。此時可謂「身完天下無敵手，劍完四海少敵兵」的功德俱足之武士了。

綜觀「初基等級詳序」的十步功法，可知其自有內在準則和循序漸進的規律，是一套完整的、系統的、科學的訓練方案。

其貫徹的是「在神為非人力，順生機之自然，去其害生機者也」之精義。

詳解條目說

手、眼、身、法、步、式、招、長、短、行、飛、立、剪、侵、凌、圍、跳、躍、閃、騰。

【闡釋】

此乃修練傳統手戰之道的「目錄」，「外篇」的修練內容，皆依此而闡發。

練手解

【題解】

此練手法的二十八個字，將手法的練用，概括得十分詳細。

手是實施攻防招法的首要部位，又是一身變化的領氣之所。攻防招法的一切變化之好壞，首先體現在手法上。故傳統手戰之道皆將手法放在首位來研究。如拳諺「手眼身法步，肩腕肘胯膝」就是這樣，再如較技中的「施手用招，施招用手」也同樣將手法放在首位。故手法的練用是每個習拳練武之人必須首先修練的課題。

但要知道，各種手法之名，都有相對應的用法存乎其中，只有名與實相符時，才能得其練用之法式。此皆為拳術、武術中的特定名稱，即行話、術語，故仔細琢磨譜中之解說，方能練用無誤。否則，一是練用不準確，二是與人交流時會生歧義。故對同一手法，各門派、拳種可能解說得不盡相同，但大同小異，這並不妨礙相互間的交流。

有了對手法的正確認識，我們再理解經文中二十八種手法的精義，就更容易了。

鈕勾轉砍擺搖挐，裹擄提圈挺躲撥，活勁柔兼披猝短，雙擒擁掛連環纏。

鈕者，腕之力也。

勾者，指尖與腕力相合也。

轉者，掌橫搖之力也。

砍者，腕前掌邊之力也。

擺者，手動，腕不搖，橫力也。

搖者，手動，上下左右無定也。

拏者，小四指上拉，大指獨按也。

裹者，手腕肘三合之力也。

擄者，手與肩之力也。

提者，手下向尖回勾，肘後高提也。

圈者，手隨他依轉不離也。

挺者，腕手相對，六節相倚，其力直前寸力也。

躲者，左右閃，高低進退無定也。

撥者，臂直伸，腕與肩上挺之力也。

活者，腕靈手活，能運力也。

勁者，肩肘提，手腕之落也。

柔者，貼隨也。

披者，手腕肘肩，相應以動半身之力也。

猝者，靈而便應無滯機，不防之防也。

短者，手指相應，腕肘肩微動，急中加緊也。

雙者，拉法雙手下拉，雙肩上聳。

擒者，分手解危也。

擁者，手腕之力指上聳、掌外合推相應而動也。

掛者，如以手接物，外跨上迎，中拖下摟也。

連者，二力合一，內外吃靠也。

環者，如以手尋物，環轉相隨，而物難逃也。

纏者，依之也，垂手下垂也。凡一切下來者，皆用此法。其力手外貼掌用力，肘直猝腕上拏也。

葩者，如上花下葉、節節相生之意也。

【闡釋】

鈕者，腕之力也。

明朝時期，「鈕」字用得相當多。鈕可與擰互用，「擰開閥門」就是一例。如果以擰裹合論，則擰在骨骼，裹在皮肉。但鈕和擰又有微妙區別。鈕有扭曲之意，擰只有擰轉之意。

這樣，對於腕關節來說，鈕有擰轉的同時又帶勾曲之意。如此分析，在這裡只能用鈕，不能用擰。這樣，鈕字的含義在練用中也就容易把握了。

勾者，指尖與腕力相合也。

拳有指勾之法和掌勾之法的區別，如爪力乃就指勾而言的，「手勾子」乃就掌勾而言的。故曰：「指尖與腕力相合而一致也。」指勾常用於「上摘下採」的招法中，而掌勾常用於摟手、擄手的手法中。訣云「拳出腿來勢莫擋，勾分並挽柔勝剛」說的就是勾手的運用。

因勾撓能進身，乃防守創造反擊之妙法也。故拳有三勾之說，乃「手勾、肘勾、腿勾」，此又不能不知。訣云：「承手牽來將次顛，用腳一勾邊自然，足指妙在勾身用，微微一縮望天掀。」然此卻在手勾不在足勾。由此可知手勾的重要性了。沒有手勾的牽來，哪有足勾的運用呢？

轉者，掌橫搖之力也。

即掌的橫搖旋轉之勢，即順逆手的翻轉之轉也，乃現時所言的擰轉之意。手法的陰陽變化謂之轉。

八卦轉掌之轉也，起手時手心向上，落手時手心向下，此變化謂之轉。訣云：「翻手風雲落手雨，起手單鞭迫人魂。」皆言轉者之手法也。

砍者，腕前掌邊之力也。

有寫成「斫」字的，乃用手掌的小魚際擊打之法，名曰砍法，又有以砍法統稱為打法的。故砍法有直擊外發的立砍，下按的切砍，横手擊喉的掀砍等多種，現在還有名踏掌的踏砍。總之，砍法不分用勢之方向，只看運用部位，故不能以「劈」法來替代。

《張横秋秘授跌打抓拿法・七招破打方》中早有對砍法運用的總結，錄之如下，以資對照。

任他一進到胸前，我便帶膀收砍連。
抑順鞭趕進右步，雙手三砍一推掀。
左進轉身朝前用，周圍連抑砍藏鞭。
帶膀雙砍鐵樣堅，披打雄風如雷電。

擺者，手動，腕不動，横力也。

將擺字分析得相當明確，手動而腕不動為擺，而又只是横向的力。横向，手心手背的方向為横。

搖者，手動，上下左右無定也。

同時手動腕不動，不定向的為搖，有横向的為搖。擺在搖之中，而搖應與轉分別清楚。轉者，手轉則小臂骨同轉也。搖者，小臂骨動而不轉也。

拏者，小四指上拉，大指獨按也。

小拇指、無名指勾而上拉提，大拇指獨按，形成一手之中的拉提與按同在，是名拏。

此乃用劍之特殊手法，拳法中不多見。但拉提與按分開運用，拳中的手法亦多用之。

裹者，手腕肘三合之力也。

裹法，在拳法中運用相當多，如「採撲裹束絕」的五字訣，裹字就是一大法。手法訣云：「圈裡自裡裹打開，圈外自外裹入來；裡裹打開左右角，外裹打入窩裡尋。」可見裹法在拳法中的重要位置了。

擄者，手與肩之力。

擄榆錢，捋樹葉之勁意。拳法常用的手法之一，如「擄手打鼻梁」。但擄法是破解對手攻擊的防守手法。如用於順手牽羊的擄帶勢，又可以攻擊對手。可見手法是攻是防，全由運用時的情景而定。故以防守攻擊來分，沒有單純的攻防手。這樣才能明白諸手法運用的精義。

提者，手下向尖回勾，肘後高而提也。

此手法乃手低在下，指尖回勾，肘後高而提之，此乃「鬼拉鑽」中的防守之手法，而「鬼拉鑽」又名「提打」。可見提法在傳統手戰之道中乃常見的手法。

圈者，手隨他依轉不離也。

此指「圈攔手」，有下圈攔和上圈攔的區別，有使對方之手既不能進又不能退之作用。使用圈手以不改變對手之勢為佳，使其不知我已經控制住他了。此乃圈手之妙處。

挺者，腕手相對，六節相倚，其力直前寸力也。

《三皇炮捶・五要》中提到「虎腕要挺」，即此「挺」字。腕骨、手掌骨相對，即「骨節要對，不對則無力」。無什麼力？無直前的寸力！此力並非僵拙之力，乃純自然之力，名鋌而不挺，挺者拙僵。骨節相對則內氣通暢順達，力自生焉，此即自然之力爾。

此以手法言之，渾身無不如此之用法爾。

躲者，左右閃，高低進退無定也。

躲即是閃，閃乃避敵之擊的方法，此處是說手法中的閃。器械之鬥，手臂最易為敵所傷，故手之閃法，左右高低進退無有一定之式也。通而解之，此手法二十八字皆貫串閃法之用在其中。然閃法又有身法、步法三法合一之用法，不可不知。其法是「閃開正中定橫中」，即「閃展無全空」。手之防法亦是閃法，攻手轉防手之法乃閃法之靈魂。明此，閃法之用能得心應手了。

撥者，臂伸直，腕與肩上挺之力也。

諺云：「上下相隨人難侵，牽動四兩撥千斤。」撥乃「順隨法中的領搓」之方法，非硬撥橫擋之謂也。雖曰「臂伸直，腕與肩上挺之力」，但要橫向而用方為撥。如以手指撥動鐘之時、分針的方法，直力橫用謂之撥。

此意不明，不知撥法之妙。神化之用，我無所能，因敵成體；如水生波，如火作焰，信手拈來便是撥。訣言「伸手撥來認分明」，就是此意爾。

活者，腕靈手活，能運力也。

腕靈，手掌指自然鬆活靈利，能運內勁至梢也。骨節開張則內間寬廣，靈動無比，此乃「活以猝其式」之要義。手法、步法、身法，無不如此，方見靈活之妙。

勁者，肩肘提，手腕之落也。

此勁者，乃言肘肩手相互為用的通活至靈之勁也。非力量大小之勁勢爾，乃變化而不失之勁勢也，勁變靈活而能至用之勁勢也。

柔者，貼隨也。

細膩熨帖，力不出尖，形不破體，一片之謂也。沾連黏隨人不知之義爾。

披者，手腕肘肩，相應以動半身之力也。

披掛拳，乃披法、掛法相互連用之拳法也。後言劈掛拳，乃「披」字之誤也。因明朝拳譜即有「人披而我掛，人掛而我搬，人搬而我削，人削而我遁，人遁而我角」之論。可知「披」法早在拳中應用了。

後又有「披從側方入，閃展無全空」之說，可見「披法」乃常用的攻防手法。而拳法之所以克敵勝人，在於「披竅導竅」。

然披法之用，「循空披入」方能奏效。否則以橫對橫，以硬對硬，就失去了技術的實質，流入俗學旁門之中。

前賢自《張橫秋秘授跌打抓拿法·萬法統宗》中有披手訣，錄之如下，以資對照。

披無真傳，靜悟書旨

披揭機關不可言，千金無處覓真詮。
非為直詮人不識，縱識真詮真不傳。
我欲人間留秘訣，不遇知音也枉然。
大道無傳終斬絕，載諸書旨遇諸緣。

披揭身式

蹉身披揭手平肩，須教拳尖對腳尖。
休將身步交十字，更嫌乘手壓胸前。

披揭手法

披揭蹉身披到底，反掌撩陰高揭起。

連肩帶肘往前推，後手加推循環理。

猝者，靈便無滯機，不防之防也。

亦如現今所言的掤勢。「剛中有柔攻不破，柔中有剛方為堅」之勢，用一「猝」字就解決了。技法乃是虛攏誘詐，只在一轉，此地最光明。猝然而變，故防不勝防。

短者，手指相應，腕肘肩微動，急中加緊也。

短以應其變，手指相應而變，肩肘腕微動，可謂動之短則變之快，乃緊急情況中的用法。故曰「急中加緊，短可勝長」，乃短兵易入而得手，是「長來短接易入局」之意爾。正如《拳經拳法備要・千金秘訣》所言：

長來短接易入身，入身跌撥好驚人。

裡裏打開左右角，外裏打入窩裡尋。

雙者，拉法，雙手下拉，雙肩上聳也。

雙手小指、無名指的勾帶法，名為雙拉法。雙肩上聳，乃手落身長之法，相反相成的「勁形反蓄」之用也。如以聳肩則足下脫根，不可能攻敵爾，便誤解之。前有「雙吃」一說可證之。

擒者，分手解危也。

擒拿之擒，分手接觸危險的方法，是左右手交互保護的連環手法。如「摘法、手法十字變、三穿手、牽緣手」等皆是。

擁者，手腕之力指上聳，掌外合推相應而動也。

手腕的勁勢往手指上灌，掌外合推之勁勢與之相應而動，名「擁」法。

體現的手法為，勁不自一處來，可向一處落之勢。然打人身要擁，乃言身法的波浪勁，又名翻浪勁。

掛者，如以手接物，外跨上迎，中拖下摟也。

掛法，如以手接物，而使之不能去。但有三法，外跨的上迎之掛，中平的拖法之掛，向下的摟法之掛。勾者，有勾之形，掛乃無形而有掛物不失之意，此乃勾與掛的分別處。掛法透靈，似現時所說的「沾法」之用。

古有「來入外門者接之，來入內門者，連以應之」，是為接應變換的手法爾。可知接手法之重要作用了，接得住彼之拳勢，便能將其擊敗。

連者，二力合一，內外吃靠也。

二力合一是自己的二力，即自身手法的內外二力。外表為吃力，內含為靠力。外形柔軟為吃，內勁剛健以接之為靠。外吃內靠的二力合一之法為連。

亦可以用「吞吐」二字解釋之，即「外形用吞法，內勁用吐法」。吞吐二力合一與對手相觸，名曰連法，乃接手之法也。彼入內門來者，連以應之。

又有外形用靠，即軟接之法，內勁用吐吃者，靠吃二力合一也，此二法皆不犯「頂」之病。用意用力之細膩可知矣！凡接觸皆以此法。

環者，如以手尋物也，環轉相隨，而物難逃也。

手法的「節轉輪防」之「輪防手法」也。節轉者，關節轉動也。輪防者，如車輪轉動，雙手交互如環轉動，環轉相隨，而物難逃。

此所謂的連環手法有平環的牽緣手，平立輪的雲手，裡轉環的連搬手，斜立環的摘打連環手，正立轉的壓打連環手等，數不勝數。約之而言，凡攻防手法的相互變化皆可成為連環手法。故有古傳「亂環訣」：

亂環法術最難通，上下相隨妙無窮。
陷敵深入亂環內，四兩千斤招法成。
手腳齊進橫豎找，掌中亂環落不空。
欲知環中法何在，發落點對即成功。

其訣中講到「掌中亂環落不空」，已將各種轉環手法包含在內了。可知修練轉環的手法不在少數，故可自選幾個，全而周之便可。精練至純，則其他諸法，不練亦可通之。此乃練少會多之法式，亦算習拳一竅門也。此乃「舉一反三」之良法。

纏者，依之也，垂手下垂也。凡一切下來者，皆用此法，其力手外貼掌用力，肘直猝腕上挈也。

依，是我靠住人身，依事而行之依。用如何之力法靠住人身，手背貼住人身，而手掌心用力，此乃「暗勁」之法也。凡一切下落之勢，皆用此法，肘直而靈活，不防之防，腕子上按下拉提之挈法，此法為「纏」法也。可知拳法乃「神龍變化，疇測汪洋，沿路纏綿，靜運無慌！肌膚骨節，處處開張，不先不後，迎送相當」。纏綿之勢，真乃妙不可言。

葩者，如上花下葉，節節相生之意。

以此「葩」字論拳，乃屬初見。此字表明「節節貫串」的「九曲珠」之藝境，再清楚不過了。

肩、肘、腕、掌、指的「順逆」往來、節節貫串、相互根生之意，乃上述諸手法能夠施用的根本原因，這倒是最實際而又貼切的。於此可見前賢為闡發手戰之道而暮想神思之巧，細膩熨帖，啟人思悟慧開矣！

通釋此二十八手法之練用精義，可知其涉獵之廣，涵蓋之全，以細膩而論，幾乎無有出其右者。雖此經流傳不廣，知之者不多，然其代表了明初論述傳統手戰之道經譜的風貌和遣詞用字的習慣。對今人閱讀明清兩代各種拳譜，有不小的借鑑作用。

經中許多手法之用字，在《少林拳譜》（公認的明代拳譜）中皆有且側重點極其相似。但與清代中後期之拳譜相比，差異則比較明顯。這就再次證明了《渾元劍經》的創作年代及重要意義。

練眼解

【題解】

各門皆有古傳練眼之法，此經文用二十八個字分別將練眼之法、眼功之利、運用之妙闡述得條理清晰，詳且細矣！此乃習拳者必知之內容。

靈活平直寸分清，團威準猝急開明。

舒和驕慢休形色，誑詐隨流注宰精。

靈者，審視有先之明，知其未發之招，悉其將發之意。

活者，不呆不痴，如水澄月朗，則目中不致疏誤。

平者，眼光平出，不偏不滯，如露含珠，一片天機，目無停礙也。

直者，上視眉間，中視齊項，下視齊帶，此為三關。上關乃勝負之機，強弱邪正、善惡奸詐之所從出。招所由變，欲左者虛其右，欲上者虛其下。約之前後、進退、起伏、攻守、剛弱、奇正皆如之，蓋人通病，能融化者乃入妙矣。中關看其橫斜、曲直、鈕跨、腰腿、動止、手肘、起伏之樞。下關看其引誑之變，跳躍之機也。故三關當熟看清明，方為妥也。

寸者，乃酌其神式器（用）與身之靈否，當用分、寸、毫、釐四者之力；使用何等力量制他，為得其宜也。

分者，是二人對手，要分清來去門路、身法孰靈、神光孰強以及遲速詐誘。此皆宜洞悉，以為應變之權也。

清者，眼光清白，忌昏散。非素有靜工，安得如是也？

團者，精神凝聚，展轉如心。精定神穩，則應猝出乎自然，如處無事。無怯則神圓，無輕則防密，無傲則氣平，無形則變速也。

威者，神足嚴而可畏，光能射人，神能禦亂，使人無隙可乘也。

準者，視斯明，不迷當局，故身劍皆完，始得其妙也。

猝者，二目含光，血氣之勇，皆歸空化也。

急者，目光閃急，如線穿空，劍貫重甲，清利而直銳也。

開者，是對面先看他，是某門技能當用何法致他也。

明者，明來由，悉地式，詳情之忌。取其性偏，或驕之、怒之、驚之、疑之、嚇之，以取其猝忙失機也。抑或以所喜順擊之，皆可也。

舒者，臨陣不屈也。

和者，和容悦色，內隱明鑒，外無貪心也。

驕者，在我無常形，能使敵人易生驕矜之氣，便可隨其驕以取勝也。

慢者，在我以無形示之，彼疏慢之心遂起，再隨所慢以擊之也。

休者，神光照徹，上下左右前後不息也。

形者，臨陣不改常形，不因亂而神搖也。

誑者，引其入境，以計勝也。

詐者，防己之害，察彼之病。若詐之，伊坦然，切勿妄動也。反是者，可取也。更有詐之假動者，形式雖動，而神意安舒，此等必三詐之，虛實自見也。

隨者，隨其神背向變化之機也。

流者，目圓朗無缺欠者也。功夫到此，則另有一番氣象。人見之，可畏而不可測，避之而不敢凌也。

注者，神光普照，遐邇不遺也。

宰者，視有準處，身不輕動也。

精者，乃夙習功深，精華結聚，久則目光遠注不疲，而耐久也。

靈者，審視有先之明，知其未發之招，悉其將發之意。

【闡釋】

何謂眼靈？眼之審時度勢有先見之明，見對手而知其虛實，便知對手將發之招及發招何意，從而應變通權而制勝。此條以「靈」字引領其他二十七個字的內容。二十七字的眼功中皆含「靈」字在其中，此點不可不知。

活者，不呆不痴，如水澄月朗，則目中不致疏誤。

【闡釋】

眼要常轉則無滯，不呆不痴，眼神清朗，視物自不會失誤。

平者，眼光平出，不偏不滯，如露含珠，一片天機，目無停礙也。

【闡釋】

此論「平」法，即眼光平出，不偏不滯，如露含珠，一片天然之機勢，這是對美目之描述。視人之眼，可知人心，美目視人，則心正待人，視物自然無礙，此乃用眼的天然機制。

直者，上視眉間，中視齊項，下視齊帶，此為三關。上關勝負之機，強弱邪正、善惡奸詐之所從出。招所由變，欲左者虛其右，欲上者虛其下。約之前後、進退、起伏、攻守、剛弱、奇正皆如之，蓋人通病，能融化者乃入妙矣。中關看其橫斜、曲直、鈕跨、腰腿、動止、手肘、起伏之樞，下關看其引誑之變，跳躍之機也。故三關當熟看清明，方為妥也。

【闡釋】

用眼審機度勢之法，名「直」，即在眼光平出的法則下，上視對手眉間，中視對手脖頸，下視對手帶脈的三個關鍵的直視之法。上視對手眉間，對手的強弱，邪正，善惡，奸詐，皆從眼神之動態、清濁中分辨得出；其攻防招法之變化機勢，亦可從其眼神判斷。欲左動者，其眼先左視，而其眼光左斜，右側自見空虛；欲上動者，其先上視，則眼下自見空虛。

這樣眼神的斜視妄動，乃一般習拳者的通病，或前進後退，或起或伏，或攻或守，欲剛欲弱，或奇或正，皆可從其眼神之動態中觀察到，故此處關乎勝負之機勢。

中視對手脖頸，因此處關乎對手橫斜、起伏之樞機。頭項統幹之體，乃一身之總領，乃攻防動變轉化之機樞。「中視齊項」乃視樞、得樞、握樞之法，觀其項便可知對手的「橫斜、曲直、腰腿、手肘、起伏」諸變化了。《心會論》中「喉頭為第二主宰」，同樣證明了中看齊項，是看橫斜、起伏之樞的重要作用。

下視對手帶脈，即對手之肚臍、帶脈一線，便可知其「引誘、誑詐、跳躍」之變化。帶脈一線乃步法之官長。步法者，載身進退之舟車。如其實手實招，則手進身進步亦進；如其虛招，手退身退步亦退。如其手法退而引化，可腰下步法暗進、偷進，此乃引詐誑也。知其引誑，可先預而防之。人欲跳躍，必先帶脈下沉而作勢，此乃人之跳躍之機制也，故能知其欲跳躍也。

故直視此三處關鍵的方法清楚明白，方為妥善處理戰事之根基。

寸者，乃酌其神式器（用）與身之靈否，當用分、

寸、毫、釐四者之力；使用何等力量制他，為得其宜也。

【闡釋】

此寸者，乃用眼術語「寸量」之意，即用眼觀察估量對手功夫之強弱、所使用器械之長短軟硬、運使此器械的功夫淺深等方方面面。再透過寸量其身態而知其靈拙，從而便可知當用寸、分、毫、釐中哪種勁勢與之較鬥方得其宜也。寸者，乃「觀人料勢、審人度勢」之法。只有實戰經驗豐富者，方能用必得宜。

分者，是二人對手，要分清來去門路、身法孰靈、神光孰強以及遲速詐誘。此皆宜洞悉，以為應變之權也。

【闡釋】

此分者，是分開、分辨之分。拳訣曰：「知彼知己，百戰不殆；不知彼，不知己，每戰必敗。」故曰：二人對手較技，首先要辨明攻防來去之門路。

門者，攻防進退之關卡、道路。故有拳訣「拳從口出，又從口入」「破門而入」。手戰之道有門法說，會用門法者，門門為奇兵之用，門門伏兵而能制勝。

此外還要清楚誰的身法變化更靈活通變無形無象，誰身上的「神光」更強至於攻防變化的遲緩、疾速，雙方誰的欺詐、引誘功夫運用得更加隱蔽，能讓對手渾然不覺。這些都應該瞭解清楚，以便應變之時考慮權衡。

清者，眼光清白，忌昏散。非素有靜工，安得如是也。

【闡釋】

以「清」字立論，取清明立意。眼光清白，有兩義。

一曰：眼睛本體白者白青者青，此青白眼也。此乃身體健康，神清氣爽之象。如白者昏黃，青者白茫，乃濕熱燻蒸，神昏氣濁之象。一曰：眼功，法眼者，則視之一清二白，即眼之靈者，又名「青白眼」。行家之眼功也。昏散者，非法眼也。視而不見，謂之昏散。

而青白眼之法眼，是透過內功修練而來的，即由「煉精化氣，煉氣化神，煉神還虛」系列功法修練而成的。

團者，精神凝聚，展轉如心。精定神穩，則應猝出乎自然，如處無事。無怯則神圓，無輕則防密，無傲則氣平，無形則變速也。

【闡釋】

團者，內外如一，相互為用。虛實相須，內外一以貫之，謂之團，即神、意、氣、勁、形、中六合之團聚如一。精神凝聚者，氣血如一之意。

展轉如心：乃攻防招法展轉變化，皆由心出之。

精定神穩：應對突然變化出於順化之自然反應。

無怯則神圓：修練時無有畏懼之心，功德必至神圓無虧，用時則「神圓無怯」。

無輕則防密：沒有輕視對方的心態，沒有輕舉妄動的行為，是不防之防、不備之備，自然也就不密自密，不嚴自嚴了。

無傲蠻則氣平：無傲心自然心平氣和，則聽探、順化相互為用的能力，自能達到最佳的狀態。

無形則變速：此乃無形勝有形之結論。有形則有破，無形則無破，無形速變之疾，不可言語道之。

此以團而言神、意、氣、勁、形、中六合一統之「無形道體」的神化之功的藝境。

申明無形道體的神化之功的修練注意事項，是「無怯、無輕、無傲、無形」，也就是團的藝境。

威者，神足嚴而可畏，光能射人，神能禦亂，使人無隙可乘也。

【闡釋】

積神則威自生，流露於眼，眼神即具備威嚴之光芒，此光芒可懾人，威震敵人心膽。

「神能禦亂」者何？即「神以知來」的聽探之良知不遺，「智以藏往」的順化之良能無失，故能禦亂而制勝。因其使人無隙可乘，無可利用之處。此乃「善變無形又無窮，不疾而速得真宰」藝境之描述。

準者，視斯明，不迷當局，故身劍皆完，始得其妙也。

【闡釋】

準，乃天地六法度天繩、地準、春規、秋矩、夏衡、冬權之「地準」也。準者，均勻停當，無過無不及爾。

因視之明，知其所來的方位、角度、速度、招法長短及力度、虛實，故能不為其外象所迷，順隨轉換變化而往之，得隙用勢，或順從以為進退，四兩撥千斤；或逆力以為揭獻，借力打之，無不隨手奏效。

能於此者，是為不迷當局，旁觀者清。能置身當局左右逢源而不迷，在傳統手戰之道中乃「文體成、武用精」者和「身劍皆完」者方能之。

猝者，二目含光，血氣之勇，皆歸空化也。

【闡釋】

猝，乃突然、出乎意料之謂矣！二目含光，乃照眼的功夫。有此照眼功夫，對於對手的血氣之勇，用空用化，就可以應對其突然的變化了。

急者，目光閃急，如線穿空，劍貫重甲，清利而直銳也。

【闡釋】

交手較技，「心之所在力隨往」。目光閃急，如線穿空，眼到、心到、手到，劍亦到。劍可穿透重甲，其力源於眼之領也。急者，乃眼之用法，眼光視物疾快謂之急。

開者，是對面先看他，是某門技能當用何法致他也。

【闡釋】

此乃審勢度人之法眼。動手之前，先看對手用何種兵器，何門功夫技能，以揣度當用何法制他。未動手先知彼，心中有數，方可有備而戰。

明者，明來由，悉地式，詳情之忌。取其性偏，或驕之、怒之、驚之、疑之、嚇之，以取其猝忙失機也。抑或以所喜順擊之，皆可也。

【闡釋】

明白對手的根底，洞悉地形地勢，再詳細瞭解對手性情之喜好、忌諱，針對其性情偏激之處，驕之、怒之、驚之、疑之、嚇之，以取得對手在突然變化的忙亂中失準則之機勢。亦可以針對對手的喜好，以順隨法擊之。

此乃攻心之法。

舒者，臨陣不屈也。

【闡釋】

此臨陣不屈，乃「鬆開我勁勿使屈」的不攖人之力的均勻功夫也。舒，舒展而均勻，即「肌膚骨節，處處開張」。如此者，方能「有形如流水，無形如大氣」。只有這樣，才能沒有屈點，才能不被他人之力所控制。所謂「鬆開我勁勿使屈」正是此義。

和者，和容悅色，內隱明鑒，外無貪心也。

【闡釋】

諺云：「和顏悅色真剛毅。」和者，乃中和之道所致，中和之中乃虛也。此即對中乃虛像的描述。

然中和之道，乃「健順參半」的內氣、外形之「柔外剛中」的精義，至此藝境，則內隱明鑒，與道合一。故外無貪心，內外自然平和，此乃「和容悅色」之因。由此和者所言之眼功，可知此經文所言的「練眼」，乃內外一切明鑒的「知能」。這一功能以眼代之而論，明此則能通解「練眼」二十八字的精義。

驕者，在我無常形，能使敵人易生驕矜之氣，便可隨其驕以取勝也。

【闡釋】

此驕乃驕敵之法。如何使對手驕之？我無有常人所說的威猛雄壯，只以無所能之外象示人。這樣對手易生驕矜之氣，而我「便可隨其驕以勝之」了。此乃我之和容悅色、內隱明鑒而外無貪心所致也。

慢者，在我以無形示之，彼疏慢之心遂起，再隨所慢以擊之也。

【闡釋】

慢，是疏慢其心的方法。其方法是無形。此無形是「無能之形」：能進示之不能進；能守示之不能守；能擊示之不能擊；能退示之不能退；用近示之遠，用遠示之近等。

此法施出，對手必然認為我無能，疏忽怠慢之心遂起，於我則攻防招式變化轉換中也就出現種種可乘之機、可借之勢、可攻之隙了。

休者，神光照徹，上下左右前後不息也。

【闡釋】

此休者，乃休養生息之休。訣云：「人身筋力本不多，在乎用法莫蹉跎。」手戰之道的攻防，是講求「節能」的。下面具體分析。

「形用半、勁用對五，陰陽逆從、勁形反蓄，中土不離位。」這樣自身上下、左右、內外、前後，分工明確，統一為用。此乃最節能之機體，是最能充分發揮攻防之機能的。

然能達此藝境，非神光照徹不可。此神光照徹，乃聽探之良能的又一說法。只有神光照徹達到最佳狀態時，才能最恰當、最合理地運用自身之攻防機制，發揮最佳效果。亦即自身上下、左右、前後、內外，節轉輪防，生生不息。

形者，臨陣不改常形，不因亂而神搖也。

【闡釋】

拳必示形，拳以形見。然拳形「有定無定，在人自用」。有定，是說任何攻防之拳形皆有一定之規矩。無定，是說攻防之時，見境生情，順隨為法，隨顛則顛，隨狂則狂，隨彼而出之，故簡曰「無常形」。但此「無常形」的每形每式，皆有內外一定之規矩，定而不可移。如「以靜用動、動中亦靜」的攻防規矩不變不亂，攻防中柔化剛發、以柔用剛法則的運用不動搖。這就是「臨陣不改常形」的精義，亦即「不因亂而神搖」的精義。

誑者，引其入境，以計勝也。

【闡釋】

能運用誑者，必內隱明鑒，知彼知己，洞觀全局，不迷當局。使用誑詐，而對手不知為誑詐。此乃不謀之謀，能引其入挨擊受制之境地而又神不能知，鬼不能覺。此乃以計勝之技法。

詐者，防己之害，察彼之病。若詐之，伊坦然，切勿妄動也。反是者，可取也。更有詐之假動者，形式雖動，而神意安舒，此等必三詐之，虛實自見也。

【闡釋】

誑與詐，乃虛實實虛之法。有虛驚之法，有實取之法，有「似驚實取、似取實驚」之法。應對全在見景生情，隨機應變。故前賢云：虛實運用之妙，存乎一心。

明白施誑用詐之方法的精髓，可有兩點實戰中的意義。一是可防自己被彼用詐之害；二是可用誑詐之法察知彼病之所在，便可一鼓作氣而勝之。

較鬥中施用詐術，如對手神態坦然，切勿妄動妄施，因有被其將計就計而利用的可能。如果對手驕狂、暴躁、神昏、眼拙，破綻百出，巧用誑詐之策便可輕易取之。

更有施詐用誑，對手形式雖動，亦是虛應之假動，但神意安舒，形態坦然。逢此對手，必連續施用誑詐之手段，如「引手、佯攻虛晃、攻其必救」的三詐連施，彼必不知真假而虛實自現。

隨者，隨其神背向變化之機也。

【闡釋】

確立隨法，並提出不改變對手的用招意圖，「隨其神」，為技擊法則之核心。太極拳家李亦畬說：「自己要安排得好，人一挨我，我不動彼絲毫，趁勢而入，接定彼勁，彼自跌出。」其中「我不動彼絲毫」就是不改變對手意圖「隨其神」的描述。而這種方法，王宗岳在《太極拳論》中稱為「人剛我柔謂之走，我順人背謂之黏」。這就是不攖人之力的黏走相生、化打合一的方法。

上言「隨其神」，然在順隨之法中，必要落實到對手的拳形之上。對手勁勢最強點之運動方向，為向。相對的對手之力尾部位，為背。此乃背、向的基本分法，也就是「力頭、力尾」的分法。這樣「讓力頭、打力尾」的施手用招、施招用手的基本法則確立了，向、背也就分明了。

流者，目圓朗無缺欠者也。功夫到此，則另有一番氣象。人見之，可畏而不可測，避之而不敢凌也。

【闡釋】

此「流」字，乃「審視流光」之流。神光照徹，一覽無遺，彼此皆洞明，此乃目光明朗周全無缺欠之意。

而此時目之神光青蒼，光芒閃爍，不威而威自生。故對手見之自生畏怯之心，因其不可測深淺。凡遇此樣對手，多不敢輕易侵犯欺凌之。

具此神光之目者，乃內氣功夫的體現。於此可知：練拳不修練內氣功夫，則不能「目光圓朗無缺欠」。神光乃氣象之精義。

注者，神光普照，遐邇不遺也。

【闡釋】

注者，貫注、注視之意也。遐邇，遠近也。神光普照的注視之法眼，即「照眼」，一覽遠近皆知而無遺漏也。只有此「照眼」方能做到「神窺其勢、意覘其隙」，才有「神以知來、智以藏往」之妙用。「照眼」之注視，乃「一覽望三關，洞明無遺漏也」。此正是「神光普照」之精義。

宰者，視有準處，身不輕動也。

【闡釋】

此「宰」字，主宰之宰也。視有準處，乃言聽探之良知的準確無誤，此為自身順化動變之主宰也。「身不輕動也」，乃言順化之良能為臣民之從屬也，此乃表明自身攻防「動靜之機制」的主從關係。攻防較技的基本法則是以靜用動，即以聽探之良知運用順化之良能為法則。

此視有準處，不單言目之視。廣泛地說，是講聽探之良知，此乃一身攻防動變之主宰。

精者，乃夙習功深，精華結聚，久則目光遠注不疲，而耐久也。

【闡釋】

傳統手戰之道有「內外精粗無不到，全體大用自生妙」之論。內功者為精，外功者為粗。

內功修練，「煉精化氣，煉氣化神，煉神還虛」三步功成，是謂「夙習功深，精化而昇華，則結聚於目中」。再結合攻防至用的眼功訓練，則目光近注不迷，遠注不疲，而耐久注也，全在於「精華結聚」爾。

此精者，概括前面所言二十七字之內容，即具靈者「審視有先見之明，知其未發之招，悉其將發之意」，皆為「夙習功深，精華結聚」而成。這說明自身之一切功夫，皆來源於修練方法之正確、功德之積累。這體現了「有心練功，無意求功，功自出之」的「漸修頓悟」之練功法則。

闡釋此練眼二十八字之內容後，筆者感觸頗深。題名「練眼」，是以練眼之功為核心，練眼之法為展開，論述了修練傳統手戰之道的內外功法，內外功法的主從關係，動手較技的君臣主從法則，內主外從的機制，知彼知己方能百戰不殆的重要性及兵不厭詐的運誑使詐的方法、準則和防止對手使誑用詐的化解之法則。

更重要的是，透過練眼的注視之法，引申出「聽探之良知」的全部內容，這在今天也是傳統手戰之道的精髓。

練身解（紫霄形化二十八式法門）

提聳蹲浮跨閃含，高低遠近鈕躬盤。左肩低垂鎖抖展，轉平橫直活拉吃。揭迎扶單雙跛勢，腰弓背直頭頂天。

提式：雙手高攀撮勾向下，足尖對二足登，肩塌，少腹下垂，兩腿外撐。

其力舒肩肘腰臀之筋骨，皮堅則肉實。其氣自夾脊降中田，歸尾閭，久則氣血活、蒸然日上，兩腎與兩腋之筋核皆展。精足後，則周身一氣貫也。

聳式：身縱雙足尖點地，頭直上拔，胸含臀努，兩肩鬆活，腿繃直，十指對耳尖，肘平撐懸頭，梢有上貫之力，以下皆下注也。

其力乃象乎輕清之氣存乎於泥丸，重濁之氣降於湧泉，活下田氣路，長周身氣血。常上貫，則頭中風火盡逐，隨毛穀而出，皮裡肉外浮油亦化；常下貫以塞精戶，氣常注湧泉，則膝足濕寒皆化，濁氣自消，則陰濁之地可得純陽之神以曝照，陰亦化而歸陽，跟力自長也。

蹲式：如猿之食，鼠之算時，在雙膝上直豎，雙手回勾，對鼻尖，雙腿弓，足尖點地，頭直腰微後弓。其力活足、脛、膝之筋骨，長足尖之力。

力貫於下田，而氣上提，含精反觀，虛空一竅，內神活潑，外緣斷息，常如清晨乍醒一般，久則還童，跟力滿而輕靈也。

浮式：左足跟點地，胸前撲，臀努腿直，手後起，用勾頭，直目前視，半開閉為主。

其力舒腰、背、膝、跟之筋，綿腿力也。

跨式：左足尖著地，右足半懸，左手擎天，右手下垂回勾，腰頭腿三直，肩塌眼隨肩出，右換如之，立久則亦單尖著地也。

其力練穩，舒腰、脛、足指之筋也。

閃式：右足尖點地，左腿半懸，左肩右縮，左手抱右腋下，右手從頭上過，左肘向下指、稍向左，肋右努，左換如之，單閃肩動身不動，雙閃周身之力，左右、前後、伏仰、後躲也。

其力舒左右肋、胯襠間之筋也。

含式：胸前探臂折，雙肩前聳，雙足尖著地，腿直立，雙手前伸回勾，肘撐目半合。

其力養心腎、理三焦，氣上升血自下沉也。

高式：身上聳，肩高拱，雙拳下垂，頭頂天。

其力直貫上也。

低式：身伏而下，左平舒，足尖點地，右腿倚足實踏，身左探頭，就左足尖，左手懷抱，右手從頭上過，左指尖向前、對左足尖，左右換用。

其力長跟力，活湧泉也。

遠式：左蹲身，右足尖點地，左手依左足扶地，右手高擎，腰直，右換如之，展襠丁形。

其力輕身，長腰腿之力也。

近式：身蹲腰直，左手舉用掌，右足實下，右手依右足按地，左腿離地半懸，足勾直出，右換如之。完，再按原式，忽起忽伏，左右換之，各九次。

其力活周身脈絡，習靈穩也。

鈕式：身直立，臀折腰平，側身右向，用右手拉左足跟，左手從頭上過，右指向地，眼平前視，左換如之。

其力活項、脛、腰、肋、胯之筋。

躬式：雙腿直立，胸正頭仰觀，少腹垂，左足跟點地，右足尖點地，左手拳前直平出，右手拳平後出，右換如之。

其力活頸項，舒宿筋也。

盤式：雙足併跟點地，雙手拉雙足尖；少頃，雙手拉雙足跟，足尖點地。完，再習，左右前後跟踏，尖蹈跳法為妥。

其法舒腰夾脊之筋，活周身之血，開百節也。

左肩低垂式：左肩低向下，臂直指向地，右拳向空斜舉，右足尖點地，左足跟點地，立少頃再換，右肩低垂如前。

其法習別力穩步，養靜氣也。

鎖式：雙跟併跟點地，左手拉右足尖，右手拉左足尖；少頃，雙手交換，拉前後左右跳也。

其法清氣上升，濁氣下注，血下行也。

展式：左手高揚掌托天，左腿直立，右腿平起，右手拖右足跟；少頃，右換。完，再前後左右雙腿換伸。

其力舒腎筋、肩骨，長足力，活腿也。

抖式：襠開，雙足勾尖相對，足實下，臂直如擔物，十指向地，兩掌外努，如鴻展翅；少頃，忽蹲忽起，腰伸腿亦伸，腰屈腿亦屈，前衝後撞，左右環轉搖頭。

其力貫周身，清泥丸，活湧泉，去頭眩也。

轉式：雙手托天，式如騎馬，少頃，左懸腿，雙手抱住，來回跳，右懸腿亦然。再雙足點地，雙手平擔，如旋風之左右轉也。

其力練靈活騰躍也，去通身內外浮火。

平式：右腿弓，倚足尖點地，右肋依右腿面，右手抱左腋下，左手拉右足脛間，左腿平伸，足跟點地，腿依地為主。

其力舒筋縫、縮血、蓄力也。

橫式：左腿弓足實立，右腿後繃，足尖點地，臀折腰直，左手後推，右手前推，回頭後看，右換如之。

其法兩撐，習鈕力也。

活式：雙手緊抱，足併尖點地，三直；少頃，換左手前後右左推，右手前後左右推，雙手左右起交手雙展。

其力活百節，帶風也。

拉式：雙足併直立，雙手前推、後推、左右推。

其力舒腰、背、肋、胯、脛筋也。

吃式：左足尖朝天，右足尖點地，左肘屈平，手回勾，右手掌右推，換右足尖朝天，諸法如之。

其力活尖跟力也。

揭式：左腿後屈折，跟點地；左腿弓，足尖點地。左手從臀後過，拉右足跟，右手舉高用掌上撐，左腿屈折如之。

其力活脛、膝、腰眼之筋也。

迎式：左腿半伸，足回勾，右足弓實立，雙手從腿後搭扣，實扣地，右換如之。

其力習背力也。

扶式：雙足併實立，左依足按地，右依足按地，前後按地，左扶右跳，右扶左跳，前後亦然。

其力習飛步，長筋，活百節也。

單雙踆式：如騎馬式，雙足尖點地，雙掌立於膝上。

其力增足脛力，活湧泉也。

【闡釋】

此練身的紫霄形化二十八式法門，乃在修練內功的同時修練外形。此二十八式法門中練外形的是什麼功夫？要達到什麼目的？這要參照古拳論之說法的內容，方能認識得更為清楚、明白。

《易筋經‧貫氣訣‧練形篇》中說：「練外形者，又名展筋脫骨。骨為枝幹，支撐人身；筋以連骨，不致脫散。故骨在內而筋在外，兩相依託。骨有三百六十五節，筋有十二經筋相互聯絡。練形之首務，筋骨為先，蓋骨節不鬆活，筋道不舒長，欲屈而骨不能屈，欲伸而筋不能伸，往來牽扯，何以靈活捷便以合內也？練形之次第，先膊、次腿、次膊腿合練以練身。」

此段古拳論對練外形之目的、功夫內容及修練順序，談得相當清楚。以此來觀看二十八式法門，也就知道練身解的方法就是修練外形，即展筋脫骨，達到外形的靈活捷便以合內也。此練身解的二十八式法門中，以練法展示了展筋脫骨、抻筋拔骨的更為詳細的內容。

修練傳統手戰之道能得正果者，其初基有二：一曰清虛，二曰脫換。能清虛則無障，能脫換則無礙。所云清虛者，洗髓是也；脫換者，易筋是也。易筋之修乃外功之法；洗髓之修乃內功之法。外運行於內，而內導引者，內功也。內導引於外，而外運行者，外功也。「內煉一口氣，外煉筋骨皮」，內外合一而修，行功至骨節靈通，氣息勻調，精神倍出時，先有「脫胎換骨」外功之表象，「清明虛空」內功之景象，再修至外功的「脫胎換相」之表象，內功的「清輕虛靈」之藝境。修練至此，即達到自身「內清虛而外脫換」的大成藝境。以這段論述來看「練身解（紫霄形化二十八法門）」的內容，就更為清晰了。

根據《易筋經》的理法和自然法則的變易之道理，「人身筋骨」是完全可以由一系列正確的鍛鍊方法產生變化的，這種變化是「順生機之自然」的。此練身解的二十八式法門，就是這樣的修練方法。

此二十八式法門，乃入聖境的築基、固基的基礎功法。

這樣，我們就認識到練身解二十八式法門的內容作用了。由於練身解二十八式法門方法清楚，步驟明確，語言通俗易懂，故不再逐字逐句闡釋，以免重複累贅。

續抄玉階初步

打鞦韆：雙手插腰，足下登磚，十日長一塊，先前再後半身懸（四塊為主）。

懸紅掛綵：雙手高擎，兩膝平，跟下踏，身後折，足以登磚（添至七塊為主）。

上天梯：單腿高起心朝天，勾起輕落左右換，人字來回扭一周，自然高起也。

騰蛇纏柱：站騎馬式子，雙手向懷中拉，兩足跟半懸尖點地。

春駒飛舞：雙手前伸指點頭，兩肩鼓舞腿如流，前衝後撞尖跟力，左右飛騰任意遊。

揉圓接箭式：其法足尖併立，踏轉閃而進退自如，雙手迭翻，上下如揉球之狀，分上中下三門，非習到神化無隨無不隨、無虛無不虛之時，難得其妙也。然其力亦始於平時，由勉以及後也。

太極煉氣士地雲謹抄

太歲丙子冬月十二日

【闡釋】

此乃續抄的初步功法內容，原在「劍經結文」後，是否為《渾元劍經》原譜文字，無從查考，但多為練外形的抻筋拔骨功法。只有「揉球接箭式」乃練內功的方法，並有闡釋之必要。因其言：「非習到神化無隨無不隨、無虛無不虛之時，難得其妙也。」因為有「雙手如揉球之狀」這樣的論述，至神化之功時，雙手之間似有一球狀物，「虛而不虛、無虛無不虛」之時，此球狀物就會隨雙手迭翻，能「無隨無不隨」了。

此乃說明內功生化成的內氣不單在體內可隨心成象，亦可在體外隨心成象。這說明內氣功夫達到一定的水準了。這是每個習拳者按正確方法都可修到的內容。

無論此功法是原譜之文，還是後人續寫，都至少有一百多年的歷史。這說明手戰之道修練「內煉一口氣，外煉筋骨皮」的內外雙修，內主外從的觀念，由來已久。

由這段內功揉球法的描寫，可以進一步理解太極邊球法和懷抱太極揉球法的內涵。

太極邊球法：

內氣功夫在體外成象時，可意想成足球大小的球狀物。此球狀物可任意導引，沿著身體表面滾動不息。由於球狀物的滾動，身體可隨球狀物滾動所在之處做迎送的蠕動。可使身體節節貫串，蠕動連連不息，是修練「聽探」的皮膚觸覺之良知的好方法，又是修練外形柔若無骨的好功法。

懷抱太極揉球法：

此乃指雙手之間似有一內氣所成的球狀物，此球可大可小，隨意而能變化。此球狀物用雙手觸摸運轉，是名「操球」。因有此球狀物的體認，故雙手迭翻運轉，上下左右變化，皆呈圓活之象。如球狀物的大小適中，雙手會出現「左進右退，右進左退，上進下退；左斜上進，右斜下退」的一陰一陽之運動絲毫無差的圓活之象。這就是「揉圓接箭式的揉球法」之妙用處。

這兩種練習方法，太極邊球也好，懷抱太極揉球法也好，為何都以太極冠名？是因為老子說「道生一」。一者，太極，一氣也。故以「一氣所成之球狀物」稱太極。故「太極邊球、懷抱太極揉球法」中的「太極」二字，乃指意想所成之球狀物。

十二式

富式：如騎馬式，雙足回勾，相對實下，腰頭兩直，臀努，左手平伸回勾，右手平伸用拳。

貴式：雙肘屈平，兩拳各對耳邊，腰微弓，雙足尖點地。

當式：右腿弓足實下，左腿橫擔右腿上，身蹲，右手拉左手，前推左拉，換如之。

牛式：雙足併立三直，左手肘屈平，拳對耳梢，右臂立折，拳直立，右換如之。

躬式：雙足實下，少腹臀微努，頭直，右手抱左腋下，左手高擎少住，換右手高舉，左手抱腋。

午式：身直立，雙足實下，右手平如拖物，左手高舉。左換如之。

飛式：右腿足實力，左腿後繃，足尖點地，左臂依左耳邊，肘向空指，斜向下，左手換如之。

田式：左腿半懸，腿依左肋，臂依左腿，肩依膝邊，手撮向外，右足尖點地，臀努腰含，右手托天，左偏探，右換如之。

王式：雙足實併下，左手直舉，用拳向空，右拳對左肘下，肘微屈。

叉式：雙足併實立，腿直，自腰眼下折平，雙拳垂，以及地為主，要自然立四刻，微起，再周身戰抖一陣，以舒其力。

足式：左手高舉，肘屈，拳對囟門，右手直垂用勾，右腿半懸，左腿踏實（下脫文）。

欹式：如騎馬式，雙跟對，頭腰立（臀），雙手平伸，回勾相對。

【闡釋】

此乃緊接「練身解（紫霄形化二十八式法門）」之後的十二式練身法。為何用此十二個字？時過境遷，已不可知了。

然此十二式，乃拳中常見的基本姿勢。是否此十二式乃初步功法之練式法，也就未為可知了。即先練此十二式，再練「紫霄形化二十八式法門」，亦只是練法先後的問題。

根據筆者體會、揣摩，此十二式比二十八式練法簡單，乃「按式單演練習」的涵養固基之初功法式，本著從簡易入手的法則而先練。

現在此十二式練法中，配合內功練法而習之，然後再練二十八式抻筋拔骨法，乃屬順序得當。此十二式亦可作為練內功的樁式而用。

煉　身

【題解】

此煉身和練身法不同。練字，指外形的抻筋拔骨之修練。而煉字，帶有「陰陽相濟」的內氣、外形共一爐之意。可知此煉身乃「意氣君來骨肉臣」的內外齊修、內主外從的練法，是在二十八式後的又一身法修練內容。

而此煉身法，又是身法之用的法式。有了這層見解，只好以用法來說了，這樣更直截了當一些。

蹲伏騰挪展轉移，鈕提聳曲煉飛奔。

跨躲蹌接跳門法，諸形細閱體其神。

【闡釋】

蹲：

即蹲身法，有雙蹲式和單蹲式的區別。雙蹲式多正面雙手撲進之用招，如虎撲勢，要側面用招多採擄法。

單蹲式有用手破對方腿法的「金絲倒掛」，又有單蹲式用腿法的「跪腿得合勒」之摔法。蹲身擊敵的方法很多，故不一一列舉了。

伏：

諺云「退如伏貓，進似虎撲」，蹲與伏皆為矮身法，但稍有區別。蹲法多不伏身而腰、頭直立，全憑腿之捲曲仗身而蹲；伏法多有身法之俯伏之勢，只見腿之微屈之勢。如海底針的抄腿式法、靠擊式法。

騰挪：

上下為騰，水平換位為挪，故身法之騰挪不宜分開解說。歌訣：「偏閃空費拔山力，騰挪乘虛好用機。」身法騰挪，一是避實之閃法，二是擊虛之進擊法。合語之，避實擊虛是由身法之騰挪來完成的。

展：

舒展自身之展。自身左右、上下、前後，皆可分為二。左攻右守，左守右攻；上攻下守，上守下攻；前攻後守，後守前攻。守者為閃為縮，攻者為展為舒。如此才能施招用手、施手用招，體現為化打合一。可知舒展是和捲收互用互根的。歌訣云：「常收時展是操持，舒少捲多用更奇，一發難留無變計，不如常守在心頭。」

轉：

擰轉、旋轉、螺旋，圓轉如輪、節轉輪防、觸處成圓。凡此皆是說身法中的「用中」之法。擰裹鑽翻，皆轉之具體方法。「活似車輪」描述了圓轉無滯的身法。這要從手法、身法、步法及三法合一之用中體認。此「轉」字，四字便可概括：「轉進轉退」。捷徑之法，如轉移合觀，即用轉法移形變位，再得當不過了。

訣云：「曲中求直，蓄而後發。」曲者，轉也。轉則蓄勢之法。在圓轉蓄勢變化過程中，求何處直？如何直？直多少？何處直是指方位，如何直是說方法，直多少是言分寸。此乃在「求」字上下工夫。

移：

乃「移身換形」之法，又是「移形換位」之意。此「移」字與「挪」字有相同之處，故常通用之，挪移者便是。

鈕：

「鈕」字，古有寫成「扭」的，皆扭擰之意也，故有「擰捂」之用，有「扭捂」之法。有步法、手法、身法及三法合一之鈕。今以擰而代之，故鈕不常用了。

提：

身法長勢則為提法，由下向上之勢。提與落、放相互為用。提不脫根，乃上下兩奪之勢，如「氣沉丹田意要提」「勁落形起有根抵，形落勁起神自提」。可知提乃身法中之大法。故有「提托推領」四法的運用之說。

聳：

即「打人長身，防人矮身」中的「長身」，乃身法中的蹲身、伏身、矮身。矮身的上起之勢，皆為聳身之法。

曲：

身法有曲直之形，即「形曲」而「力直」，簡曰形曲力直。摺疊之法，乃曲身法之用也。身法五弓，不曲如何成弓勢？雖形曲而中直，乃得曲身法之妙用。

縮作一球，不曲如何能成？渾身柔若無骨乃曲身法之根基。曲中求直，不身法曲蓄，如何求直發之用？可知「曲身法」就是五弓齊備之身法。

煉：

煉者，如膠似漆之身法，雖然是柔若無骨之外形，但要有陽剛之內勁，做到外吃內靠或內吃外靠，即「棉中裹鐵」的身法，才能使人不可離去。此能外吃內靠、內吃外靠之身法，名為煉身之法。故知煉乃身中之法名，簡曰身法。

飛：

古有「煉神而能飛」「飛騰知氣之深微」，又有「飛天靠」。而此「飛」字，乃指內氣之升降法。身能騰空縱躍往來，是名飛身法，皆由內勁騰挪所致。故知飛乃內勁作用於外形之身法。明白這一點非常重要。

奔：

是一種身法，也是運用身法的方法。歌曰：「陰變陽兮陽變陰，反拖順拖不容情。手外纏來懷中出，兩手搬開奔身靠。」從中可知，「奔身」乃靠法，以身靠擊對方，是名「奔身」。以身法說，名「奔身」；以用法說，乃靠也。

跨：

有「挎」和「胯」之不同。「挎」字，從手法之用，名曰「挎打」。「胯」字，乃自身腰胯之胯。「跨」字從「足」，此乃步法中的收胯提膝復而轉放落之法，即以步變化身形的方法，而又用此「高收提，擰轉低放而落步的身法」。當落步時便能成招，將人擊出放翻，此又名為「跨步身法」。

而「跨步身法」有「以重擊中」的靠法，又有「以定用手」的打法、踢法，皆可隨勢而用。

躲：

即閃法，閃躲、閃化。至於「吞法、縮法、轉法、搖法、擺法、俯法、仰法、避法」，皆可稱為閃法。故修此多從防守招法中求之。如細分則有手法、身法、步法，又有此三法合一的躲閃之法，皆應細求之。

蹍：

音從碾，足之碾轉。捻乃手指搓捻。而此從足之碾轉，身有搓捻之勁勢，是身法之蹍爾。

接：

接人之身法，有外接內應之法，即內外吃靠的接人之法，可使人不得離去。可知接乃身之大法矣！

跳：

身法之直縱法、橫縱法的進退之身法。此縱身步法可有前進一丈，後退八尺的效用。故有「前打一丈不為遠，近打只在一寸間」，亦有手法之起落謂之跳法的，亦是同理。

門：

身法之轉換，手法之攻防，步法之進退。三法合一之進攻、退防的轉換變化，皆應從門而出，從門而入。出入自有門戶，即「拳從門口出，破門而入」。

攻防不知門戶，進退沒有道路。故知此「門」字，乃指進退攻防之身法。有身法，知門戶，方能明進退之法，招法之用。此乃門之要義。

法：

乃攻防法則，「順隨」乃總法則。攻防之方法：順從以為進退的四兩撥千斤，逆力以為揭獻的借力打人。兩法相互為用，相互為根。

可知此法有法則、方法兩層意思，又有練法、用法之分。應全部掌握而運用熟練。

諸形細閱體其神：

上面所論的內氣、外形合一而用的煉身諸法，及三十六式諸形，都應仔細、認真地實操實練，仔細體認其中的神韻、精意、體用之妙。

故知煉身的內容，前與十二式、二十八式的練身法相連，後與三十六式、玉函妙鑰相銜接，共同說明了內氣外形柔外剛中、匹配如一的身法。

此身法是廣義的，含手法、身法、步法在內，屬於一身的「虛實相須、內外一貫」的練用法。

此「煉身」之內容，可有身法解、手法解、步法解種種之解說，又可以各種解說共同參照，合而觀之。此乃歌訣之精義。

九宮三十六式圖說原脈

【題解】

此乃「九宮三十六式」圖說的來源、脈絡。

九宮，乃從「洛書」九宮而言：坎為一宮，坤為二宮，震為三宮，巽為四宮，中為五宮，乾為六宮，兌為七宮，艮為八宮，離為九宮。八卦、八數配八門：坎卦、休門常主一，坤卦、死門常主二，震卦、傷門常主三，巽卦、杜門常主四，乾卦、開門常主六，兌卦、驚門常主七，艮卦、生門常主八，離卦、景門常主九。

以上乃常說的「八門九宮」，皆出於「洛書」。如以拳法而言，任何一式拳招的確立，「一身即立體九宮」。正是一身「中正安舒、動變平衡」之狀態的理法根據，又是四正四隅攻防動變的「坐標圖系」。可解自身內外靜動變化的方位控制、勁力運用、尺寸控制等多種作用。

八門，出自八卦。如以拳法而言，任何一招拳法的確立，「一身即同時存在八門」。此乃自身內的八門說。同時在身外又有四正四隅的八門。自身轉動變化，八門所處方位亦隨之變化。內外皆如是也。

然此經文中的三十六式說分為前、後、左、右，四九三十六式，此乃立體九宮的說法。而又按前、中、後各十二式，計為三十六式，這也是一種立體的概念。

原譜每式繪以圖，各注以解，使人有所取法，易於習演。然無緣見此圖注，故對其中所述之式法，不能一一對號入座，這是一點遺憾。現在只能憑文字描述分句進行闡釋。

夫三十六式者，乃前九宮、後九宮、左九宮、右九宮，四九共為三十六式。又分前十二、中十二、後十二，而為三十六式。每式各繪以圖，各注以解，使人有所取法，易於習演。而此三十六式，乃劍法之神髓，招式之宗祖。先練得式式入神、合法之後，各式皆就完整。每一式又化十二式，脈脈綿生，共合四百八十式，以為招法之備數。其一式化十二式者，以象十二月；以三十式共化三百六十式，以象一年生成之全體；餘六式化六十六式，以象六十四卦；餘二式以象陰陽和合之義。其以九宮分前後左右者，以象四時之序焉。至飛仙刺猿兩劍，則又三十六式中之祖。至若後列七十二式使破者，以象七十二候之變更焉。而首卷內篇所言三字訣者，以象三才之渾化。夫紫霄形化二十八式，以象二十八宿之謂。至於練手、眼、身、法、步式等解者，正所以闡其微旨。而其餘蘊，曲盡其妙無遺也。及其呑罡、持斗、飲符、持咒、開殼等法，實以借天地清寧之精與神，以靈補靈，所謂渾三才於一致，不惟劍成，而道亦備。噫！其含容生成之神亦至矣，豈止空演招式、明其說而已哉！

而此三十六式，乃劍法之神髓，招式之宗祖。

【闡釋】

古傳拳法「九宮手」，雙手運使，計十八式，左右攻防手運使，亦是三十六式。這也合「九宮手」四面用的四九三十六式之數。可知三十六式，是劍法之神髓，招式之宗祖，也是拳法乃至手戰之道的一切攻防招式之神髓、宗祖。

先練得式式入神、合法之後，各式皆就完整。

【闡釋】

何謂入神？何謂合法？入神之全言是「入妙入神」。妙字乃指體；神字乃指用。體用乃「動靜之機制」的體用。

何謂「先練得式式合法」？

此式式合法是說自身動靜變化符合神、意、氣、勁、形、中六合一統之內主外從的機制、機體。動靜變化過程中，外形以六合為疆界，內勁自有分寸，上下相隨，以四象法則為動變之準則，做到時時處處皆是「曲中求直、蓄而後發」之狀態。功到此時就可說式式合法了。

各式皆就完整：

是說各式皆能神、意、氣、勁、形、中六合一統的內主外從的動靜變化合法有序，上下相隨以四象變化為法則。勢勢相連，生生不已，無絲毫散亂而流暢通達。此乃就自己修練而言，是知己的功夫。

每一式又化為十二式，脈脈綿生，共合四百八十式，以為招法之備數。

【闡釋】

此三十六式，每式又化為十二式。這正是手戰之道「母子式」的關係。開始修練從約從簡。先練三十六式為母式，精熟入神，合法完整之後，再練每個母式分化的十二式，共計四百三十二式。待各式練得入神、合法、完整後，復簡約到三十六式。這樣由三十六式到四百三十二式，復由四百三十二式歸納為三十六式，由簡到繁，再由繁約簡。

這個修練的方式，符合手戰之道的修練規律（筆者按：四百八十式之算法好似有誤，如以三十六式乘以十二式之數，也只是四百三十二式。再加本式三十六式之數，也只是四百六十八式之數。只有再加十二式之數，才合四百八十式。因經文未能說明，故此存疑）。

其一式化十二式者，以象十二月；以三十式共化三百六十式，以象一年生成之全體；餘六式化六十六式，以象六十四卦；餘二式以象陰陽和合之義。

【闡釋】

此乃解釋為什麼每式化為十二式。其一式化十二式以象徵一年有十二個月。故說「以三十式共化三百六十式，以象一年生成之全體；餘六式化六十六式，以象六十四卦；餘二式以象陰陽和合之義」。

這種象徵用法，在古拳譜中經常出現。其除了計算招式數目及招式的子母關係，便於理解和掌握攻防招法內在的轉化法則、規律及便於記憶，並無其他意義。為了說明招式的來源，使之既符合天道年數，又符合《易經》的陰陽和合之義，這樣的論法，未免有牽強附會之嫌。

拳以用年、月、日、時為法則，又符合《易經》六十四卦之理法，這是正確的，但絕不是這樣簡單地牽強附會。這一點要分辨清楚。

其以九宮分前後左右者，以象四時之序焉。

【闡釋】

這句話肯定了四象法則乃動變之時序法則，並以此說涵解一個攻防勢的週期，如同自然界的一年。攻勢防勢各半年；攻勢乃春夏，防勢乃秋冬。又引申出「一人者，太極；攻守者，兩儀」的概念，由少陽、太陽、少陰、太陰四象部位運轉而完成。

此是身內的四象法則說，乃「年月日時」說和《易經》四象說之綜合，具體解釋傳統手戰之道的用法和「天人一理」，因此先哲此說並非牽強附會。

就此而論，針對太極、兩儀、四象法則的順逆關係的認識，前賢亦有論述可參閱。《張橫秋秘授跌打抓拿法・總序》中說：「未若跌打抓拿之法大成者也。跌而不打則跌輕，打而又抓則打重，抓而不拿則抓鬆，拿而又跌則拿硬。若四時之錯行而相資，如日月之代明而互用。形勢與人同，筋節與人異，所謂拳之上乘者耶。」

至飛仙刺猿兩劍，則又三十六式中之祖。

【闡釋】

這句話表明：三十六式中之祖，即「母式」，乃飛仙、刺猿兩劍式。此處與《易經》的六十四卦，以乾坤二卦為門戶，是同樣的見解。因為，劍法之用，奇正相生互變，互為其根。而飛仙劍乃正中正之法式，象乎乾；刺猿劍乃奇中奇之法式，象乎坤。飛仙、刺猿二劍之法式，統乎三十四劍，也就順理成章了。

至若後列七十二式使破者，以象七十二候之變更焉。

【闡釋】

此七十二式，乃後面「七十二手使破」之內容，以象七十二候之變更也。

此借用「三天一氣，五天一候」的氣候說，說明七十二手之來源。

而首卷內篇所言三字訣者，以象三才之渾化。

【闡釋】

「內篇」所言的「清」字，存神泥丸，如水清月朗，風輕日暖。取「天氣之清明」。「靜」字，一氣到臍，思看蓮花之意。取人才之清心寡慾之心淨。「定」字，一氣至海底停住，思如泰山之穩，外誘難撓，如松之茂，如秋陽之清暖，如露之含珠，月之浸水，其堅如剛，其柔如絮。取地才之寧靜、堅融再合而為一，此乃氣、神、形三才渾化如一的妙行輕靈之體，有「輕靈妙行」之用。

夫紫霄形化二十八式，以象二十八宿之謂。

【闡釋】

這裡又說「紫霄形化二十八式，以象二十八宿之謂」。二十八宿者：角、亢、氐、房、心、尾、箕、斗、牛、女、虛、危、室、壁、奎、婁、胃、昴、畢、觜、參、井、鬼、柳、星、張、翼、軫。形象地說，紫霄形化二十八式的練形方法及外形變化，皆與二十八宿的運行變化之法相同。此乃本句之精義，即「天人合一」之理法，是一致的。自身內氣和外形的相互呼應變化的法則、規律，與天地氣候的相互呼應是一致的。但是，必依自己身中的年月日時，才是正確的方法、規律，才是真攻防功夫。

至於練手、眼、身、法、步式等解者，正所以闡其微旨。而其餘蘊，曲盡其妙無遺也。

【闡釋】

此是說三十六式圖說的一切內容，外皆遵從天道自然之理法，內皆順從自身內外各部位器官性情，本「天人合一」之理法而修之。惟道是從，才能達到以先天之神為體用，亦足以向機御變，因變致神。就是練手、眼、身、法、步式等內容，也正是本此「神、氣、形」三者的渾化歸一，方能有「一而三之」的精微妙旨。

及其吞罡、持斗、飲符、持咒、開殼等法。

【闡釋】

吞罡：

後面的「飛罡文」中有「日精月華，吞入丹田」一說。此日精月華之喻，即「氣沉丹田德潤身」之水火相濟之法。

持斗：

斗者，北斗七星。北斗七星之斗柄所指之方向，名曰「真方」，即「北極星」的位置。持斗，就是持「北斗七星繞北極星而轉」的方法，以練己的「建中立極，用中而得中的功夫」。故夜半練功者，皆有「拜北斗」一說。

飲符：

符字，以練功而言，出自《周易參同契・晦朔合符章第十八》中的「晦朔之間，合符行中」，乃指練功當中「氣沉丹田，陰陽精化和合」的真氣欲動，此欲動已動之勢名為「符」。有此真氣欲動已動之勢，以意導引之，在體內外運行，名為「飲符」。

持咒：

跟唸經、背口訣是一個意思。所謂咒語，在修練內功法中，就是內功法之口訣。

開殼：

前面已有闡釋，可參閱前論。

實以借天地清寧之精與神，以靈補靈，所謂渾三才於一致，不惟劍成，而道亦備。

【闡釋】

此「天地」乃自身天地定位之天地，即「肚臍至腰，帶脈以上為『天』，以下為『地』」。又是內氣從乾、從天；外形從坤、從地。又氣屬陽為天，血屬陰為地。故知精者從血，從外形；神者從氣，從內勁。

清者，內氣也；寧者，外形也。血藏於形中，故從外形而論。

精則靈，外形能靈活而又通靈。神自靈而又明，神自清明，精自靈光。精神交合，清靈光明。此所以內外雙修，氣血得養，精神充沛，乃借天地理法而修自身，是以靈補靈之取義爾。

天地之靈，而造化萬物；氣血之靈，以生成自身百骸而具造化生機；精神之靈，以生萬拳之變化，制人而不被人所制。此所謂三才於一致，所取的「天人合一之理法」爾。這樣修練，不惟傳統手戰之道成，而自身與道合一之體亦具備了。

此段論述，精細詳明而又周到。然其宗旨，始終未離「天人合一」之理法，確實達到闡其精微妙旨之說了。

噫！其含容生成之神亦至矣，豈止空演招式、明其說而已哉！

【闡釋】

此談招論式包容於諸修法中，「先天之神」亦同時生成，以為至用。二十八式、三十六式、七十二手、手、眼、身、法、步式、吞罡、持斗、飲符、持咒等諸法的修練及解說，皆以生成先天之神以為體用為目的，豈止為了空演招法招式而立論呢？明說招法、招式的修練方法，實為了生成先天之神以為體用。這才是闡述之宗旨。

這一點，完全闡明了傳統手戰之道修練的系列方法和系統工程，都是為了生成先天之神以為體用。此乃「圖說原脈」的精微妙旨，也是《渾元劍經》全部內容之宗旨。

九宮三十六式列後

【題解】

此三十六式劍法，排列後是三十八式之數。多了的兩式，一為逐蠅式，此式是尚未出劍的預備式，出劍第一式應為拜式，繼而伏虎式。收式前，為拜式接逐蠅式收。一為右六門，乃伏虎變滕蛇式，雷同。故此兩式不為三十六式之數。

此三十六式的排列，按單式演練，無所謂排列，孰前孰後，無所區別。而編排成套路演練，分組排列亦可。

此三十六式的特點有二：

一為各種劍式的身架短小精煉，真正做到了空手不離懷，劍不離身，屬於實戰劍法。

二為各種劍式的手足虛實「上下相隨」分明，即式式做到「手起足落實，手落足起虛」的以腰為軸的輪防架式。

關於用「中」的問題，可在「三直六揭」中找到「用中」的根據。而「樞得環中，應變無窮」的道理、法則，在三十六式的介紹中，已不言而喻了。實戰架式缺此兩者，不能為用。

伏虎式：左腿裡扣，足尖點地；右腿弓倚，足尖點地；頭依右腿邊，胸前撲，目從左足尖看出；左拳依右肩前，右手持劍尖向左足，劍尖平為主。

探海式：左肩向前，左腿丁弓，足尖點地，右腿丁倚，足實下，臀努，腰直，丁步，左掌依右肩前，右手持劍，把向空，尖向地。

飛龍式：全身蹲，左腿弓，足尖點地；右腿弓，倚足橫實踏，左手肘在右膝上，掌托右肘下，右手持劍，尖向後，眼前看。

游魚式：左足橫，右足尖點地，腰折胸撲，頭向右看，左手扶右肘下，左手持劍，尖向左足跟指，把高，眼隨劍尖左看。

提籃式：左腿弓，足尖點地，右腿倚足實下，腰頭臀努，左手掌前伸推，右手持劍在左腋下，劍腰間橫。

獻桃式：身蹲，雙足尖併立，腰直頭正，右手持劍，橫擔左肘上。

拜式：身蹲，左腿弓，足尖點地，右腿倚，臀努胸含，右手持劍，把向前微低，左手伏劍上。

回頭望月式：右腿弓，足點地，左腿直繃，足尖點地；少停，再實下，身右偏倚，形似依地，右回頭看左足跟，劍在左肘下，把向前微高。

單閉門式：左弓右繃，胸正腰直，臀努，左拳在膝上，右手持劍，把高斜向天，尖向地。

黃鶴傳書式：左腿弓，足尖點地，右腿倚足實下，右翻腕，手扶右腕，把向天，尖向地。

仙蝶尋香式：右腿前弓，足橫實下，左腿後繃，尖點地，左掌依右腋立，右手持劍，把微低，尖斜高向左，頭右看。

遊蜂入岩式：左弓右繃，順步丁，臀折，左掌依右腋下，腕右翻，立劍插左腋下。

順風使船式：右腿虛下，足尖點地，左腿倚足橫下；右手掌，劍橫平；左手用掌，橫伏劍上。

點石成金式：左腿弓實下，右足面依左膝後，臀努折，拳前推；右持劍，尖指左拳，離懷三寸許。

右翁投履式：右腿弓足實下，左足面依右膝後，臀努折胸，左鈕，左手伸指回勾；右手持劍，把向空，尖向地，眼前看。

仙人掛影式：身蹲左腿弓，足尖點地，右腿倚足橫實下，左手托右腕下；右持劍，把依左肩前，尖右指，斜平胸正。

霸王舉鼎式：其中有單舉雙舉之別。單舉者，左足橫實下，右足尖點地，右手持劍，把向前，平持，作推物樣，左手扶右手，目前看。雙舉者，乃雙劍中式也。

指日高昇式：右足尖點地，左足面貼右膝後，臀折，左拳立左膝上，手平持劍。

仙人解衣式：左弓右繃順丁步，右手屈，抱掌前推，左陰手持劍，尖斜高向，眼前看。

懷王入秦式：左腿前弓，右腿倚，右推左勾，兩撐立，胸正腰直，半蹲身，劍把右肩斜高立。

仙人摘帽式：右手持劍背後，劍尖從左肩出，左腿弓，足尖點地，右腿倚足橫實下，腰直臀折，左手擎天為主。

仙人點兵式：右腿弓，足橫實下；左腿繃，足尖點地；右陰手托劍，把前向斜高；左手背後勾起，胸前探，眼前看。

仙人喚客式：左腿實下足，右腿倚，左手抱右腋下，右持劍，肘立，虎口向天，劍尖向地，直腰蹲。

仙人遁形式：胸正，左足半懸，左拳立左膝上，右足實下，頭腰腿三直，右手持劍，把向天，尖指地為主。

太子登殿式：右腿直立，足尖點地，左腿半懸，肋左努，頭探，左肘依左腿根，斜置腕外，翻指伸前向，右手持劍從頭過，左尖斜指地。

麟行曠野式：左鎖鐺，右持劍，尖向斜高指天，左手懷抱，指依右肩前，胸正頭前看。

蛇曲式：左腿前向，跛，弓足實下，右腿弓足尖點地，腰前探胸努，左肋依左腿上離寸許，頭隨前足尖看出，右持劍，在頭上過斜向天，尖指左足前，左肘在右肋間。

七星落地式：左足橫實下，右足尖點地，左手高揚掌拖天，右手虎口向天，持劍尖向地，右肘依左肋下，頭揚，胸微前撲，劍尖與足尖對，此中含四劍三腳，謂之七星。

憑空起浪式：右腿弓足尖點地，左腿依足實下，腰直臀折，左臂直，手回勾，右手持劍，把微高，尖斜指，立四刻穩步，劍隨身扭行。

逐蠅式：雙足併直立，腰微前含，劍在腰後橫跨，把左肘下，雙手十指相對如拱然。

逆水行舟式：右腿弓足實下，左腿倚足點地，跟對，右脛頭腰直臀折，右手持劍，肘依右膝上寸許，左手扶右腕，劍護前腿外，眼前看。

燕子抄水式：右腿跛伏地，左腿弓倚，身右伏；右手持劍，把向懷，尖向前，斜低指，左手扶右肘，臀後努，頭前探，眼隨劍尖看出。

童子行禮式：右腿前弓實下，左腿半跪，足尖點地，左微弓，倚足實下，胸正；右手持劍，掌裡向，大指向前，左手依右掌腕間，直立胸正。

刺靈猿劍式：右腿前半弓，足尖點地，左微弓，倚足實下，胸正；右肘立持劍，虎口向地，左掌立向腕上，看前方。

傷目式：伏虎變滕蛇，變躬身式，三變而成。雙足併立，三直，左手高舉用掌，右手持劍立左腋後，把向地，尖向天，正面直視。

軒龜式：右腿前弓，足實下；左腿繃，尖點地，頭前探，左手扶左膝左邊，右肘依右腿根，持劍，仰手，劍尖前指隨看。

右六門：伏虎式變滕蛇式。伏虎式同前。

滕蛇式：左腿前弓，右腿繃倚；左手後勾起，右手持劍，橫斜用吃力取目，左右剪腕。

夫身法既靈，內外關竅各盡其妙，以致百節周身、三百六十度四分之一度，筋脈皆活，三寶皆通。嗣必加以增力之式，照煉無厭，以抵純剛。再加以練掌之功，演入精妙，則武技斯謂通矣。

夫身法既靈，內外關竅各盡其妙。

【闡釋】

此身法靈，一指「聽探之良知」「知人所不知」，二指「順化之良能」「能人所不能」。為何能如此？是「內外關竅各盡其妙」的緣故。

內外關竅者何？即通心氣、開心竅，乃「劍髓千言」

中所說的「開七殼」之「七殼開」。殼者，亦名竅。竅，不開為殼、為關。殼、關之開者為竅。

外關竅者何？關者，外形之關節。古拳譜云：「骨節者，兩骨間之空隙也，乃人身之壑谷，為神明所流注。」故關節又名「竅」。

拳法足以克敵，何也？答曰：在「披竅導竅」。「內外殼開」才能各盡其妙。內竅開則能知，外竅開則能化。內外竅合用，聽探敏捷，知之又全，順化無差，乃是自然。此即肌膚骨節，處處開張，則「內外關竅」各盡其妙之精義爾。

以致百節周身、三百六十度四分之一度，筋脈皆活，三寶皆通。

【闡釋】

百節周身之見識，各家皆同，上文已言之。而「三百六十度四分之一度」是說一身關節系列組合、相互為用，可任意做出上下左右的各種架式而內無障礙，外無牽扯吊掛、游形離位之弊病。

這不單是骨節靈活，而是筋脈皆伸縮靈活自如，是神、氣、形三寶皆靈通無比所致。此乃三才渾化如一之證驗也。

嗣必加以增力之式，照煉無厭，以抵純剛。

【闡釋】

以三十六式修練，達到三寶皆通，身法既靈，內外關竅各盡其妙之火候。隨後必須加以增力之式的修練，照前面法則修練而不要有厭煩情緒和速成的心理，以抵達純剛之火候。

隨後所練的增力之式，就是玉函妙鑰（七十二手用力之法）。下文即將介紹。

所謂增力，是針對什麼內容而說的？

首先，要知道增力絕不是增加筋勁骨力，也不是肌肉爆發力。「劍髓千言」中說：「直養自然先天之能力。」此能力，就是聽探之良知和順化之良能相互為用的能力。明白了這一點，就知道「七十二手用力之法」的各式之修練，仍以柔若無骨為宗旨，才能達到純剛之境界。

何謂「以抵純剛」？純剛藝境，即外操柔軟，內含堅剛。而求柔軟於外，久而久之，自得內之堅剛。此非有心之堅剛，實有心之柔軟也。此正是「照煉無厭，以抵純剛」之精義妙旨。

此體純剛。純剛者「堅融兼備」，正是「卷之則退藏於密，放之則彌六合，卷放得其時中」的道體。此正陽純剛道體之存在，方是傳統拳術攻防之道的真功夫。有此體便有此體之用。不建此體，何談其用？

再加以練掌之功，演入精妙，則武技斯謂通矣。

【闡釋】

此練掌之功，非指世傳的「鐵砂掌、硃砂掌」的掌功，也不是「八卦掌」之掌功，而是指運用劍法的掌、指之功夫。而此掌、指之功夫，用於持劍，可使劍法精妙入神；用於空手，亦可有攻防之用；以配合劍法，有奪器、造勢、擊敵、化險為夷之妙用。

而此練掌、指的功夫，就採用「七十二手用力之法」的內容，單操單練，可使掌、指的各種用力之法，精妙入微。或以練劍之式，空手操練，亦有良好效果。此乃立項單操之法也。

再以掌、指之法，配合持劍之法，自然劍、掌配合演化精微入妙入神。這樣劍法、掌法、身法、步法，式式變化，渾然一體，演入精妙之境，不知有己。武技至此，可謂貫通矣！

玉函妙鑰（七十二手用力之法）

【題解】

玉函妙鑰：玉函者，玉匣也。手戰之道好似玉匣，內藏諸寶，以待開啟而取之。妙鑰是可開啟此玉匣的鑰匙。此七十二手用力之法，如能理會、體認，便可得手戰之道的精髓。

從七十二手用力之法的名稱來看，此雖是劍法，然與徒手技擊的拳法之名稱幾乎一致。

此七十二手用力之法，無圖示介紹，然從其立意宗旨來看，不外乎「八門法、九宮手」的攻防綜合運用。

各手法之用力方法、關鍵、部位、時機、占位等，都談得很細緻具體了，故此我不再一一闡釋，只擇一處較難理解的內容闡釋於下。

青龍戲水拖貼按，燕子穿林左右尋。

長蛇擺尾拉吃靠，猛虎撲食在中門。

仙人指路隨人力，鯉魚躍浪進翻身。
鳳凰點頭解紛舞，金豹跳澗遠騰空。
哪吒探海虛中實，童子上香刺前心。
金蟬穿林緩中急，春風擺柳誑將計。
閒雲出岫無形定，獅子抖毛拭綳刺。
喜鵲登枝三點頭，黃鳥登枝中折擊。
青鸞展翅恨天低，孔雀開屏難封避。
狸貓撲鼠先伏身，叔寶救駕雙刺手。
鐵鎖纏身直進前，金鳳吹葉兩邊翻。
雨打殘花敗中勝，雲裡翻身躲更難。
千里一躍如梭擲，太公垂釣半身懸。
仙子釣鰲下而上，古樹盤根掃腿邊。
仙猿偷桃退中進，金牛耕地把頭纏。
滿天星斗光閃爍，錦雲鋪地三回轉。
力士開山似虎狂，童子送客回頭看。
葉裡含花開未開，風中舞蝶急中緩。
水中游魚上下分，挾山過海險中坦。
妙手回春偷入懷，金蓮映日光華燦。
舉步登雲妙手玄，綠鴨浮水來身前。
白鶴舞風旁門趁，仙人換衣影倏然。
獻玉入秦機關巧，妙女穿針直刺喉。
織女投梭穿左右，仙猿扒桿慣爭先。
翻身鷂子左攔腕，風吹花影式翩躚。
金風掠地涼穿骨，斗轉星移步連環。
仙人跨鶴當頭披，蟾蛾舞樂懷中人。
漁翁撒網取人頭，中下上揭左右抖。

點根點喉點首羞，滾繡球追他難走。
連環炮震地蛇遊，錦纏頭上風不透。
單鳳朝陽暗刺人，一聲雷起損肩肘。
無名異中更有玄，大閃三關拴龍手。
安排左右與前後，六甲圖開萬變有。

六甲圖開萬變有

【闡釋】

六甲圖：乃古代記載「氣象物候」的方法，即「天干、地支、六十循環圖」的簡稱。

天以陰陽分，故有「十天干」之說，即甲、乙、丙、丁、戊、己、庚、辛、壬、癸。

甲乙，木。丙丁，火。戊己，土。庚辛，金。壬癸，水。甲丙戊庚壬，屬五陽；乙丁己辛癸，屬五陰。此乃天氣之象，乃天干配陰陽五行說。

地以剛柔論，故有「十二地支」之說，即子、丑、寅、卯、辰、巳、午、未、申、酉、戌、亥。

而五行的木、火、土、金、水，天地人皆應之。又指「時」說，又指「性」言，又指方位論，天干、地支皆遵之。此處不細論。應知「天人合一」亦出於此中。

天干、地支，乃排年、月、日、時的方法。先取天干之甲，配以地支之子，名曰甲子，為始。第二取天干之乙，配以地支之丑，名曰乙丑。依次類推，直至癸亥，則滿六十之數。如以年計，乃「六十年一甲子」。

而「六甲」之說，是在這六十的週期中，有甲戌、甲申、甲午、甲辰、甲寅並起始之甲子，計為「六甲」也。

而「六甲圖」就是這六十年一週期的甲子之簡說。

六甲圖開，此乃取古經書《奇門遁甲》中的說法。此書內容，以綱要言之，乃日辰、甲子、五子遁元、課式、直事、三奇、直符、八門、九宮、制局等。其內容無非是研究運用「六甲圖」，以闡明「天、地、人、事、物」的方法、準則、規律及運用這些自然法則趨吉避凶。

六甲圖開萬變有，告訴修練者要研究《奇門遁甲》中的學問，以此指導修練及實際運用，則能攻守皆利，萬般變化之理法皆在其中。《陰符經》有「萬化生乎身」，手戰之道的練用，萬般的變化，皆在自身中出，亦是此意。

古史有黃帝得符而勝蚩尤之事，此符即「陰符經」。而「陰符經」的核心，就是「惟道是從」。

如果以「六甲圖開萬變有」之精義來認識七十二手用力之法所揭示的內涵，簡略陳述如下：

建中立極為先行。

分辨陰陽動靜按法精，人字架式兩儀生。

渾化合一見真功，一元三玄無二法，三才順逆神氣形。

四德順逆和化歷盡，四象變化法則定樞紐。

五行中土不離位，進退顧盼定分明，健順參半不離中。

六合體立自分明，形不破體悟得清。

七星動變何為準，曲化直發，時空統一知用中。

四正四隅八方變，奇正相生寓化功，八門進退攻防路，遁甲奇門任意攻。

立體九宮知者少，打破平庸立體生。攻防變化皆出此，認定玄門化諸法，心有靈犀一點通。

有形幻化自無形，打破藩籬入聖境。急則從神緩從門，法法奇妙乃十精。

復本還原虛靈境，大乘演就太極功。脫卻凡胎道體成，無形無象無影蹤。莫道空空真妙有，時到此處萬法空。

此十二個內容，由始至終，不但是七十二手用力之法的精髓，亦是傳統手戰之道的真髓，還是「六甲圖開萬變有」的精髓。

煉　步

【題解】

此節闡明了步式的命名，分為步式之練法和用法兩項內容。用法又分為六個方面。至於各種步式的具體練法，在後面的「煉步解」中有詳細的介紹。

步式的六個方面中都談到「步眼」。步法乃一身攻防動變之根基，步法進退所到之位置，要看是否符合手法、身法的攻防變化之需要。符合者，謂之步法有眼，反之則謂無眼。

步之有眼是步由心機所控，心明眼亮，步自然有眼，落位準確，心明眼亮乃聽探之良知的內容。故知煉步之有眼，應從心機入手。

進中步眼：丁字步，飛步，前後剪步，左右鈕步，斜飛步。

退中步眼：倒步，側步，拉步，轉步，連環步。

救急步眼：顛換步，行步，騰步，聳步。

退中進步眼：倒拉步，連環步，倒踡隨步。

進中含退步眼：斜圈步，斜踡步，斜飛連環步。

解亂應猝步眼：連環躍步，連環斜伏步。

進中步眼：丁字步，飛步，前後剪步，左右鈕步，斜飛步。

【闡釋】

即前進擊敵所運用的步式。

丁字步：

分前丁步、後丁步。前丁步即前足橫，後足順的長馬或短馬弓箭步；後丁步乃後足橫，前足順的疾剪步。而此經文所言的丁字步乃後丁步。此步式早見於《易筋經・貫氣訣・論足》中。《交手法》解曰：發步時足跟先著地。陳氏太極拳法中亦有此步。然此經文所述之丁字步尚有數種之多，容「練步解」中闡釋。

飛步：

此即現時所名的疾步，又名長三步。按經文解釋，又有縱步的意思。前足引路，後足隨進而跟之。

前後剪步：

即「前疾後剪」的「進前步後步跟進，退後步前步跟回」的疾剪步。

左右鈕步：

扭晃搖擺自身之步法，有單鈕、雙鈕之分別。如馬步架轉坐盤架，坐盤架轉馬步架之起落勢的變化，是足前掌著地，足跟提起的左右搖擺，也就是鈕步。

斜飛步：

即正步的斜向運使之法，名為斜飛步。橫縱步法屬此，斜行三角錨步亦是。

退中步眼：倒步，側步，拉步，轉步，連環步。

【闡釋】

即退守法中常用的步式。

倒步：

即前足倒到後足之後的步法，又有後足倒到前足之前的運用。倒步有前倒步、後倒步的進退兩種用法。

側步：

即側身閃讓平拉開的步法，有側身平拉撤後步和側身平拉撤前步的左右側身之區別。身必隨步側轉，為側步。

拉步：

乃左右平拉閃身的步法。有平拉前步和平拉後步的區別。拉步完成之始終，身不轉向。此乃與側步的區別處。

轉步：

以足前掌點地擰轉，另一足出步到位，是名轉步。然有單轉、雙轉的區別。

單轉即一轉一步到位。雙轉，乃一轉一步到位，隨即接擰轉另一步到位。然單轉也好，雙轉也好，又分為掰腳和扣腳兩種方法。

連環步：

有「單步勢連環」和「復步勢連環」兩種組合方法。如疾剪步的連進連退，為單步式連環。如倒步復加疾步之進退，為「復步勢連環」。

沉且各種步式皆可連環而用，故連環步的組合之用種類繁多，而各家皆有獨到之說法，各有妙用。

救急步眼：顛換步，行步，騰步，聳步。

【闡釋】

雙方較技，難免瞬間處在危難險惡之處境，即無法施手用招、施招用手來化險為夷，必以步法方能全身而退。故有應急的步法備用，不可不知。

顛換步：

乃變換節奏，緊急調整身法的步法。如齊步走時顛換步法，以順從大家步法一致，此即顛換步。常用於緊急不可換勢，以顛換步的步法即可化險為夷，如顛換步的二踢腳法就是一例。

「換步震腳」亦是顛換步用法之一。

行步：

此行步乃「馬奔之步」也，亦為驟然疾行之步法也。轉關過角全憑此步之功。

騰步：

騰越而起，或進或退，又名直縱步、橫縱步，具有「前進一丈，退後八尺」的功能。此又名「燕子三點水式之步法」。在器械格鬥中，此騰步法有進擊退守神速之妙，且有足跟運轉之騰步，步行而不飛空之法。

聳步：

聳者，高也，即騰空高起之步法也。常用於對手橫掃騰足之時，聳起化解。

此與騰步的區別是：聳步從高而騰，騰步從遠之躍也。古有「拔步炮拳術套路」，乃練聳步之法的套路。亦可證此聳步之練用爾。

退中進步眼：倒拉步，連環步，倒踜隨步。

【闡釋】

退必有進，乃「偏閃空費拔山力」，退在情理之中。「騰挪乘虛任意入」，退是為了進擊對手，實現戰勝對手的目的。「讓，中不讓，乃為佳」，退而必進，退乃有原則，持此方知進法之妙。「開去翻來何地立」，步法有眼，進去落步成招，哪有對方立身之地？跌翻乃自然而然之事了。

倒拉步：

乃倒步之退，拉步而進，乃倒步、拉步的連環而用。

連環步：

如拉步閃過，復疾步而進。或如「轉步而退，復轉步而進」的連環步，皆是「閃開正中定橫中」之退中進取之法。

倒踜隨步：

倒步再加踜轉步，復用隨步跟進的步法。

進中含退步眼：斜圈步，斜踜步，斜飛連環步。

【闡釋】

進在有隙，無隙則退，此乃法則。進擊之中，對手無隙而又反擊，則必退而固守，方無險惡之劣勢。此乃進中含退的步法之實際意義。此不可不知。

斜圈步：

圈步者，掰扣之轉步也。斜步者，疾剪步之斜向用也。斜步而進之，無隙，圈步以退之。故斜進要含有圈退之機。

斜踗步：

踗者，尖著地，如小玩具「捻捻轉」，即踗之意也。獨足踗轉，為踗步。斜步而進，要與踗轉退守之機相合，與斜圈步之意略同。

斜飛連環步：

斜行之步進和飛步之退防的連環用法。

解亂應猝步眼：連環躍步，連環斜伏步。

【闡釋】

亂者，對手攻防節奏散亂，或數敵參差不齊共進。應付此猝然變化，常有防不勝防之虞，故有應此猝變之步眼。

連環躍步：

乃用各種步式連環縱躍法解之。或連環斜閃，伏步化之。

連環斜伏步：

伏步斜行，即伏身後蹬腳式用於步法中。

以上以六種用法，分別闡述了各種用法之中的步法。可以看出，步法之用各有側重，而又有對待特殊局面的特定步法。故習傳統手戰之道者，皆應從全而習之，若想融會貫通，就應從簡捷取之為用，也應結合本門宗技，方能法盡其用，揚長避短了。

此經文所言之步法，具體應如何修練，見下面的「煉步解」和「三十六宮跳步圖說」便知。

煉步解

【題解】

此節論述了二十餘種步法，和前面的「煉步」之說，有著明顯的分別。「得非所求，成非所煉」，練和用所述的側重點不同，然其因果關係卻是一貫的。

需要注意，在煉步和煉步解中間尚有一個環節，即三十六宮跳步圖說。煉步解、三十六宮跳步圖說、煉步三個環節，就是步法的練用系列內容了。

丁煉跛飛行剪隨，鈕伸懸倒迎點奇。

奔騰閃跨對跟步，轉提並凝蹌伏竄。

丁步：步直前，足尖點地，後足橫實下，形如丁字。有掩襠丁、飛丁、半懸丁、左右伏丁、跨中、下鎖、鈕丁、立丁之別。其力活脛也。

煉步：二足相交，左在右邊，右在左邊，少停，身蹲臀折後努，胸平頭直，兩手如擔物然，左右換之，其力活胯膝也。

跛步：左足尖點地，右足裡邊著地，右足尖點地，左足裡邊著地；哪邊是尖，身向哪邊提；或全用裡邊著地，或全用外邊著地，皆身聳高起也。其力活脛筋也。

飛步：前足引路，後足隨，務求靈穩，分進退橫斜之別，形如飛鳥展翅，清輕氣上提。其力活胯腰也。

行步：乃步中至靈猝者，尖動跟隨，依地撤蹌而行，進中退，退中含進。其力周身一貫，力注尖跟也。

剪步：前足先進，後足隨之，有進退左右之別。其力在腰、胯、脛靈活也。

隨步：退中步，左足後倒，右足隨之，右倒左隨，愈行愈速。其力活腰、脛也。

鈕步：雙足尖點地，雙足跟搖擺；雙足跟點地，雙足尖左右搖擺。或前後起伏。其力活尖、掌、跟、脛、血脈也。

伸步：足前起後起，左起右起，身騰伏無定止。其力舒跟、足尖、胯、脛之筋也。

懸步：睡中功夫，左腿橫平著地，襠直而開，右折身，頭枕右足尖；後半夜，右腿平著地如之，照煉三年。其力筋永不抽回也。

倒步：用柳木桿子埋住，常將一腿直立柱跟，一腿依桿直立，左右換用，每四刻，以一時為度。每三次，煉至十年。腿自伸屈如手。其力靈活持準如手也。

點步：式如騎馬，二足尖點地，腰前弓，頭提肩鬆，立一時許，左足尖點地，自右向前向直出，右換如之。其力長筋提氣，過三十六日則穩，過百日則靈，過三百日則行如飛也。

迎步：乃暗步前移，生生不息，縱橫如意。其力煉靈活力也。

奇步：乃左右鎖襠，前後進退，以手隨之，煉超力也。其力煉超力也。

奔步：足尖點地來回行，前行進步，後行退步，旋轉行之，有左右之別。其力煉遁快之力也。

騰步：足跟點地，前後左右進退環轉行。其力貫周身也。

閃步：只一跟點地，旋轉如飛，急穩為要。其力清頭火、長跟力超遠也。

跨步：左腿半懸，頭依左腿裡面，右腿直立，右換如之。其力習自然也。

對跟步：兩足跟相對，尖點地，一起一落，或對跟立住，前後左右跳。其力煉脛膝力也。

轉步：單轉者，一足尖點地，一腿半懸，立者尖點地，左右換用。其力長尖脛力也。

凝步：靜坐凝神於泥丸，存氣於中田，存精於下田，普照周身，此坐中靈神之學步。

踰步：前手撐，後手勾平相趁，足尖用力，翻腰折臀努。其力壯骨髓也。

伏步：左足尖點地，右腿後起登平，身前伏，目前視，兩手平擔，右換如之。其力長尖脛力也。

窺步：隨意跳躍，形神無力，九合演之，法備以應猝不亂。無論地勢寬窄、長短、橫斜、奇正，變化裕如也。

丁步：步直前，足尖點地，後足橫實下，形如丁字。有掩襠丁、飛丁、半懸丁、左右伏丁、跨中、下鎖、鈕丁、立丁之別。其力活脛也。

【闡釋】

步前直，足尖點地，後足橫下，形如丁字，乃後丁字步，常用於正門的撲擊、側式的擴帶、邊門的用手和內外門的靠擊。可為各種步法之母式。後丁步的前足尖點地，是虛步式。用此後丁步時，後足之後跟與前足之外緣成直線，後足和前足成直角。

掩襠丁：

此乃前丁步，即前足橫，後足順，又名長馬弓箭步，亦可短馬而用。因為前足橫落而有掩襠的作用。此步法的前足有勾法的運用，可單管、雙管對方的足。如歌訣「承手牽來將次顛，用腳一勾邊自然。足指妙在勾身用，微微一縮望天掀」，於中足見步法的前丁後順之妙用。

半懸丁：

後足橫而立身，前足順而提起，懸空而復落。提而懸空，可有伸足的踢蹬踏踩之用，又可用膝擊。半懸步是提足化解對手下盤攻擊的主要步法，故又名提，乃破對手勾踢蹬踩之法。對手勾踢時，我足虛懸，半懸步由此而名。而半懸步之虛足未懸起之時，又可做探步之用，即探對手虛實的前後左右擺動。此乃橫丁之足為實，順直之足為虛懸而不離地。亦名半懸步，實則為靜為定，虛則為動為懸。

左右伏丁：

即左右足兩側的伏身丁字步，蹲伏身的矮架丁步，如「海底針」式。或側身的左右伏丁，如「金絲倒掛勾」式。

跨中：

乃丁字步的「右足內跨到左足前」和「左足內跨到右足前」的變步之法式。當「右足內跨到左足前，左足隨即倒向右足前，自成右丁步；當左足內跨到右足前，右足隨即倒向左足前，自成左丁步。此乃「跨丁」步變式的作用。

下鎖：

此乃丁字步的用法。鎖者，虛足鎖，管對方雙足之法。此乃區別「上鎖對方雙手臂」的鎖法而說的。鎖有墜、跪、勾、韃等內容。由此可知，習步法之時，有的已含攻防技法在內了。

鈕丁：

此有兩解，一是如左橫右順的丁步，將右足內扣，左足左掰，立時成為右橫左順的丁步。左右如之。二是如正騎馬步，雙足跟稍抬起，雙足前掌輾轉，可成左右坐盤式的反丁步，再鈕轉又可復原成正騎馬式。

立丁：

由矮式的伏丁、下鎖、坐盤丁步，形成的長身之丁字步，可名立丁。而單腿獨立的另一腿之順步踢、踩腳，亦又名立丁。

上面論說了各種丁步，有九種之多（缺「飛丁」之法）。簡言之，丁步練法可以活脛。然周身一以貫之，何能獨練脛骨的靈活、堅固？其必然存在全身皆可靈活變化的習練方法，重在腰、胯、膝、踝、足、掌、指各關節筋脈的堅融靈活，又可使一身氣血通活的作用。

下之所述，皆此意也。

煉步：二足相交，左在右邊，右在左邊，少停，身蹲臀折後努，胸平頭直，兩手如擔物然，左右換之，其力活胯膝也。

【闡釋】

二足相交，有左在右邊，有右在左邊。方法有二：

一是左足從右前面過而在右足的右邊落定，右足從左足前面過而在左足的左邊落定。此名蓋步，又名「擠步」。

二是左足從右足後面過而在右足的右邊落定；右足從

左足的後面過而在左足的左邊落定。此名插步。

按煉步說法，此兩種二足相交法皆為煉步。

少停指二足相交，左在右邊，右在左邊。落定後，少停一會，此時要身蹲，即伏身而坐，其要領是「臀折後努」。

臀折乃從腰至會陰的向下向前向上的折。而後努是指臀部向前向下向上，此中包括了骨節開張的調整方向。有句拳訣「逼胯以堅膝」，這逼胯說的就是後逼前的方法，也同時說明了努之內涵。

胸平頭直：

如果臀向後折，胸不能平，頭亦不能直立。這說明「煉步的身蹲臀折後努，胸平頭直」仍然是立身中正安舒之態勢。

兩手如擔物然：

這又可證明煉步的身蹲臀折後努，胸平頭直的立身中正安舒之態勢，還要兩手同時一前一後伸展，前手虎口向上，後手虎口向下，皆如穩握筐繩一般。又同煉步的左右換之一般，前後手亦換之。

煉步，有活胯、活膝的效果。

跛步：左足尖點地，右足裡邊著地，右足尖點地，左足裡邊著地；哪邊是尖，身向哪邊提；或全用裡邊著地，或全用外邊著地，皆身聳高起也。其力活脛筋也。

【闡釋】

此跛步，即「拐子腳」「瘸子步」。此步有左右搖擺，前俯後仰的閃化轉換，進退攻防之作用。此經文所說確為真傳，應依法練之。跛步有靈活足、踝、脛之筋的妙用。

飛步：前足引路，後足隨，務求靈穩，分進退橫斜之別，形如飛鳥展翅，清輕氣上提。其力活胯腰也。

【闡釋】

飛步即「豎身縱步」「橫身縱步」。古拳論中的「前縱一丈，後退八尺」之謂。前進時先進後步，前足騰躍而起，在空中前足超過後足為剪，落時仍成原步式；後退時先退前步，後足騰躍而起，在空中後足超過前足為剪，落地仍成原步式。斜縱步亦如是法。各種縱剪步法，皆須雙手擺動以助縱剪之勢，故其外形在空中有如小鳥展翅一般，清輕氣上提，整個縱剪步法的過程輕靈敏捷，揮灑自如，方見功夫。其能活腰胯，利於雙步的彈跳、剪換。

行步：乃步中至靈猝者，尖動跟隨，依地撤踐而行，進中退，退中含進。其力周身一貫，力注尖跟也。

【闡釋】

此乃轉關、過角之步法，在步法中動作微小，但靈活突然，全憑足前掌的抽撤、踐轉而變換轉化攻防之式；或以足跟的掰扣踐轉、抽撤而變換轉化攻防之式。尖動跟隨，跟動尖隨，二法皆行。但必依地撤踐而行，方是行步。此行步進中有退，退中含進，有應付突然變化之妙用，是步法中容易忽略的方法。能得心應手運用行步者，必須「上下相隨，周身一氣貫之」，必須意力能貫注足尖足跟方可。

剪步：前足先進，後足隨之，有進退左右之別。其力

在腰、胯、脛靈活也。

【闡釋】

剪步，全名疾剪步。前進先進前足，後足跟進；後退先退後足，前足跟回。進退皆從近處著眼，故曰疾；雙步足如剪刀，一動一隨而成之，故曰剪。

剪步有高式、中式、低式之分，然高中低的勁力所用稍有區別。高式步以胯勁為主，又在於足，以襠勁為輔。中式步胯襠勁互併，又在於脅。下式步以襠勁為主，又在於背，以胯勁為佐。煉剪步，可有靈活腰、胯、脛的作用。

隨步：退中步，左足後倒，右足隨之，右倒左隨，愈行愈速。其力活腰、脛也。

【闡釋】

隨步，即「倒步加一隨步」。倒者，倒換之倒。隨者，跟隨之隨。如左足前，右足後的丁步站式，左足倒向撤回到右足後，右足隨之撤回半步，成右足前左足後的丁步站式。如前進則後足倒在前足前，原前步隨進。此進退兩法，合稱為玉環步。如隨步之練，可靈活腰、脛。

鈕步：雙足尖點地，雙足跟搖擺；雙足跟點地，雙足尖左右搖擺。或前後起伏。其力活尖、掌、跟、脛、血脈也。

【闡釋】

此乃鈕擰之步。雙足掌著地，雙跟搖擺鈕擰轉成坐盤式。右擰成右坐盤，左擰成左坐盤。雙足跟點地，雙尖左右搖擺擰轉而成掰扣步。或前起後伏、前伏後起的左右行走向的八字鈕步法，皆是。鈕步有活足尖、足跟、掌、踝、脛及活血脈的效用。

伸步：足前起後起，左起右起，身騰伏無定止。其力舒跟、足尖、胯、脛之筋也。

【闡釋】

此伸乃伸出之意，有前起前伸，後起後伸，左起左伸，右起右伸，有身子騰空而起之伸，有伏身而伸。這是沒有一定的。

如前點腳，後蹬腳，左右側的踹腳，此又是步法，又是攻防技法。但皆能舒展足跟、足尖、踝、脛、胯之筋。

懸步：睡中功夫，左腿橫平著地，襠直而開，右折身，頭枕右足尖；後半夜，右腿平著地如之，照煉三年。其力筋永不抽回也。

【闡釋】

懸步，即現在所言的劈叉之法。劈叉坐地有橫叉、豎叉、元寶叉的分別。

此豎叉法，襠直而開可證之。如左腿前、右腿後，劈叉落地而坐，頭枕左足尖；反之，右腿前、左腿後、劈叉落地坐，頭枕右足尖，分前後半夜。

照練三年，其筋永不回抽。此乃說童子時的練功方法。形體功夫之苦，在此展示無遺。

倒步：用柳木桿子埋住，常將一腿直立柱跟，一腿依桿直立，左右換用，每四刻，以一時為度。每三次，煉至十

年。腿自伸屈如手。其力靈活持準如手也。

【闡釋】

此乃依柱劈叉法。傳統練法有朝天蹬、分正式（乃此文所言之法）、側式，亦有「倒踢紫金冠」的後式。正式踢腿法，腳尖踢到前額眉尖部位的稱高腿，功夫淺。腳尖踢到下頜部位的名寸腿，功夫深而純。

會此功夫者，可使穿堂腳法，亦稱穿心腿法。每腿之站立，四刻鐘，即一個小時。兩腿各一次，乃一個時辰，即兩個小時。每日練三次，練至十年，腿自伸屈如手，靈活如手，有準頭矣。

點步：式如騎馬，二足尖點地，腰前弓，頭提肩鬆，立一時許，左足尖點地，自右向前向直出，右換如之。其力長筋提氣，過三十六日則穩，過百日則靈，過三百日則行如飛也。

【闡釋】

此乃馬步站架，可高馬步架，可矮馬步架，二足尖點地，即足前掌著地。腰前弓，即鬆腰坐胯。頭提，即虛領頂勁的頂頭懸。肩鬆，即鬆肩。立一時許，立一個時辰左右，按現時說法換算，乃兩個小時左右。此乃形體樁功。

然後，右足前掌著地，落實，左足尖點地，虛步依地劃行，向右向前直出劃回原地。

再左足前掌著地，落實，右足尖點地，虛步依地劃行，向左向前直出劃回原地。其可長筋、提氣，活胯、膝、脛、踝，堅固足、脛。

依法過三十六日則立身穩健，虛步鬆活；過百日則靈活；過三百日則足下猶如生風而空靈。故曰行如飛，乃行如不行之意，不行而行之中，故以飛喻之。

迎步：乃暗步前移，生生不息，縱橫如意。其力煉靈活力也。

【闡釋】

暗步前移，此乃偷步、奸步之意也。偷步者，需要在有意無意之間，點步、抵步、站步皆從此出。奸步者，乃邁開之意。

所謂「讓，中不讓」也。故此暗步，乃具步法生生不息，縱橫變化如意之妙。故曰，其有練靈活力的妙處。因此步有「迎式而用」之意。故曰迎步。

奇步：乃左右鎖襠，前後進退，以手隨之，煉超力也。其力煉超力也。

【闡釋】

奇步，乃順步法的手隨之而成的步法。雙足平立稍比肩寬，右足踏實，左足並於右足內側，足尖點地，左手護襠，右手上攔。

接之，左足前出一步，同時左手虎口向前上抄起。同時右手下落，到位時左足著地踏實，左手呈上攔勢，右足跟上併於左足內側，腳尖點地同時下落的右手護襠，虎口向前，左手呈上攔式。

繼之右足前出一步，同時右手虎口向前上抄起，同時左手下落勢。到位時則右足著地踏實，右手呈上攔勢，左足跟上併於右足內側，足尖點地，同時左手下落護襠。這樣周而復始練去，為奇步。

超力之說，乃言抄對手之腿法，即破解對手踢擊的抄手能力。

奔步：足尖點地來回行，前行進步，後行退步，旋轉行之，有左右之別。其力煉遁快之力也。

【闡釋】

奔步，奔跑之奔。足尖點地，指足前掌著地之法。前行，後退，左右擰轉行之。煉遁快之力，是指此步法能閃遁，又能疾快而進擊。

騰步：足跟點地，前後左右進退環轉行。其力貫周身也。

【闡釋】

與奔步相對應，一用足尖，一用足跟。前進、後退、左騰、右挪、單轉、雙轉，足跟著地。由於力貫上下周身，運用起來猶如蛟龍，變化無窮無盡，故而本經文列為救急之步法。

閃步：只一跟點地，旋轉如飛，急穩為要。其力清頭火、長跟力超遠也。

【闡釋】

閃步，講只一跟點地，而能旋轉如飛，說明另一足為虛步。此足跟點地，旋轉如飛之式，以疾急而又穩妥為要點。

跨步：左腿半懸，頭依左腿裡面，右腿直立，右換如之。其力習自然也。

【闡釋】

此跨步煉法，內藏膝提，膝提上達肩齊。半懸，是膝提足垂之式，謂之半懸。

此法練開胯，具有上用膝擊之妙。頭依左腿裡面，必稍俯身方能為之。右換如之，乃左右腿交換而煉之，要達到自然而然為止。

對跟步：兩足跟相對，尖點地，一起一落，或對跟立住，前後左右跳。其力煉脛膝力也。

【闡釋】

此對跟步有「八」字對跟和「一」字對跟兩法。一起一落，可煉足掌、足踝。如對跟立住，前後左右跳動，其力煉脛、膝之提力也。

轉步：單轉者，一足尖點地，一腿半懸，立者尖點地，左右換用。其力長尖脛力也。

【闡釋】

此轉步乃一足實，另一足虛懸，透過轉動而尋落地之位。可有各種角度的選擇，到位落地成實足，另一腿提起半懸，再尋落地之位。

此循環做去，便可成為雙轉步式。其長尖、脛之力，做到步法隨意而靈動，正反皆然。

凝步：靜坐凝神於泥丸，存氣於中田，存精於下田，

普照周身，此坐中靈神之學步。

【闡釋】

此乃默煉之法。存神於下田，會陰也。存氣於中田，丹田也。凝神於泥丸，普照周身，以默視步之法式，思慮如何做之更佳。

此乃坐中靈神之學步。不單學步如此，身法、手法、攻防招法，皆可如此學之。修練傳統手戰之道能獲此功法，能以此功法而修者，是為上乘之法。

蹌步：前手撐，後手勾平相趁，足尖用力，翻腰折臂努。其力壯骨髓也。

【闡釋】

蹌步即蹌行步，前手撐，後手勾平，相趁，起蹌行中有手法前推後摘之用，步法以前足掌後蹌而身前行，雙足交換蹌而前行、斜行。一般多中盤下式。蹌步多下肢運動，胯上穩健，用意收提，神貫頂，故有壯骨強髓，使下肢靈活敏捷之效果。

伏步：左足尖點地，右腿後起登平，身前伏，目前視，兩手平擔，右換如之。其力長尖脛力也。

【闡釋】

此乃現時所說的俯身十字平衡，亦名伏身後蹬腳。練時左右互換。

竄步：隨意跳躍，形神無力，九合演之，法備以應猝不亂。無論地勢寬窄、長短、橫斜、奇正，變化裕如也。

【闡釋】

窺步，就是視地勢寬窄、長短、橫斜，皆隨地就勢的跳躍。形神不要預先用力而要輕鬆自如，以自身奇正變化躍過所有地段。此法是練步法的應猝不亂之技能，即就地用勢，勢為我所能用。

九合演之，外有九地，身有九節，變身法以過九地，謂之九合演之。可知此窺步乃就勢用勢之練法，又是練步法、身法協調統一能力之妙法。

補：本經文提出了提步、併步，卻忽略了練法的講解。筆者於此補充說明，以求其全。

提步：一足實立，一足虛提，實足踝擰轉身形，虛足落地。再復起，實足踝擰轉身形，虛足落地踏實。另一足提起，重複做之。實足踝可有裡外擰轉，虛足提起隨身法裡外擰轉，而有裡外落之不同點位。此法練足踝擰轉靈活能力和虛足落地準確之能力。

併步：一足實，一足併之，此步亦名堆步。如前足進步，後足跟併之；後足撤步，前足跟回併之；左足平拉開落實，右足則跟隨而併之；右足平拉開落實，左足則跟隨而併之。所併之步皆為虛步。而併步又有隨即出步之用，可成各種步法之用。併步又有隨勢突然落實的墊換步之用。震腳多由併步而成之。

「煉步解」所言步法之多，練法之細，可謂明矣！然傳統手戰之道的步法之練用，難能求全，但可同化而周之。此經文之練功順序，從「煉步解」的單項練習開始，至嫻熟以後，還要以「三十六宮跳步圖說」進行步法、身法、劍法的三合一之練習方能至用。

三十六宮跳步圖式

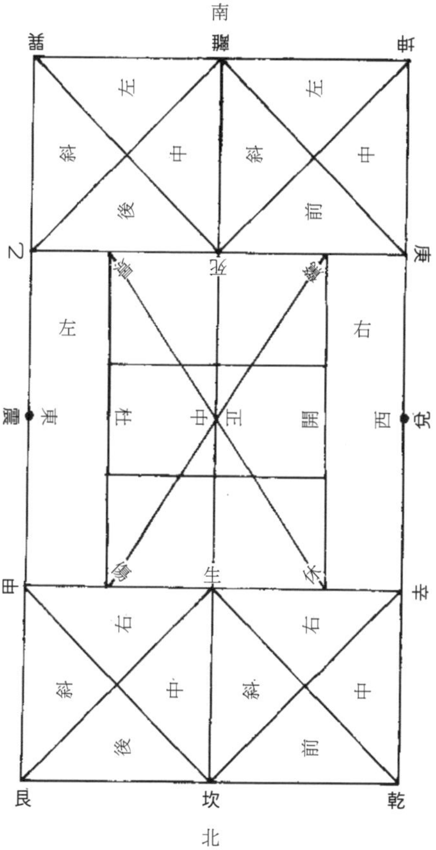

【闡釋】

大方位，以上南、下北、左東、右西為最外，確定了四面的最大範圍，屬於四方定位。

又以八卦的乾、坎、艮、震、巽、離、坤、兌與東、西、南、北相合，按八卦方位定四正方的坎北、震東、離南、兌西和四隅方的乾西北、艮東北、巽東南、坤西南。此乃依後天八卦圖的定位法。

其圖由北向南分為三段，以象徵地才、人才、天才。左用天干的甲、乙為點位，右用天干的庚、辛為點位，將人才與天地才段位接連位置做了定位劃分。

中間段的人才部位，又以八陣圖的方式，定了八個點位。開門在正西，休門在西北，生門在正北，傷門在東北，杜門在正東，景門在東南，死門在正南，驚門在西南，再加上正中，乃大圖中的小九宮圖。

大圖中坎北離南為子午中線，正中即天心、中心位置。此中心位置，乃圖中大小之中心，即四正四隅之中心。

在人才八門中又有兩條橫線，此乃將八門按北南向分為地、人、天三才。

在八門中有休景對角線，驚傷對角線，對角線交叉。而在「乾坎生辛，坎艮甲生，乙巽離死，死離坤庚」的四個方塊中又各有兩條對角線，各形成了「四象」。而四角加中心點，乃呈現了「五花心」的五行圖式。

這個圖，為一太極，左右分為兩儀，上中下乃成三才，對角線呈四象，加中心則呈「五花心」的五行圖，三而兩之則成六合。一六相加乃是七星，八卦寓在其中，四正四隅便是，八卦加中，乃九宮之圖式。

三十六宮，乃八卦的陰陽爻之總數三十六，又暗扣「陽成於九」「陰起於四」。始終練之數三十六，故以三十六定為圖式步數，此中並無他義。但以此圖練「九宮三十六式」的劍法，有久傳不失真的特點，因為這可從「三十六宮跳步圖說」中得到印證。此圖點位名稱不變，跳步圖說不變，九宮三十六式的招式名稱不變。這三個不變而從一，則不失真矣！此乃前賢立論闡釋的精妙之處。

此法符合後面的前、後、左、右各九宮，計三十六式，前、中、後合為三十六式這樣的說法。

圖式解說至此，隨後文之意再行解之。

三十六宮跳步圖說

其法：

立西向東，從開門起，第一步；

立開門，左轉身面西，退跳至杜，第二步；

立杜，右轉身面東，退歸正中，第三步；

立正中，右轉身面南，退跳至傷門，第四步；

立傷門，左轉身面北，退跳至死門，第五步；

立死門，左轉身面東，橫跳至正中，第六步；

立正中，左半轉身，面北，斜跳至景，第七步；

立景，右轉身對景，斜退跳至生門，第八步；

立生門，斜進跳至正中，第九步；

立正中，左轉身，斜退跳至驚，第十步；

立驚門，右轉身，斜退跳至休，第十一步；

立休門，右轉身向驚，斜進跳至正中，第十二步；

立正中，右半轉身，向西，直跳至開門，第十三步；

立開門，直跳至兌，第十四步；

立兌門，左轉身面東，橫跳至庚，第十五步；

立庚，斜進跳至離，第十六步；

立離，斜退歸左前斜中，第十七步；

立左，前斜中，左轉身，斜退至坤，第十八步；

立坤，斜退跳至死，第十九步；

立死門，斜直跳歸左前斜中，第二十步；

立左前斜中，面東直跳之，歸左後斜中，第二十一步；

立左後斜中，右轉身斜退至巽，第二十二步；

立巽面乾，斜橫跳至乙，第二十三步；

立乙，橫跳至震，第二十四步；

立震，橫跳至甲，第二十五步；

立甲，橫跳至艮，第二十六步；

立艮，左轉身，斜退跳至歸右後斜中，第二十七步；

立右後斜中，右轉身，斜退跳至甲，第二十八步；

立甲，斜退跳至坎，第二十九步；

立坎，左轉身斜退跳至辛，第三十步；

立辛，斜進跳之歸右前斜中，第三十一步；

立右前斜中，左轉身斜退跳至傷，第三十二步；

立傷，右轉身，斜退跳至右前斜中，第三十三步；

立右前斜中，進跳至乾，第三十四步；

立乾，斜進跳至巽，斜由巽斜跳歸中正，第三十五步；

立正中，斜進跳至艮，由艮進跳至坤，由坤斜進跳歸正中，第三十六步。

【闡釋】

一般所見綜合步法之練法，有九宮步法圖一說，乃按《洛書》的九宮法格式，立九根桿子，環繞而行，效果頗佳。此三十六宮跳步圖，較之九宮步法圖內容更為豐富。其從開門始，經過三十六步法的直、斜、橫、轉、進、退及行走、縱躍、騰挪諸法，將所有步法融匯在其中，直至歸正中而終，確屬練步法之精品。

此三十六宮跳步圖說，要求習者按規定線路連續完成三十六步法，縱橫往來，緩急有度，旨在使各種步法相互轉化通順而暢達，久習必能步從心生，步步有眼，轉換變化輕靈敏捷。

此圖亦可加入拳法攻防變化而練之。上練手法攻防招法的變化，中練身法轉換變化，下練步法進退騰挪。手法、身法、步法，三法合一而修。

進一步乃持劍按此圖操練三十六式劍法，一步一式、步式互根、步步相生、式式相連。這是在每式劍法單操基礎上的演練，有攻防功夫隨機應變之機制的修練在其中。

在三十六式劍法修練純熟以後，還可以此三十六宮跳步圖說，修練七十二手用力之法。這樣，每步兩手，練習的內容豐富，頗多修練之趣味。此乃練己、知己功夫的修練。

此乃綜合練習手法、身法、步法、劍法、眼法而歸「一體」「一用」的最終階段。如有一處不合、一式不合，皆在單操中強化。此單項操練，練眼、手、身、步、劍法、劍式及渾元劍法知己的全部內容。

練招解

【題解】

招與式的關係，乃大小母子關係，故曰「招乃式之枝葉」。式不能直接運用，必細翻成招法方可。每個招法，都要千百次的演習，功無間斷，則累積而招式俱備，而至不期然而然之藝境，則「式備則步隨，步隨則法得」。

不要為練招而練招，要從體而至用，將所有攻防之劍招用法，融化到以「聽探之良知」，用「順化之良能」這一攻防機制中來，融匯到馭靜以動、動中亦靜的基本法則中，上升到式的運用中來理解。這樣提綱挈領地認知、理解、掌握練招的概念，就是「以融化法融化」之精義。

初期修練乃從簡易漸至繁難，而此練招是由繁難中提煉簡約易為。得此則身靈眼清明，自能出手如閃電，冠群英而稱巨擘矣。

此段「練招解」是在自己單獨操練攻防招法和與陪練者進行餵手、盤較之前的文字，旨在說明修練攻防招法的方法、目的，以及提高、昇華攻防招法的方法、準則。故在論述清楚以後，又具體分析了在餵手、盤較的訓練中應如何處理「十二條」的內容，下面逐條闡釋清楚。

夫招乃式之枝葉，非千百演習，難得其精。能功無間斷，則招全式備。式備則步隨，步隨則得法。以融化法融化，則身靈眼清明。眼清明，然後出手如閃電，如可論勝負。分清明冠群英，以稱巨擘也。

長者，兵刃長，地勢闊，大進退無窘步之失。若地勢短，當用縮法，方不為猛刃所害也。

短者，兵刃短，地勢窄，只可因地用招，用人設計也。

行者，聲影相隨，身無定形，足穩劍靈活也。

飛者，並足轉跄，進退迴環如意也。

立者，左就右，右就左，前後皆然，救急攻守之用也。

剪者，舒緩自然，精神團結無定招，因機致變也。

侵者，近也，乃己之身式。己入敵境，當穩準自如，慎中加慎也。

凌者，是兵刃傷人，比侵者更甚。己既損人，當防人損。進退之中，尤必加些小心，庶防不疏呆、致其害也。

圍者，乃我孤人眾，進攻當封目損羞，退守則從高低兩路走可也。

跳者，連環顛換步，亦當單習也。

躍者，雙足併住自然拔起，乃避刃與棍自下而來者之用。當平時一使一躍，愈快愈加快，非性善者，勿與對演也。

騰者，展轉足似離地，似戰非戰也。尤必於子午二時，踏罡吞正氣，持南北二斗諱，以招外靈通內完。當靜坐時許，再如意演習，跳躍一時一度。飛罡式列後，踏時當照形畫像鋪地，罡頭向東，步者縱西向東，起踏一步，持默誦罡文一句。

長者，兵刃長，地勢闊，大進退無窘步之失。若地勢短，當用縮法，方不為猛刃所害也。

【闡釋】

我持三尺之劍，面對長槍、大戟、長矛，且地勢又寬闊，我以大步進退閃展騰挪法，可避步法困窘之失。若地勢短，則當用小架偏閃騰挪之骨法，方不為猛刃所害。

短者，兵刃短，地勢窄，只可因地用招，因人設計也。

【闡釋】

對手使用短刀、短劍、匕首等短兵刃，地勢又狹窄，而我手持三尺長劍，優勢在彼一方，我必因地勢而選擇巧妙之招法了。同時也要因對手的情況而暗設謀略。如我守我疆、攻其必救、指上打下、聲東擊西、亂其方寸、緊依內門等，以保無虞。

行者，聲影相隨，身無定形，足穩劍靈活也。

【闡釋】

行者，行使之行。兵器的長短，地勢的寬窄，皆能勝之，行使的是什麼法則？乃以自身聽探之良知運用順化之良能，順隨為法，以柔用剛，可因時因地因人，隨機用勢，故能與對手形影相隨。

我身無一定之形，但足步穩健，劍法靈活，勢勢皆能與彼之機勢相合，此乃因時致變，因力制人之妙法。

飛者，並足轉踨，進退迴環如意也。

【闡釋】

飛，乃輕靈升舉且疾快之義。而此「併足轉踨，進退迴環如意」的說法，也就存有兩種意思。

一是說自身內的「十三含」之內容，皆並足轉踨，故進退迴環如意也。又有「十三隨」貫串其中，方能如此流暢，此乃「身能從心」的「由己」之功夫。

二是說「由己仍是從人」，順隨施招用手，方能與對手聲影相隨，並足轉踨，雖身無定形，但足穩劍活，故能進退迴環如意。此乃從人則活。能從人，手上便有分寸，稱彼勁之大小，分釐不錯；權彼來之長短，絲毫無差。故前進後退，處處恰合，技彌精者如是，乃飛者之含義。「併足轉踰」之說，突出了一身動變根基「足」的重要性。

立者，左就右，右就左，前後皆然，救急攻守之用也。

【闡釋】

立者，乃雙方較技的「立身站位」之意。手戰之道交手，皆講求就近取勢站位。如對手右步在前，左足在後，我就左步在前，右步在後，就近而進，反之亦然。此即「左就右，右就左」之精義。

何言「救急攻守之用也」？即此種站位的步法，可就近進招擊打對手，因為只注意對手的膊根就可以了。此乃閃門之法。此法與明清時期的《易筋經・貫氣訣》和《心意拳譜・交手法》所見略同，故可信之。

剪者，舒緩自然，精神團結無定招，因機致變也。

【闡釋】

剪者，剪法也，步法有剪步，肩胯皆有夾剪之勢，體現在手法、身法、步法三法合一之攻防勢之中。前賢就是這樣認識剪法的，並極為重視剪法普遍存在的這一特點，提出了運用法則為「舒緩自然，精神團結無定招，因機致變也」。

精神團結無定招，即內氣、外形的虛實相須，錯綜變化，內外一貫，但沒有一定的招法，皆是因機致變。雖無定招，但每招又有一定之規矩。

何謂舒緩自然？即外形柔若無骨，內氣健運不息，柔外剛中匹配如一。一切攻防招法，皆如是法，不獨剪法才有如此之說。

侵者，近也，乃己之身式。己入敵境，當穩準自如，慎中加慎也。

【闡釋】

所謂己入敵境，即身式進入對方手的控制範圍。敵境有內外遠近之別，對方手之外為外門，對方手之內為內門，對方肘的控制範圍，外為外二門。內為內二門。肩為內門，又名三門，亦分內外。至此處乃深入敵境了。

凌者，是兵刃傷人，比侵者更甚。己既損人，當防人損。進退之中，尤必加些小心，庶防不疏呆、致其害也。

【闡釋】

凌即是「兵刃傷人」，當然比只是進入敵境的侵更甚。己既然以兵刃損傷了對手，就須防備對方傷害自己。在攻防進退之中，尤必加些小心，即傷人而不為人所傷。這就要攻不忘守，是為不疏忽；守不忘攻，是為不呆滯。攻中有守，守中有攻，攻守同時存在，相互轉化，自然就不疏忽也不呆滯了。

圍者，乃我孤人眾，進攻當封目損羞，退守則從高低兩路走可也。

【闡釋】

我處在眾人包圍之中，我孤人眾，奪路而走為上策。進攻時可封其眼目，或傷其下陰，此乃拳法中拚命的招數，拳諺「上打咽喉下打陰」與之相近。

跳者，連環顛換步，亦當單習也。

【闡釋】

單足為跳，此連環顛換步，就是直縱步和橫縱步的連環運用。此縱步能前進一丈，後退八尺，橫斜進退無不如此。然此縱步法要運用精熟，非常吃功夫，故需單練至精熟，方能隨心所欲，縱跳自然。

躍者，雙足併住自然拔起，乃避刃與棍自下而來者之用。當平時一使一躍，愈快愈加快，非性善者，勿與對演也

【闡釋】

雙足併住自然拔起為躍，乃用來避刃與棍自下而掃來。平時操練、自練可以跳繩來練習拔起跳躍之能力。如與陪練者操練，可於陪練持棍掃擊足踝時躍起，其來回掃則隨即躍起閃過。可讓陪練者越掃越快，自己隨之越躍越快。此種練法，陪練非性善之人，不可與之演練也。

騰者，展轉足似離地，似戰非戰也。尤必於子午二時，踏罡吞正氣，持南北二斗諱，以招外靈通內完。當靜坐時許，再如意演習，跳躍一時一度。飛罡式列後，踏時當照形畫像鋪地，罡頭向東，步者縱西向東，起踏一步，持默誦罡文一句。

【闡釋】

此騰者，前後左右進退環轉行，足似離地，似戰非戰。所謂似戰非戰，即不單是練步法，還要有身法、手法在其中。此騰者乃遵循踏罡、步罡之說法，因其有飛罡式一圖。而此飛罡式圖，乃繼三十六宮跳步圖式後，又一種練步法和招法之圖式。

飛罡式圖

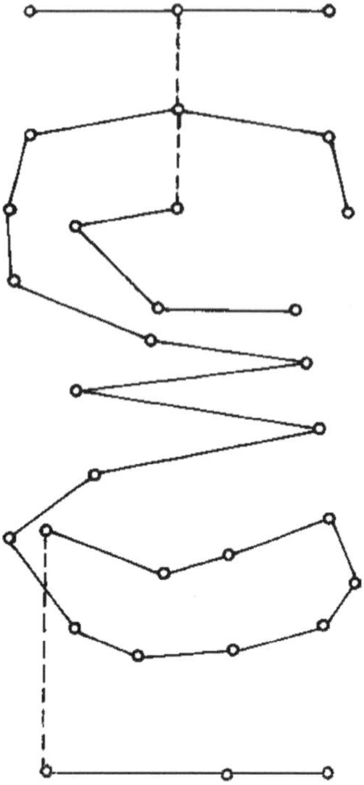

【闡釋】

飛罡式圖的來源：

前賢將古代天文學三垣二十八宿體系中的部分星象位置作為飛罡式圖像，以練步、練招法攻防。這就是飛罡式圖像的來源。

三垣二十八宿的具體情況如下。

三垣：指北天極周圍的紫微垣、太微垣、天市垣，每垣中又有眾多星體，構成了北天極的天象。

二十八宿：古人選定周天在赤道附近的恆星，共計二十八個恆星體系，稱二十八宿，並按四個象限（也稱四宮）分開各含七宿。

東方蒼龍之象，包括：角、亢、氐、房、心、尾、箕。

南方朱雀之象，包括：井、鬼、柳、星、張、翼、軫。

西方白虎之象，包括：奎、婁、胃、昴、畢、觜、參。

北方玄武之象，包括：斗、牛、女、虛、危、室、壁。

而每宿之中又有眾多的恆星體，構成了二十八宿的恆星體系。

飛罡式圖是取自北方玄武七宿中的斗、牛二宿，經加減而成之。從飛罡式圖的立意分析，整個圖似一個人的形像，有頭、頸、肩臂、胸、腹、丹田氣海、腿、足。再根據天清咒的「斗君臨吾上，罡將居正中，火龍潛吾下，先天祖炁入坎離，腹若雷鳴遍太虛，雷公電母居吾中黃庭，陰陽五行交互生」，兩者結合來分析，不單有內功修練和外功修練，還要有內外功合練。而在內外功合練的功法中，有步法、身法、手法的攻防招法修練的內容，這些都是為了實戰的需要而修練，但同時要符合天道理法。這就是天罡式圖給予修練傳統手戰之道者的提示。要按道修練，惟道是從，符合攻防之道者是，背道而施者非。此即外遵天道，內順自身的內外統一的修練傳統手戰之道的法則。只有如此修練，方能超凡入聖，終得正果。

此圖強調修練踏罡的飛騰法，必須選在子時和午時。踏罡練功時應當照圖畫像，罡頭向東，步者縱西向東，始終面朝東。起踏一步，默詠罡文一句，平心靜氣，志一凝神，務以意會。此即踏罡練功法的精旨妙義。

飛罡文

【題解】

「飛罡文」三個字，飛字乃指「飛騰者，丹田呼吸之間」，罡字就是內氣。文者，修練內氣功夫的口訣、真言、功法等內容。而此踏罡步斗的修練方法，無非就是「煉形而能堅，煉精而能實，煉氣而能壯，煉神而能飛。固形氣以為縱橫之本，萃精神以為飛騰之基。故形氣盛而能縱橫，精神斂而能飛騰」的修練神、氣、形的功夫和三者渾化歸一的建體以及一而三之雲玄的至用功夫而已。欲要明白「飛罡文」所述內容之精義，還得逐句地闡釋。

掃除不詳，普渡仙航。梯天超海，如遁如藏。呼靈虛位，遣役諸方，雷霆霹靂，如掣電光。干支造化，靈集中央，陰陽五行，周天在握。日精月華，吞入丹舍。探取天根，真息生春。玄黃渾合，遍體更新。筋骨皮肉，來復乾坤。助道助法，賜我靈真。綿綿大力，默默通神。北七南六，隨在護臨。急早送靈來，急早送靈來。嗶吽吽，嘿哈臻。

掃除不詳，普渡仙航。

【闡釋】

首先言明，此踏罡步斗的練功方法，是「去其害生機者」的根本方法，可掃除體內諸般邪穢，可謂脫凡胎而入聖境的航船。

梯天超海，如遁如藏。

【闡釋】

此踏罡步斗的練功方法，即脫凡入聖的登天梯、渡海舟。可這登天梯、渡海舟只是一種借喻的說法，看又看不到，摸又摸不著。故曰：「如遁如藏。」傳統的健身練功之方法，正如我所言，本是「千古無形一法門，自有師承灑人間」。然傳統的健身方法，確實有其系統之方法、證驗之手段。其內容如何？看後文前賢之論述，便可了然。

呼靈虛位，遣役諸方，雷霆霹靂，如掣電光。

【闡釋】

靈虛位，即以呼為補的氣沉丹田之系列功法。「道本虛無生一氣」，正是地戶乾宮之所在，名靈虛位。「精養靈根氣養神」句亦說明煉精化氣之所在為靈虛位。全體透空由此開始。

真氣起於丹田，升於泥丸，降於背，入於肩，流於肘，抵於腕，至十指尖，此氣之上貫也。氣生於丹田，入於兩腎間，降於湧泉，此氣之下貫也。氣隨心到，心逐氣穿，心能普照，氣自周全，久而力自加焉。式如行雲流水，無停無滯，瞬息存養，動靜清輕而靈。入乎神妙，進退如意，功夫到此，可謂通真。此乃遣役諸方之精義。

內功修練，升清降濁，氣下神升，此中自有臟腑歸位的腹響雷鳴現象和天地震盪的內景象，繼之還有骨響齊鳴現象和電光閃爍的內景象，皆自身萬象更新之證驗。此外還有河車搬運的電閃雷鳴和天地光明的光明境，以及鼻子抽搐、腦中鳴響的現象。最終還有虛空粉碎的內景象，此即「雷霆霹靂，如掣電光」的精義，功夫境界不同，所指亦不同。

干支造化，靈集中央，陰陽五行，周天在握。

【闡釋】

干者，天干之甲、乙、丙、丁、戊、己、庚、辛、壬、癸，表示天氣陰陽之五行。木、火、土、金、水，五行各有陰陽之用之性。然五行本一氣，以天干表示天道之氣，即乾，陽物也，其功能名健。

支者，地支之子、丑、寅、卯、辰、巳、午、未、申、酉、戌、亥，表示地形剛柔之五行。此五行各有剛柔之性之用。然五行本一形，以地支表示地道之形，即坤，陰物也。坤順乾，其功能名順。故《拳經》有「健順參半，引進精詳」。

天降地升，以生化萬物，是名造化萬物。氣乃萬物之資始，形乃萬物之資生。萬物的生長化收藏，皆天地交合萬物生成之因。人以氣形相互交合為用，以生萬拳之變化以為用。

前人以天干、地支循序配合，以示年月日時的氣、形「盈虛消息」，即六十甲子時序表，以推論天地萬物氣形的生化之盈虛。如第一次天干地支配合，地支盈戌亥兩支。第二次天干地支配合，地支盈申酉兩支。依次類推，地支五輪，天干六輪，配滿一周，盈虛平衡。此即「五運六氣」的運氣說。上述乃天干、地支造化萬物的基本干支週期說。

靈集中央：

五運為表，六氣為中。五運乃形也，六氣為五形之中。氣虛為靈，故曰靈集中央。此即「形外氣中」「柔外剛中」的氣形匹配如一之說法，虛靈之精義在中。

陰陽五行，周天在握：

即天干、地支的「陰陽五行之變化」，經過「地支五輪，天干六輪，配滿一周，氣形盈虛平衡」，是為「周天」。故修練內功，凡內氣運行一陰一陽者，就算歷遍一周，名為周天。如以具體練法部位言則有小、中、大周天之說。如內氣在丹田部位做圓周運行，名丹田小周天；內氣在任督二脈運行一周，名子午中周天；內氣在全身周遭運行，上至百會，下至湧泉，一升一降，名為「全身大周天」法。此乃針對有形線路之大中小而言的大小周天說。

又有「煉精化氣，煉氣化神」為小周天，「煉神還虛」為大周天。此乃以功夫修為之先後而言周天之大小者。上述兩種皆為正確的說法，然不可混用。

周則為環，天者為樞。故曰：樞得環中，應變無窮。故「形以氣為樞」。《拳經》云：「賓主分明，中道皇皇。」外形為賓，內氣為主。持中用樞，以內治外，乃靈集中央之精義。此乃樞機分明之義。用中而得中之道也。

前賢以天干地支相互配合的關係，表明盈虛消息的道理，即陰常有餘，陽常不足，而闡明內氣飛騰補虛之法式。又說明靈集在中央之道理，即有形者立中軸，無形者用中樞，以中治外，以近治遠，攻防之道的體用之中樞爾。

日精月華，吞入丹舍。

【闡釋】

人身者，心如日在天空，離中一陰為日精。少腹太陰，腎主水，坎中一陽為月華。降心為不為，即降心氣下入少腹丹田，則坎離陰陽交合，謂之吞入丹舍。丹田乃先天元氣的歸宿。氣沉丹田，神息其中，謂之伏練、伏氣，又名閉息，即神氣依歸丹田而不使之出遊。此乃一切內功修練法的初始築基功夫，繼之有胎息等系列功法而修之。

探取天根，真息生春。

【闡釋】

此乃取「天根月窟常來往，三十六宮都是春」，即驅盡眾陰邪，然後立正陽之義也。丹田之中煉精化氣，真氣萌動，溫暖融融，遍及周身。天根、真氣生化之所在，丹田也。丹田中虛無之處是名天根，即「一點清明，二點靈光，三點神明九重天」。

全體透空猶如九重天，皆由此根生化而成，故曰天根。此是對身內而言。真息者，真氣所生之處。此處洞開，是名玄竅，又名天門。以子午南北而論，此又名南天門。內功修練中稱此為通天之竅、通天之門。

此乃對身外而言。一內一外「天根」自明。

玄黃渾合，遍體更新。

【闡釋】

此乃取自「天地玄黃」，以喻自身的內氣如天，外形似地。內氣在身內健運不息，周流遍處，則內清虛、外脫換，為虛為實者易之，則筋骨空靈通透，內氣切實清明。

進一步內功修練，七殼破則脫殼換相。遍體氣象更新，脫拙換靈，靈集中央，身體如同九重天，內外如一，玲瓏剔透，即脫凡胎，自入聖境了。

筋骨皮肉，來復乾坤。

【闡釋】

經過內功修練之煉精化氣，煉氣化神，煉神還虛，外形內感通靈。內氣似乾，健運不息，純粹之精，陽剛之性；外形似神，靜而不躁，順從之德，陰柔之質；健順參半，柔外剛中，以體天地之撰、乾坤合德之妙，通神明之德之基礎定矣！

助道助法，賜我靈真。

【闡釋】

陰陽合德，剛柔有體，乃助我成道之法式，道成能助我施攻防之法而徹靈。

何謂靈真？即養氣而動心者，敵將也；固氣而靜心者，修道也。此二者皆靈真之境，即虛靈妙境。

綿綿大力，默默通神。

【闡釋】

內氣的修練，外形的柔若無骨之修練，以柔用剛之技術方法的修練，使內氣剛健，外形如絮柔，以柔用剛，善變無形又無窮，不疾而速得真宰，勢如長河，具神以知來，智以藏往之巧妙，有摧枯拉朽之威力。再神合於無，則寂感遂通，有前知之妙，雖不見不聞，而能覺而避之。是謂默默通神的神明藝境、神化之功，是謂靈通真一不二之境也。

北七南六，隨在護臨。

【闡釋】

北斗七星主生，持樞之璇璣玉衡，即持中用中之道，就是樞得環中，應變無窮，乃得允執厥中之道。南斗六星主殺，斗魁罡將，即內氣為大將，外形為眾兵，以柔用剛，即以外形用內氣為擊敵的技術方法。自己穩握生殺之大權，隨身保護自己，臨陣對敵，焉有不勝之道理。

急早送靈來，急早送靈來。

【闡釋】

靈不靈心自知，按法而修自然得徹靈。靈真之境，遵道按法而修，自能得之。否則非也。自古真傳「萬化生乎身，心明則一身自靈」。此兩句乃心領體會之法式，自念自修自悟之法。古訓：「法從師處得，功在自身修。」急早修練莫遲誤，功到靈通自顯真。

嗶吽吽，嘿哈臻。

【闡釋】

前三字乃內功運氣發聲訣，閉口發聲，乃通開諸殼之法。後三字乃吐氣開聲發勁放人之法。一是內功建體之功法，一是內功至用之功法。以此六字結尾，表明文體武用的修練過程和學以致用的練功思想。

前後綜合觀看「飛罡文」之宗旨精義，實乃以內功為主的修練方法，即動練法中以練內功為主。此乃飛罡之精義，文練法之宗旨。

閃者，進退如電之急也。其法，擇每月紅虎黃鼠日時，向本辰罡方，朱書（符）飲一道；再向北斗真方，默持

一點天清之咒，九次。咒完靜片時，再習步式招數一度。未習之先，有告文一個，秉心朗誦數次，再演為要，久敬為主，不可稍涉怠志也。

【闡釋】

此乃言閃戰之法的一段文字，亦屬於踏罡步斗修練法中的事。只不過前面所言是以內功法為主，故以慢練為主要內容，要求起踏一步，默誦罡文一句。

此乃去掉猛烈之習的修練法。而此雖是按「飛罡式圖」的線路修練，但以閃戰法為主，進退如電之急也，故不默誦罡文了。而修練閃戰之法要擇時而修，故與前面所述踏罡步斗內功修練的日日修練有別。下面解之。

閃者，進退如電之急也。

【闡釋】

閃乃身法，腳步為之根本，實乃拳家之秘法也，即拳家「以柔用剛」之秘法。訣云：

偏閃空費拔山力，騰挪乘虛任意入。

讓中不讓乃為佳，開去翻來何地立。

偏閃是身法的事，而騰挪是步法的事，故曰閃乃身法步法之根本。因為進退在步。步法靈活，閃法才能精妙。因步乃載身進退之舟車，故此經文直言：閃者，步法進退如電之急也。不如此則閃不開，即使閃開亦不能復返而擊敵。故曰「閃門戰法，求之於身法中，而根基卻在步法中明之」。知道閃法之妙，應如何修練呢？

其法，擇每月紅虎黃鼠日時，向本辰罡方，朱書（符）飲一道；再向北斗真方，默持一點天清之咒，九次。

【闡釋】

修練閃法，進退如電之急也。故要擇日擇時而修，此乃急則從緩之法，免生倦怠之弊也。

何謂紅虎黃鼠日時？此乃天干、地支及用六十甲子組成的干支記數法，在曆法中除了可以用來記年、月、日、時之外，還可以表示方位。該記數法在中醫學中的子午流注法中有廣泛的應用，其中的納子法、納甲法、靈龜八法、飛騰八法、養子午時刻注穴法等，都以干支為工具。

此紅虎黃鼠日時的說法，乃取自飛騰八法，兵法亦用之。干支記日，六十天一週期。地支中寅為虎，天干中丙為火，火紅色。紅虎日，就是丙寅日，故兩個月中才有一天為丙寅日。

干支記時，一天十二個時辰，正好是十二地支之數。然天干乃十個數，五天才滿六十甲子之數，故知在五天中才有一個丙寅時，是紅虎時。按三十天為一個月，就有六個丙寅時是紅虎時，兩個月有十二個紅虎時。

黃鼠日之推法，黃者，土也。天干，庚也。鼠者，地支為子，故知庚子日為黃鼠日。故兩個月中才有一天是黃鼠日。

干支記時，亦是五天才滿六十甲子之數，五天中才有一個黃鼠日，一個月中有六個庚子時是黃鼠時，兩個月中有十二個黃鼠時。

這樣計算，每個月有一日和十二個時辰能夠練閃法。這屬於間歇練法。

向本辰罡方：何謂本辰罡方？本辰，就是即時之時辰，罡方就是本辰所指的方向。如紅虎的丙寅日時，丙指南方；黃鼠的庚子日時，庚指西方。

朱書（符）飲一道：硃砂書寫「符」一道，焚燒，白開水沖服。

符者，陰陽合和謂之符。硃砂書符，用毛筆蘸硃砂書寫一道符，符式有定規，暗定硃砂用量之多少。硃砂有鎮定安神，平心火，去燥氣的作用。由此可知，書符的妙義，不在符的內容上，而在硃砂的用量上。俗人不知硃砂的藥用功能，卻在符的內容上費心機，真可謂水中撈月、山上捕魚了。

何謂北斗真方？有歌訣：

內外全無渣滓質，養成一片紫金霜。
陰陽造化都歸我，變動飛潛各有常。

我們知道，修練傳統手戰之道，內氣功夫才是核心，而內氣在體內可有升、降、漲、渺四種運動方式。這四種方式，正應了四季的氣象。春升、夏漲、秋降、冬渺。此乃天人合一之證也。

而古人有根據初昏時北斗七星的斗柄所指方向來判斷季節的傳統。斗柄指東，天下皆春；斗柄指南，天下皆夏；斗柄指西，天下皆秋；斗柄指北，天下皆冬。此斗柄所指的方向和四季吻合是真實不虛的，故將此斗柄即時所指的方向稱為「真方」。此中暗示內氣修練的運行方法亦應與四季的升、降、漲、渺是同樣的。此乃身中四象也。

天清咒

一點天清，二點地靈，三點神光遍九重。三關四通，八達血脈流通。斗君臨吾上，罡將居正中，火龍潛吾下。先天祖炁入坎離，腹若雷鳴遍太虛，雷公電母居吾中黃宮，陰陽五行交互生。吾奉飛天大帝旨，敕速騰雲顯道靈。

【闡釋】

天清，乃內功修練中「天得一以清」的簡說。咒，乃口訣、訣言、功法的別名。天清咒，就是修練內功「天得一以清」的口訣、訣言、功法。

一點天清

【闡釋】

練拳始於煉氣，以得內清虛的功夫境界。功法乃無極天一生水樁法，修之可得全體透空的藝境。往來洞無極，是此功法的直接目的。

二點地靈

【闡釋】

繼之練外形，以得外脫換的功夫境界，即外形的脫拙換靈，正是「地得一以寧」的內感通靈的外形功夫藝境。

功法乃地二生火樁法，修之可使外形幻化空靈。內感通靈，全無渣滓質，是此功法的直接目的，可使外形具有善變無形又無窮的功能。

三點神光遍九重

【闡釋】

內氣、外形，柔外剛中，得靈神以渾化。內氣清明，外形靈光，渾化歸一，神光普照。

先是內明，繼而內外齊光明，此即養成一片紫金霜之光明境，而身似九重天清虛空靈。

三關四通

【闡釋】

三關者，煉精化氣，煉氣化神，煉神還虛，三步關要之功夫階段。四通者，四美也，氣足耐寒，血足耐暑，神足耐飢，精足力綿。

氣猶水也，惟真陽以禦之，則蒸然流通大千；血猶油也，惟真陽以化之，則渣質淨而胎元生；神即心之主宰，人之主人翁也，逢火鍛之則光凝，遇水潤之則體靈；精即髓液，遇火則融注，逢水則清明。總而言之，四美也。

八達血脈流通

【闡釋】

四通八達，何止血脈，氣隨心到，心逐氣穿，心能普照，氣自周全。一身全無渣滓質，養成一片紫金霜，健身之益，言表盡矣！正所謂「黃中通理，美在其中」。

斗君臨吾上

【闡釋】

斗君者，心也，心為勇性，心為一身之君主，故為斗君。

罡將居正中

【闡釋】

罡將者，中氣者也，其乃君主之下，眾兵之上，故為居正中。奉君主之命而為將，可帥眾兵以征戰。罡者，中正之氣也。故曰罡將居正中。

火龍潛吾下。先天祖炁入坎離。

【闡釋】

地二生火，火龍在足下，以此火燃燒身、腿、脊骨、胸腹。丹田內先天一氣為祖氣，胸中為宗氣。坎離交於丹田中，謂之煉精化氣。

腹若雷鳴遍太虛

【闡釋】

升清降濁，腹若雷鳴，是臟腑入槽歸位之景象。開始時內部虛空，可直至全體透空，脫殼換相。

雷公電母居吾中黃宮

【闡釋】

少腹丹田之真氣，成一微黃色之丹球，已成黃芽。待上升到腹部中脘處，有一微黃色之丹球，似拳頭大小，名曰黃庭。繼之還要降到少腹丹田中，是名丹藥。能下到少腹丹田，是名「肘後飛金晶」。真一之氣能雷鳴亦能電閃，故而稱之為雷公電母。

陰陽五行交互生

【闡釋】

此乃肝助腎氣上行，肺助心液下降，脾之媒婆和合此氣液之交，三而一之，可瞬息成丹。此乃「五三一」之合丹法。

吾奉飛天大帝旨，敕速騰雲顯道靈

【闡釋】

奉者，奉持之意。飛天者，飛騰也，內氣從丹田之升降。大帝，帝體太一，自身之元神也，非另有大帝爾。騰雲者，喻詞也。一身輕靈如羽，全體透空，來無影，去無蹤，一陣清風倏忽。輕靈敏捷，猶如腳下生風，這才顯示出修練得道者虛靈妙境之妙處矣！骨輕身靈神爽之健也。

由上之闡釋可知，「天清咒」全是修練內功為主的修練功法。其令默持一點天清咒，九次。實際是要牢記：修練傳統手戰之道首要在於煉氣，繼之化神，終於還虛。旗幟鮮明，宗旨明確，正是「意氣君來骨肉臣」的精義，只不過功法內容更豐富一些而已。再接前文闡釋。

咒完靜片時，再習步式招數一度。

【闡釋】

心中默持天清咒完畢，靜思片時，以體會口訣中的精髓要旨。再按踏罡步斗的線路，習練步法、攻防招數，以明閃戰之妙法關要處。務必符合口訣咒語之精髓，方能合度，即能「以形鑑真」。這就是術以意會、法以神傳的修練方法。此言「一度」，即再如法修練一回的意思。

未習之先，有告文一個，秉心朗誦數次，再演為要，久敬為主，不可稍涉怠志也。

【闡釋】

未習之時飲符一道，再向北斗真方，默持一點天清咒，九次。此時又有告文一個，秉心朗誦數次，再演為要，還要久敬為主。

是不是有些囉唆了？非也。此乃強調修練什麼，如何修練。用心而練，才出真功夫。否則，糊塗練、武練、橫練，非但無功，恐留災禍於身。

只有清楚地理解飛罡文、天清咒、告文式中的內容，才能明白前賢這樣強調的原因，全是為後來修練者所想，並非故弄玄虛。我們分析完告文式的內容後，自然就全明白了。

告文式

【題解】

此告文中的內容，全是對練功法則、功法精髓及修練者虔誠志向的敘述。下面逐句分析之。

空靈空靈，速到身形。飛騰閃躲，速賜分明。展開左右與中宮，上下翻形似火龍。坤為吾母乾為父，太極一氣貫來衡。周身靈穩準，內外一齊通。吾奉飛天大帝五行主，奉旨來傳，敕令速速（弟子某人，矢志學正，欲誅邪輔正。如不信者，與不從令者，俱皆五雷轟頂）。

符式列後。

空靈空靈，速到身形。

【闡釋】

修練傳統手戰之道的至用，就是「制人而不為人所制」。即你打我打不著，我打你跑不了。能達此藝境，莫過於「全體透空，無形無象」，即「我無身，何患之有」。此乃說明「空靈」的精義。

知道空靈的重要，就要追求空靈的境界。知道空靈的練功方法，按法而修，方可功成。這是常理。

故告文開頭就言「空靈空靈，速到身形」，此乃修練者首先追求身形空靈。此乃「執古之道，以御今之有」的修練宗旨。但只有此祈求禱告是不行的，這只是表達了一個心願而已，非自修不可。目標已定，自強不息，矢志必成。此乃告文第一句話的深刻涵義。

飛騰閃躲，速賜分明。

【闡釋】

修練傳統手戰之道不外內功的內氣之騰挪，外功的外形之閃展，內外合一的柔外剛中之閃展騰挪而已。然而說之簡單明瞭，一旦修練起來又容易混亂模糊。

「速賜分明」即快速賜我智慧，啟我悟性，讓我「賓主分明」而具備空靈之能、飛騰閃躲之功。

這裡企求誰賜至關重要。此處乃企求自身的生之制者之神，即現時修練者所言的「元神」。此乃自我的先天之神。因為此神具備內外神通之能，故此神乃心之主宰。修練者想修練傳統手戰之道的願望，乃「識神」。此識神乃後天之神，是此識神祈禱自己的元神，故曰「速賜」。其文中

「久敬為主」，乃識神敬元神功能之言語。只有元神主持修練之事，方能讓你明白飛騰閃躲之練用，才能「空靈空靈，速到身形」。告文式開場白之意已然分析明白了。

展開左右與中宮，上下翻形似火龍。

【闡釋】

前在「內外篇原序」中有「小可神變超塵，大則可以氣奪屍解」之說。而此「展開左右」乃內功修練中的屍解之分身法說。此法以任督二脈、百會、會陰為一線的內氣分開左右以達分身。這樣修練可使左右攻防招法的實施互不干擾，此即內功法修練之功果。

展開中宮，是以少腹丹田為中心的虛空之展開，漸至全體透空，及神合於無的「肌肉若一」的全真功夫景象。

此「展開左右與中宮」句，實際上說明了內功練習中漸進法和頓悟法兩種練法皆可。展開左右的分身法，乃頓悟法式；展開中宮的全體透空，乃漸進法式。作為一個修練傳統手戰之道者，兩種方法都要修練。

上下翻形似火龍：有了內功漸進法、頓悟法的全面修練，則自身柔若無骨，自能百折連腰地靈活如龍。火龍，乃取火之離中虛之意。全體透空才能如龍靈變，用力不見力而山莫能阻；自然似虎快利，用爪不見爪而物不能逃了。如此之神功緣何而得呢？看下文便知。

坤為吾母乾為父，太極一氣貫來衡。

【闡釋】

坤，陰物也，以示外形，故為母；乾，陽物也，以示內氣，故為父。陰陽合德，坤承乾，母配父，謂之合德。剛柔有體，內氣為陽剛之體，外形乃陰柔之體。

之所以能內外虛實相需，以柔用剛，全是由太極之一氣貫串來達到內外協調平衡的。太極者，一氣；一氣者，太極。「有形練到無形處，練到無形是真功。」無形者，一氣也，太極也。空靈者，太極也；虛靈妙境者，太極境也。「放之則彌六合，卷之則退藏於密，卷放必得時中。」太極之體用也。全體透空，太極藝境。

此「告文式」中「太極一氣貫來衡」與後來太極拳的宗旨妙義，何其相似！就渾元功法與太極功法如此相似來看，傳統手戰之道的練、體、用，自古就有一脈真傳。而此一脈真傳，皆出於《周易・繫辭下》「乾，陽物也；坤，陰物也。陰陽合德，剛柔有體，以體天地之撰，以通神明之德。其名雖雜，而不越也」之理法。健順之體，合之至也，謂之太和一氣，此亦名為太極一氣也。

周身靈穩準，內外一齊通。

【闡釋】

太極一氣貫來衡，即由太極一氣來權衡輕沉利弊，則能真知無二，自然周身通靈、穩健、準確無誤。由此則順從以為進退，逆力以為揭獻，擊敗對手及時、穩健、準確、無誤。

妙焉！以此來解「人剛我柔謂之走，我順人背謂之黏」，何等精闢。

內氣、外形柔走剛發，內外齊通往而不復，彼怎能不敗？此將以柔用剛的技術方法闡述得深刻而又透徹，只此

「一氣貫來衡，內外一齊通」，就表達得淋漓盡致了。

吾奉飛天大帝五行主，奉旨來傳，敕令速速。

【闡釋】

此乃告文結束語。何謂「飛天大帝五行主」？五行者，木火土金水。五行主，五行本一氣，故一氣乃五行之主。大帝者，體太一者也。體太一者，虛無之一氣爾。五行主即是大帝。大帝者，一氣也。一氣可以飛天，故曰飛天大帝。一氣靈明不昧謂之神，可知此飛天大帝者，乃指此「靈明不昧之一氣」也。

此乃告文作者假托奉此「一氣靈明不昧之神」的旨意，來傳「空靈空靈，速到身形」的功法密旨的，意在敕令習者速速按此修練。可見傳功前賢之苦心。

弟子某人，矢志學正，欲誅邪輔正。如不信者，與不從令者，俱皆五雷轟頂。

【闡釋】

此秉心朗誦告文者信誓旦旦之言，讀譜亦不容忽視，其精髓要旨亦在此中。

矢志學正：修練傳統手戰之道，惟道是從，立志修練，矢志不移，誓必堅持學修正宗大道，不入旁門邪徑。正宗大道者何？即意氣君來骨肉臣的正道宗旨，以靜用動，以柔用剛。即驅除眾陰邪，然後立正陽的練功宗旨。即截長補短的「誅邪輔正」之修，不投機、不取巧，誠者之修。即天行健，君子自強不息，方能文兼武全將相身。

凡修練傳統手戰之道欲功成藝就而不信此言、不從此令者，俱五雷轟頂。雷，震也。木、火、土、金、水，乃五生氣也，此乃常也。如五氣不正，害人如雷擊，斃人之命頃刻之間。俗話常說「天打五雷轟」，即指此五氣不正，致人斃命之現象。

頂者，有滅頂之災的說法。頭乃諸陽之首，頭腦中有病，輕者植物人，重者死亡。頭不可傷，可知矣！傷者症狀不一。

五雷轟頂，如若修練傳統手戰之道不惟道是從，不以空靈修練，不知內氣外形的以柔用剛法，不求尚意尚德之正確功法，而求旁門邪徑的尚力蠻法，則皆遭「五氣內亂」的災禍。當今之時，亦有練功者不上正道而入邪徑旁門，造成神志不清、怪症蜂起、痛苦煎熬，甚者血壓升高、頭痛難忍、中風偏癱。這都是五氣已亂的表現。

由此可知古人言說不誤矣！此告文之內容，對於練功者來說，至關重要，不可忽視。應仔細研究體認，方得正果。書此告文式，乃告習傳統手戰之道者知。

符式列後

【闡釋】

飲符之意，前已論明。凡飲符之法，皆遵前文解析之意。

「告文式」內容闡釋至此，其精義已明。

故前人叮囑要秉心朗誦告文數次，其實是使習者通明練功宗旨、功法要義。之後再遵此修練演示，自然容易成功。此又說明修練的要點，在於明理知法而練，不要糊裡糊塗地蠻練。行家裡手練功皆如是法，即心領體會，從不蠻

告文符式圖

幹。循理按法而修，功到自然成。

久敬為主，敬者自靜，靜則能淨，淨自精純，功不雜越。《太極拳經》言：「渾然無跡，妙手空空，若有鬼神，助我虛靈；豈知我心，只守一敬！」《內家拳法·五字訣》云：「拳法之約，惟敬、緊、徑、勁、切，五字而已。」可知「敬」字之精妙爾。此久敬為主，乃成業之根基爾。不如此視傳統手戰之道為保身之珍寶而敬之，如何能持之以恆地認真修練？只有長久恭敬地將傳統手戰之道作為保身之珍寶，方能矢志不移也。慎終如始，功必有成。

由「練招解」的騰字條目，展開了對飛罡式圖的來源、踏罡步斗練功過程、飛罡文、天清咒、告文式及飲符的實質意義的全面闡釋。

我們認識到了渾元功法的內功練法、外功練法、內外合練的攻防招法，也使我們認識到踏罡步斗練功法的實質內容是多麼科學、系統和完善。這充分體現了傳統手戰之道博大精深的一面和功法細膩精微的一面，即外遵天道自然的法則，內順自身內外各部位器官的性情，順隨為法的練用之法則。此既體現了中國傳統的「天人合一」思想在傳統手戰之道練、體、用中的具體應用，又體現了傳統手戰之道「理、法、術、功、形、意、體、用」始終一貫的不可分割性。傳統手戰之道是一門理法完整、系統、獨立性極強的學問，有其獨特之處。

前面闡釋「練招解」的內容，尚不涉及「七十二手使破」的對練內容，應先闡釋對練前的基礎功法，如飛騰秘錄、行功歌訣、立功歌訣、九鳳朝陽（軟硬功夫）等內容。這才是練功的正確順序。

將基礎功法練精練透，方可對練攻防招法的使破。故下面依先後順序，闡釋「飛騰秘錄」的內容。

飛騰秘錄

夫行立二功，乃諸門首務。飛騰秘旨，特筆之於後，以待後學留心。專好研究者、習者，應自珍重，否則無論如何，不能成就。果能練得帶風，自可超高躍遠。非一氣鑄成，難臻其妙也。

其法：每日寅刻，吞罡合罡氣，飲五五各一道，面東煉行立二功，各三次，若多演更妙。

【闡釋】

此乃言說「精神斂而能飛騰」之秘旨，有行、立兩種練功方法。而此行、立二功，乃修練傳統手戰之道諸門功法的首練內容。此飛騰秘旨，特筆之於後，以待後學研究、修練，凡習者應珍惜之。否則不能有所成就。果能練得帶風，此乃一種功夫境界，按現在的說法是出現了「場」的感覺，自然輕靈而能超高躍遠。但修練者不可間斷，必須一氣鑄成，不然難臻其妙也。

修練在每日寅時，即凌晨 3 點至 5 點。先吞罡方清氣五口，內有要訣。飲五雷五電符各一道。面東煉行、立二功，若多演更妙。下面來看行功歌訣的內容。

行功歌訣

【題解】

此為三首行功歌訣，每個歌訣都是單獨操練的功法內容，詳細解之如下。

一

左肩高提右肩垂，右肩高聳左肩低。
前衝後撞尖跟力，挾山超海名甚奇。

二

左手一領右肩進，右手一領左肩行。
首尾相應尖頭力，氣貫周身便有準。
名為鷂子穿林式。

三

忽進忽退左而右，右而左之退中進。
進中退用偷步行，顛換步中進中進。
迭撤步為退中退，退中進而為倒步。
左右旋風轉飛身，三步連環妙無窮。

左肩高提右肩垂，右肩高聳左肩低。
前衝後撞尖跟力，挾山超海名甚奇。

【闡釋】

此功法名搖山晃海法。內練內勁之鼓盪，外練外形之前後靠法，並練手足上下相隨。身法趨避、胯打，可謂一法多效。尤為重要的是前掌、後跟的蹬踩力的練習，既可直行，又可斜行旋轉，修練得進退自如方妙。

左手一領右肩進，右手一領左肩行。

首尾相應尖頭力，氣貫周身便有準。

名為鷂子穿林式。

【闡釋】

此乃假借想像物之進身法，左手一伸，似摸物不動，而領右肩進，並且右步亦進；右手一伸，似摸物不動，而領左肩進，並且左步亦進。此法妙在施手用招或施招用手時，不改變對手而進身，正是拳訣「鷂子穿林莫著翅」的進身之法。但修練時以空練為妙，似首尾相連，手頭引領全身的巧勁，這需要氣貫周身而輕靈方能做到。還要有準頭，既不干擾對手而又能輕靈進身。然在練時，亦可進步進身，又可一手引領而退之。即如何而進，又如何而退。手不動而進退自如，方見妙境。左右亦可練之，純熟為最佳。我常教弟子運用此法，效果極佳。此乃動手較技必精之法。

其實，此論述的「拗步式」「順步式」也是這一法式。只有如此認識、修練，才為周全。

忽進忽退左而右，右而左之退中進。

進中退用偷步行，顛換步中進中進。

迭撤步為退中退，退中進而為倒步。

左右旋風轉飛身，三步連環妙無窮。

【闡釋】

此乃純步法的修練，進則左步在前右步後，退則左足落在右足右，右足右繞落左足前而成右站式。反之亦然。此即「右而左之退中進」或「左而右之退中進」。此乃兩儀步法，或三角錨步法，即一、二句內容。

進中退時退後步，謂之偷步。退中進時進前步，亦名偷步。進中稍退後步，立定則進前步，名顛換步，是進中進。迭撤步就是退中退了。退中進還有倒步法，都是很實用的步法。

左右單轉、雙轉的旋風步轉飛身，一掰一扣旋轉身形猶如旋風。

偷步、顛換步、倒步，三種步法連環實施，變化無窮而妙不可言。

以身法、手法、步法三種行功歌訣的內容綜合觀之，實為手、身、步三法合一而用打的基礎。可知此行功法訣乃是為實戰而修練的。

立功歌訣

四平八穩：雙足尖點地，前後左右起伏。

移星換斗：金雞獨立，單足尖點地，哪吒探海，雙足尖點地，雙手環抱，周身似戰非戰，前後左右抖。

打鞦韆：雙手抱懷，身前挺後拔，由近至遠，尖頭之力。

天馬行空：身似蹲非蹲，雙足尖點地，手兩邊伸平，左右齊點頭，身左右前後來回。

綠鴨浮水：雙足齊伸如擔，身半折，左腿前丁，右腿倚斜橫，一起一伏，周身相隨，換右腿前丁亦然。

每用行立功時，默呼九天元祖、太上聖師，速顯靈通。每晨呑罡方清氣五口，內有要訣，飲五雷五電符各一道，朱書墨蓋，下列五雷電符式，白紙朱書，內有符殼墨填。先靜坐片時，默持一點天清咒，取東方清氣一口，吹於筆上，再呑罡氣三口，以外合內，運貫周身，煉之，書符焚化，滾白水呑之，再演行立二功。符式列後。

如遇樂行此功者，當戒律，擇清靜暗室，朝夕演習，一氣無間，過百日奇驗，年半小成，三年中成，晝夜九年則俠而仙，上乘之權輿可操也。若以作輟偶練之心演之，難得山人傳授之秘訣，而見其神奧。倘信疑相兼者，以勿煉為主。非有久靜不怠，行動不期驗者，不足行此功也。

四平八穩：雙足尖點地，前後左右起伏。

移星換斗：金雞獨立，單足尖點地，哪吒探海，雙足尖點地，雙手環抱，周身似戰非戰，前後左右抖。

打鞦韆：雙手抱懷，身前挺後拔，由近至遠，尖頭之力。

天馬行空：身似蹲非蹲，雙足尖點地，手兩邊伸平，左右齊點頭，身左右前後來回。

綠鴨浮水：雙足齊伸如擔，身半折，左腿前丁，右腿倚斜橫，一起一伏，周身相隨，換右腿前丁亦然。

【闡釋】

此五式立功方法的描寫，文白如話，不用解析，皆屬於練外形的抻筋拔骨，對拉拔長，動變平衡，驚彈抖擻幾方面的內容，確實是習拳練藝的基礎。

其練法已如上述。然練前的準備工作及其重要作用，再看下文。

每用行立功時，默呼九天元祖、太上聖師，速顯靈通。每晨吞罡方清氣五口，內有要訣，飲五雷五電符各一道，朱書墨蓋，下列五雷電符式，白紙朱書，內有符殼墨填。先靜坐片時，默持一點天清咒，取東方清氣一口，吹於筆上，再吞罡氣三口，以外合內，運貫周身，煉之，書符焚化，滾白水吞之，再演行立二功。符式列後。

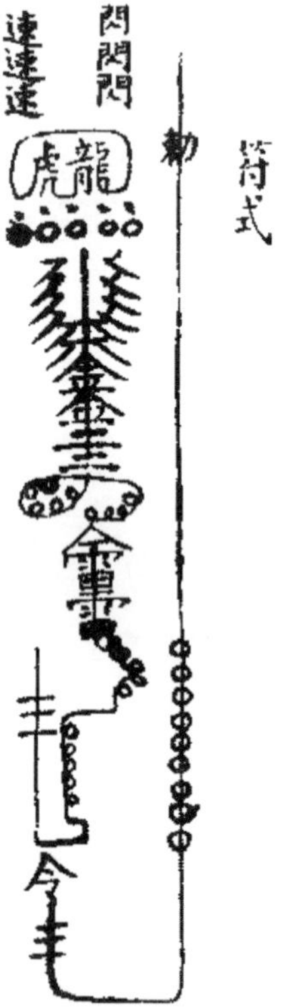

五雷電符式圖

【闡釋】

每用行立功時，默呼九天元祖，太上聖師，速顯靈通。九天元祖、太上聖師，乃人格化了的太極一氣，可由「坤為吾母乾為父，太極一氣貫來衡」一句證之。周身靈穩準，內外一齊通。九天者，空而不空，不空而空之境。元祖者，虛無乃萬物之大祖，可與元始天尊同一義也，即老子所言之「古始」，就是道。如以自然界的四大「道、天、地、人」為先後始終而言，道處最上之位，稱為太上，以此為聖師。默呼，敬之意也。速顯靈通，務以意會的內氣導引法也。法以神傳，神者，一氣靈明不昧謂之神也。

此乃自修，必賴一氣貫串之。自修自練依內氣運行為法，則能速顯靈通，非有其他意思。

五雷五電符，朱符殼墨填，白紙書寫，焚而白水飲之。前已經將硃砂的藥性作用闡釋明白了，然此五雷五電符又內有硃砂符殼，用墨填實。此用墨者何意？古時做墨多用燒柴火的鍋底之煙灰。此物藥名百草霜，有涼血止血的作用。一般人修練形體功夫容易產生暴烈之氣，內熱而燥，心中容易生壯火。壯火食氣，火性上炎，於身體不利。故古人欲除此弊病，用硃砂潛鎮安神，輔以百草霜涼血去燥火。墨填就是起這種作用的。

所謂符的筆畫多少，形態式樣異同，只是硃砂、墨的用量多少而已。練前吞服，有預防作用。這和武練法的藥煎洗，服食益氣活血化淤藥物的道理是一樣的。只不過以符來說而已。

練功前默持一點天清咒，有平心靜氣、神氣形合一、聚精會神之作用。吞罡氣三口，是丹田之吞，非口鼻之呼吸也。即將身體內浮游之氣臆想收入丹田中，再發放至皮毛，連做三次。以外形能合於內氣，能合於心神，運貫周身，即吞罡氣三口之內容。

只有做好前面所述的準備活動，方可以演練行、立功法，這才有益無害。

如遇樂行此功者，當戒律，擇清靜暗室，朝夕演習，一氣無間，過百日奇驗，年半小成，三年中成，晝夜九年則俠而仙，上乘之權輿可操也。若以作輟偶練之心演之，難得山人傳授之秘訣，而見其神奧。倘信疑相兼者，以勿煉為主。非有久靜不怠，行動不期驗者，不足行此功也。

【闡釋】

如想按行、立功法修練者，當遵守戒規條律，擇清靜暗室，朝夕演習。古人修練是不讓他人瞧見的，必須自修。

一氣無間斷，是指天天修練。過百日奇驗，是說已見成效。年半可以鞏固，三年中成，晝夜九年按法操練，則功成不退，謂之動力定型。自有通靈如神之妙，上乘功夫可以操持並能達神化功夫藝境了。

但要作輟偶練，難得其秘，難見此功法神奇奧妙之境。如信疑相兼者，不練為好。非忠貞不二者，不足以行此功，見解妙焉！

九鳳朝陽（軟硬功夫）

霸王舉鼎最雄豪，左右偏衫跕更牢。

犀牛望月前攻腿，獅子搖頭鶴抖毛。

太公垂釣蹲身式，猛虎撲食巨尾搖。

金雞獨立營門外，剪步來迴風擺桃。

【闡釋】

此軟硬功夫的練法，何謂軟？何謂硬？軟乃柔也，硬乃剛也。柔軟者，體如棉絮，勢若無骨，以作蓄勢行氣之用；剛硬者，氣填骨節間，其堅硬如鐵石，以為剛落點之用。諺云：「柔中有剛攻不破，剛中有柔方為堅。」此軟硬功夫，皆內氣、外形柔外剛中匹配如一相互為用之說法。如柔中無剛，是為愚柔，愚柔則走化不靈；剛中無柔，是為蠻剛，蠻剛則發放不利。只有柔化剛發之以柔用剛，方是真剛。故知此軟者，外形也；此硬者，內勁也。猶如皮球之狀態也，內外皆以性體、性能而言之。

修練傳統手戰之道如若不知此軟硬、剛柔是指內氣、外形的性體、性能，便不知此性體之功能至用也。故有用柔走化時，內中無內勁承接其勢，則易被其勢逼迫而扁癟失勢也。運用剛發時，外形僵拙，則形阻力閉發不得人出，放不得人跌矣！訣言：「鬆得乾淨，發得乾脆。」

有一種尚力派的用硬之方法，即肌肉僵硬的用力方法，名肌肉爆發力。此種習拳之人其力雖大，然僵硬笨拙，不善變化，已非傳統手戰之道中硬的概念了。傳統手戰之道中的硬，是指內勁的剛發之勢。故有「拳要軟中硬」的說法，乃指內勁之精法。

其中軟者言外形之性質能力，硬者言內勁之剛，是顯而易見的。就拳訣「硬打硬進沒遮攔」來看，亦說的是「以柔用剛，方見真剛」的打法，絕不是外形僵硬蠻橫的用法。辨明這一點，方能明白「九鳳朝陽」中的各式練法，皆是修練內氣、外形匹配合一的柔軟、剛硬之功夫的。

這樣修練起來方能內氣、外形軟硬兼施，在施招用手或施手用招中，才有剛柔變化自如，柔化剛發不期然而然，不期至而至的效用。下面具體分析歌訣中各式練法之精義。

霸王舉鼎最雄豪

【闡釋】

霸王舉鼎乃雙手上舉，或單手上舉的手足對拉拔長的練法。即「雙手托天理三焦」「單手上舉消五勞」的兩種練法。有直立勢、中盤勢、矮盤勢，有平行步、弓箭步、疾步等多種形式。但關鍵在「雄」字上。既有外形的對拉拔長之抻筋拔骨，又有內氣以丹田為中心上升至手、下降至足的對拉之勢。有形柔勁剛的挺拔雄壯之勢。練時外形抻拉到極限，內勁之上下爭拉亦到極限時，稍待片刻，則稍微鬆緩，再進行上下之抻拉。百會一定要領好。抻拉到極限時一定要體認各個關節處是否都有拉開到極限的感覺，如有某關節抻拉不到位，就以心領氣做局部疏通，經多次調整便可達到預期效果。

修練時一定要尚意不尚力，並要慢拉抻、慢鬆緩，蓄勁上下抻拉，源源不斷是要妙。練時口鼻呼吸自然，可在抻拉到極限時以呼氣強化拉抻，對初練功者自有妙不可言之處。但對於熟練者來說，就要以內勁貫通關節、筋膜，貫通時關節間有鬆空的感覺為最佳狀態。當兩肋部皆有此感覺時，就是功德圓滿了。所謂「緩練蓄勁，遲練神」，也是修練的法則了。此乃上下運動之方法。

霸王舉鼎之練法上面已論述清楚了。用時也是以柔行氣、剛落點為法則。以招法論，單鳳朝陽、托槍式，都是由下往上的，繼之又可下落。這也呈現出招式的由軟到硬、由柔到剛。柔者如繩束，剛者直如柱，只有以柔用剛，方是真剛。如僵拙則非霸王舉鼎最雄豪之本意。不單此式如此，下面所列各式皆如此。軟硬功夫的精義，乃是既練柔軟又練剛硬。不外是內氣之陽剛，外形之陰柔，柔外剛中匹配如一的剛柔相濟之法式。這樣由練至用才是功夫。

左右偏衫貼更牢

【闡釋】

前論上下之法式，此論左右偏閃騰挪之練法。為何用偏衫而不用偏閃？這裡有種說法：過去之人皆穿長衫，偏閃之微動的閃法，外邊看不到，只有用偏閃之人自已能感覺所閃之面身不著衫之空落，又感覺到偏閃之身緊貼長衫。故以偏衫而言偏閃之微妙處。

又有一說，內勁功夫真息圓滿，亦如皮裡肉外披一層衣衫一般。偏閃之時，只將內勁偏閃到另一邊去，則形隨勁動也就完成了偏閃的動作了。

作者為了強調這一點精微妙處，故用偏衫一詞論說偏閃之用。拳訣云「腹內鬆靜氣騰然」，就是說此偏衫法。金鐘罩、鐵布衫乃古傳內功的合膜功夫，也就是我說的「影子人」功夫。自古真傳的抗擊打能力緣於內勁的合膜。有了這層認識，此偏衫的精義也就迎刃而解了。這樣，偏衫之衫和鐵布衫之衫，也就指同一物了。這也就說明傳統手戰之道的功夫，千古真傳無二法。明此便可溝通古今之論了。

跕（ㄉㄧㄝˊ）：落定的意思，於此處乃落實之意。此處用跕字有二義，一是指偏閃的內勁轉化而降落有一定的處所，二是指步法中內勁沉降而落則足步穩健靈便。故用跕字，而不用站字。跕字以內勁之用法立論，站字以外形足步用法立論。因跕字乃內勁之落而足步穩健生根之法，站字乃足步立定而內勁上升之勢。此言偏衫的內勁落足穩健生根的方法。繼之方有足步立定內勁上升及重心轉換之法的應用。

由此論「左右偏衫跕更牢」一句之精義明矣！如果將衫字換為閃，將跕字改為站，就成了「左右偏閃站更牢」了。再看改後的這句話，如何還能知道原話中運用內勁的精義及功夫呢？由此可知，凡原傳古譜之字句，自己讀不明白，也不要更改一字一句。如妄加改之，則原作失真，面目全非。如屬孤本傳世，則前人之功果全失矣！心中有感，順便論之，以醒世人。

此句「左右偏衫跕更牢」，也是講外練形，內練勁，內外齊練方為真。練時步法可大動、小動、不動，但左右內勁的騰挪偏衫萬不可少，重心的轉移變化萬不可失，身法的趨避一定要做得真切，方知得中用中之妙。

此乃以柔用剛、以靜練動之妙法，即外形柔，內勁剛；外形靜，內勁動的練法。從中體會到「形柔軟、勁剛硬」的以柔用剛、以靜用動的精髓妙處。

犀牛望月前攻腿

【闡釋】

前文言上下、左右之法式，此句言前後之方法，即前後軟硬之攻法。犀牛望月招法之姿勢，一般皆是長馬弓箭步。身子向前，順前弓腿之向，回頭扭頸，觀看後面對手，攻擊手攻取後面來敵，乃敗中取勝之招法，故頭順後繃直之腿。此乃自身向背顛倒運用的方法。如與「前空後豐」或「前散後趨」的軟硬架式相比較，此勢之硬腿架「前弓腿」便成了牮柱，而軟腿架「後箭腿」便成了支撐，即犀牛望月攻擊後來之敵的手法勁勢，來源於前弓腿的足蹬踩之處。也就是原來後腿牮柱，前腿支撐柱的人字架反著用了。

此乃步法中前後牮柱、支撐柱的軟硬變化之法式，也是剛柔變化之法式。

這就是前賢用前攻腿而不用前弓腿的道理，犀牛望月招式的特殊運用，不能用後繃腿為牮柱，只能用前弓腿為牮柱。為突出自身人字架中兩腿牮柱和支撐柱的區別，故不用前弓腿而用前攻腿，來說明犀牛望月招式的支點力增加，來源於前弓腿之處；正面攻敵的支點力增加，來源於後繃腿的微妙差異。

這一點在《拳經》中有所論述，記錄對照，心中自明。

前腳如萬斤之石壓，後腳如門閂之堅抵來，臀如坐剪加大銀，身如泰山無可撼，此周身用力之妙，摹神設想之巧也。

此論說明了正面對敵之時的人字架用法。前腳為支撐柱，用於防止前失。後腳為牮柱，用於攻敵的勁勢之源泉處。可知此正常情況下，後腿為硬勢，前弓腿為軟勢。而犀牛望月勢招法乃回頭回手不回身的攻敵方法，故改前弓腿為牮柱的前攻腿。

獅子搖頭鶴抖毛

【闡釋】

前有了霸王舉鼎上下對拉拔長的抻筋拔骨之修練，左右偏衫的內勁騰挪之修練，犀牛望月的步法軟硬之修練，現在又有以內勁、外形的方圓變化修練外形的搖擺、內勁的抖擻及內勁、外形的搖擺抖擻之法了。

此搖頭法乃搖頭擺尾方法的簡寫，是身動根不搖的「風擺荷葉步」的身法，亦是「上有百枝搖，下自根基牢」的上虛下實不倒翁的功夫藝境。而此獅子搖頭的說法，正是五枚大師所言的「腰如擺柳」的身法功夫內容。此乃閃門之法。獅子搖頭法是以腰為根軸的左搖右擺、前俯後仰、四象動變之式的內容，即可圓轉搖之，或左或右，亦可以「8」字的線路搖擺，輕靈為佳。

搖尾法，乃臀胯的圓圈旋轉，「8」字搖擺之亦可。此乃用柔軟之法，練外形的柔軟之功夫。

鶴抖毛乃古傳說法，現有「金雞抖翎」「驢抖毛」等不同說法，然皆為抖法。此為外形一止，內勁鼓盪騰然驟停的震抖方法，此乃外形柔軟內勁剛硬之勢和合而成。

如果說獅擺頭是柔軟之勢，則鶴抖毛乃剛發之硬勢，此兩者合觀才是軟硬勢。如談兩者的關係，獅子擺頭為柔行氣之軟勢，鶴抖毛為剛落點之硬勢。

不管是獅搖頭，還是鶴抖毛，都是自內勁起，而終於外形止的。然獅搖頭的內勁含蓄在外形中呈蓄勢狀態，鶴抖毛為內勁驟發，而外形一止。此中內氣之體為圓，外形之體為方。獅搖頭，形圓內勁亦圓；鶴抖毛，形方內勁亦方。由此可知，形方自有圓之用，勁圓自有方之用，說明體用有別。細分的話，獅子搖頭，形圓勁方；鶴抖毛，形方勁圓。形圓勁方，說的是外形圓活動變，內勁鼓盪騰挪之勢；形方勁圓，形靜則方，勁動亦圓，則勢自然飽滿。

可知獅搖頭和鶴抖毛是一對軟硬對比勢，一為柔行氣之軟，另一為剛落點之硬。明此則知方圓立體攻防之妙。然獅擺頭、鶴抖毛又各是柔行氣、剛落點的軟硬之蓄發勢。

太公垂釣蹲身式

【闡釋】

此乃縮作一球的收束勢，取下蹲的收束矮身勢，即伏而能伸的伏勢。不柔軟如何能蹲身縮作一球？此乃練柔軟之法。然矮身收伏，下盤不堅剛如何能站得住？此又有剛硬在下盤中。

蹲身式乃上身仗身而蹲下，然內氣必上領在百會穴處方不軟塌，下盤必有內勁蓄勢之剛硬，不如此則蹲立不住。經此分析，此太公垂釣蹲身式中的軟硬明矣！

猛虎撲食巨尾搖

【闡釋】

此乃展放式。百會領起，全身著力攻擊之剛硬架式，即剛落點之架式。此勢與太公垂釣蹲身式一起一落地合練，方見其妙。

巨尾搖，說明虎撲之式並非單純直進直撲而用，此乃「打人如波湧，打人如翻浪」的蓋勢法。此打人全憑蓋勢取的方法，全是針對內勁從腰上起至背、頭的前蓋之撲勢而言的，可由「勢勢如虎撲」一說證之。

巨尾搖一指內勁由腰背上翻之勢，一指對手左右閃化，則自調尾閭骨便可左右轉向撲擊。動變在腰，尾閭處為轉向之舵，故曰巨尾搖。腰不柔軟則巨尾搖也不能轉向，腰不鞭直堅剛，則轉向後亦不能剛發。

此乃猛虎撲食巨尾搖中的腰之軟硬變化之用，乃剛落點的剛硬架式之法。此中精妙之處可見分曉。然此法之中，又有虎尾腿的腿法之運用，如後撩踢、後蹬踏、後掃堂腿，若運用得當，都可以制勝。

這樣，前有虎撲，後有腿法，如再加用掀揭法，則老虎的撲食三絕技「前撲，左右掀，巨尾搖剪」就皆備了。再加之運用精熟，此三式就能形成方圓立體攻防機制。變化周而復始，則較技中制勝的機率就大多了。這充分體現出攻防招法在熟不在多的精義。

金雞獨立營門外

【闡釋】

金雞獨立，乃用膝擊之法，其姿勢為左手上捋起，左足下落實，右手下落，右腿屈膝上提擊。反之亦然。金雞獨立勢鮮明地體現了手足上下相隨之四象法則，即「打人如走步」的規矩。

此勢之虛實：左手上捋起，為虛；左足下落實站立，為實；右手下落之採勢，為實；右腿屈膝上提擊，為虛。反之亦然。

此乃從外形動變勢態而分的虛實，不在用勁之大小，自是拳法中的特定認識。

此勢之軟硬：左手上舉，左足下落，外形為開，內勁為合，此為硬架。右手下採，右膝提起，外形為合，內勁為開，此乃軟架。

此勢之剛柔：外形為柔體，內勁為剛體。

可知一勢之拳法，皆可以虛實、軟硬、剛柔區別論明。然所指內容精義，不可混同。必須分明，方不會失誤。此勢左右互換，何處應軟，何處要硬，自能分明。

營門外是何意思？拳法中手為門，步距內為戶，故手足稱門戶。

然戶者，又有以營立論的，則取兵之營門之義。此金雞獨立的用膝擊之法，乃出了自己營門外的擊敵之法。關於以營代替戶的用法之拳種，三皇炮捶拳就是，其譜中多「扎老營」等說法，實指守中護中、歸根護根。

金雞獨立提膝擊敵，隨後可有腳法點擊、落下震腳等多種變勢，故不可輕視之。

剪步來迴風擺桃

【闡釋】

疾剪步法，可進可退，但以輕靈敏捷為佳，還要以空靈為尚。進時進前足，以後足跟之蹬力，並跟進；退時退後足，以前足掌之踩力，並撤回。進退來去，雙足一虛一實，一軟一硬，變換轉化無窮盡，疾快如風。正所謂「腿似疾風」「雷厲如風行」。此乃步法如載身之舟車的上佳體現，各種步法皆應如是。

風擺桃，以此借喻步法之疾速，身法之敏捷，周身一家之往來，無不恰機合勢。正所謂「來無影，去無蹤，一陣清風倏忽」。只有得此之妙，方入佳境。

「九鳳朝陽」的軟硬功夫內容，具體闡述完了。從整體的觀點來看，有手法、身法、步法、靠法、膝法、閃法、矮身法、長身法等內容，各種方法無不是內氣、外形相互為用。

正所謂：「至於立體發用之妙，件件原委之於自然之神，統蓄以先天寸綿之力，為無為無不為也。以動靜互為其根，陰陽迭神其用。」而此只以軟硬論之，「九鳳朝陽」八勢之意自然明了。此乃帶有總結性、概括性的練法。

這可與《內功經・十二大力》相媲美。十二大力的「足、膝、襠胯、胸背、頭顱、三門、二門、穿骨、堅骨、內掠、外格、手之撩攻」，利用十二個問題，論明了周身練用的內容，同「九鳳朝陽」八勢軟硬練法之論述有異曲同工之妙。二者可對照參考。

以上乃踏罡步斗過程中修練的功法內容，已達「如此年餘，活靈異眾，四步功成」之火候。此時，再擇一性善知己，毫無忌心者，同伊日較。每件兵器，要逐漸精比無遺，為五步功也。再看具體內容如何。

七十二手使破（上截劍法）

青龍戲水：破斜披棒，上中下三實。

燕子穿林：破虛浮槍，即摟棒。

長蛇擺尾：破雙鐧、雙拐、穿腮槍。

猛虎撲食：破裡門邊槍、外門繃槍。

仙人指路：破中平虛實槍。

鯉魚躍浪：破花槍。

鳳凰點頭：破虎口、穿腮二槍。

金豹跳澗：破白馬點蹄槍。

哪吒探海：破二郎接草槍。

童子上香：破孤雁超群、單閉門二槍。

金蟬穿林：破勁吃槍（倒撇柳，又鎖眉槍）。

春風擺柳：破左右掤進棍。

閒雲出岫：破大鵬展翅槍。

獅子抖毛：破回馬槍。

喜鵲登枝：破上中下虛點槍。

黃鶴傳書：破地盤棍。

青鸞展翅：破兩截棍。

孔雀開屏：破雙拐、左右掤砍、滑槍。

狸貓撲鼠：破直披棍。

叔寶救駕：破大槍。

鐵鎖纏身：破雙戟。

風吹杍葉：破吃槍。

雨打殘花：破雙鐧，中左右吃攻靠。

雲裡翻身：破大刀。

千里一躍：破大槍、異術。

太公釣魚：破藤牌。

古樹盤根：破橫平棍、掃眉劍。

仙子釣鰲：破流星錘。

仙猿躍溪：破雙手帶、大刀。

鐵牛耕地：破撐棍。

滿天星斗：破虎鉤。

錦雲鋪地：破直點槍、雙槍。

力士開山：破三截棍與鞭。

仙童送客：破七截鞭。

葉裡含花：破銅抓。

風中舞蝶：破少林棒。

水上游魚：破拔槍。

挾山超海：破走線錘。

妙手回春：破單矛。

白鶴舞風：破人字刀。

獻玉入秦：破風火輪、雲輪。

巧女穿針：破雙槍。

織女投梭：破姚仙拐。

仙猿扒桿：破掤拿勁槍。

鷂子翻身：破外擺水邊槍。

風吹花影：破錘中點喚將。

金風掠地：破攔刀、左右斜披刀。

斗轉星移：破手代刀。

仙人跨鶴：破樸刀。

嫦娥舞樂：破姚仙拐中展翅鴛鴦。

漁翁撒網：破雙錘中飛仙拳雙使。

三揭：為敗中進，諸法之始。

三點：為敗中致勝之法。

滾繡球：破上下翻身棍。

連環炮：破連刀。

錦纏頭：破虎頭鉤中丹鳳朝陽。

一聲雷：破單門雙刀法。

閃六甲：破火槍。

排六甲：破一切妖通異術。

劍破槍（上皆槍點，下係棍法）

金雞亂點頭：青龍戲水破。

中平：仙猿指路破。

地蛇：趁劍破。

穿腮：撥草尋蛇破。

上中下左右前後虛點：問劍破。

虛問：退中進步撩陰破。

軟中軟纏隨：風擺梨花破。

劍破棍（上棍下劍）

綳進：退中進揭破。

直進：仙猿倒逐馬破。

掃進：一步入中原破。

攔進：燕子抄水破。

側身撩陰進：進步揭腕破。

來自下而上：金蟬脫殼破。

以上七十二招，亦分前十二、後十二、左十二、右十二、上十二、下十二。亦有奇劍、正劍、奇中正、正中奇、正中正、奇中奇之別。又有中十二，乃飛仙、刺猿二劍所化，名曰奇正奇、正奇正，皆當各式分習合演，畢盡其妙，方有成就。若以續斷之功、剝雜之力，欲速漸懈之志、淺嚐敷衍之心，時或一曝而十寒之，或單習而不合演，或合演而不能盡神，單習而不能儘力，而欲求成為完璧者，當亦鮮矣。有心於此道者，企而加勉，專而後可。

【闡釋】

七十二手使破招法，是與喂手者同練的內容。七十二手，手手皆練，先是二人對當，輕沉快慢緩疾合拍，切機恰當，由慢開始，熟而漸疾，疾而純熟，乃初步餵手功成。繼之是盤較，先是規定二、三手的連續折破，再加至五、六手的折破。

這樣的組合，可有多種編排，都練習精熟至巧後，就要各種兵器隨機盤較了。直至件件入妙，內外功純，百靈習職，步穿似箭如電，浮脂在完，陰消陽長，日夜可免大寐，只有小憩而已，三寶堅凝，此六步功也。

因為「七十二手使破」沒有圖像和文字介紹，只有手法招式名稱，故不便於闡釋，此為遺憾。

但攻防手法名稱有許多與拳術手法相同或近似的，故讀之並不陌生，這些手法可由讀者自己揣摩而悟，充分發揮自己攻防的想像力，認真體會此中三昧，亦不失為習拳之妙法。我由對「七十二手使破」名稱、內容的仔細揣摩，感到收穫非小，故而言之。

結束之文中談到奇正問題，前面有了闡釋，故不再重述了。但其所說的「皆當各式分習合演，畢盡其妙，方有成就」，此乃習拳練藝拆手破招、盤拳過手的必行之論述。這一點乃是通用的方法與準則，我習拳時就是各種攻防手法分練而合演的，現在教人時亦用此法，效果極佳。可知古今練拳模式無異也。

下面說的斷續之功、剁雜之力，是說內功不可間斷，餵手、盤較亦不可間斷。只有以靜用動、動中亦靜、隨機用勢、因時致變、柔化剛發、以柔用剛、因力制人，方是真剛的正道功夫，才能陰陽迭神其用，在神為，非人力也。此乃純正之真功夫，不如此則難免夾雜後天有為力法。攻之則被人所借之，欲固守已身，又多助敵資，誠可惜也。

如欲速成則漸修無效，而生懈怠之心，或淺嚐敷衍之心。時或一日練功十日閒，或單習而不合演操練，或合演而不盡心不注神，單習而不能盡力施展其妙。這樣的練功心態、練功安排，欲求功德藝境圓滿完璧，是不可能的。故有心於此攻防之道者，必須勉勵自己，專心致志，慎終如始，方可成之。

前賢之論練功可成之道理，精闢至極，凡習拳者皆應牢記。否則，功臻神明藝境而具備神化之功，幾乎是不可能的，只不過枉有習武練拳之名罷了。

與諸兵器對較歌訣

【題解】

與諸兵對較歌訣，關鍵在諸兵器和訣字上。在本歌訣中劍所對兵器有十種：槍、棍、戟、刀、鞭、鐧、雙鐮、雙拐、虎頭雙鉤、劍。各種兵器都有其外形特點，這決定了其攻防用法的特殊性，故運用劍法時都要一一對過。不單劍法如是，運用任何一種兵器，都要在修練過程中一一與其他兵器拆破過，達到精熟至妙。

訣，就是各兵器對較的關鍵所在。在這首諸兵器對較歌訣中，從劍對十種兵器立論，取十全十美之意。然從「調勻視神與樞殼」句到結尾，乃通用法則，見解相當精闢！亦是難得之論。正所謂「訣者，入門上手之竅要也」。

習拳者，亦應仿此而與本門宗技者較，再與各門宗技之修練者較，一一拆破，達到精熟至妙。至此何患技藝不精乎！下面就逐句闡釋之。

槍指其頭棍指根，戟刀鞭鐧外門尋。
若逢雙鐮與雙拐，左右騰轉兩邊分。
虎鉤當閃莫貼身，乘機便可取人魂。
劍與劍遇步飛騰，靈穩肩肘腕要勻。
調勻視神與樞殼，審氣觀變於玄門。
知神知氣便可以，超眾致人妙在神。
氣隨玄門連樞殼，相應不分斯足已。
切將要法進攻門，一概虛招問點真。

大閃旁通偷入步，他雖靈妙也難分。

眼宜清明膽宜細，精力纏圈神凝熟。

槍指其頭棍指根

【闡釋】

械鬥術中講求槍扎一點，棍打一片，刀劈一線，劍走幽元。針對槍扎一點，較技時之訣竅乃用劍直指對手槍尖，即槍頭處。這樣有兩點好處：

一是對手用槍虛點，可虛應之，以守為主，觀其動變之玄門，以變之；

二是對手用槍實招點刺，便可順其玄門，沿槍桿滑之而進，直取對手要害之處，以刺、點、揭之。

故用槍之法有「槍怕搖頭」之說，即槍尖不直指對手之中樞，而犯槍頭上下左右亂搖之病。此皆因不知用槍之前把手為準手、活把，後把手為調準手、死把加力手，而用前把手為死把手、搖掄亂動之把手，造成槍無眼、無鋒、無銳利之威風。用劍之人針對槍法的侷限性，提出了見槍指其頭的訣竅。

用劍遇到用棍的對手，要用劍指其根把手。因為棍打一片，其勢威猛，直取其根把手而用招式，乃避其鋒芒，擊其惰歸之妙法。從破戒棍法之繃進、直進、掃進所用的揭破、倒逐馬、入中原等招式中，就可知道用劍破棍「棍指根」之精義了。

棍法之勢雖猛，然弱點在根把上，故有「棍怕點」之說法。用棍之法妙在變把，棍在雙手之中穿梭如龍，是謂「死活變把」的真功夫。

練至此境界則無被擊之死點了。

戟刀鞭鐧外門尋

【闡釋】

戟屬長兵器，如方天畫戟，尚有雙短戟、短戟，亦屬鞭鐧類。刀亦有大刀、單刀、雙刀之分。大刀、大戟可同論，遇見用者，外門尋。用大刀、大戟之外門，有左手前右手後或右手前左手後的分法。左手前者，外門在左手外；右手前者，外門在右手外。尋其外門是給對手添麻煩而便利自己，便於施招用手。

刀、鞭、鐧，無論單雙，皆應取對方臂外的方位，方可尋其玄門而入。短戟亦從此而論。

械鬥術中講求「刀走黑，劍走青」。這是說刀乃單刃，背厚，刀法勢沉重；劍雙刃，中脊，劍法勢輕靈。而鞭、鐧等兵器，雖短而重。走外門，乃取對手一遠一近單勢之機，可尋隙而進。入玄門而易得手。

若逢雙鐮與雙拐，左右騰轉兩邊分。

【闡釋】

雙手短鐮，擊打勾掛，攻防同時，變化多端。雙拐，圈攔圓掃，摺疊點打，攻防呼應，神出鬼沒。此兩種兵器雖然不起眼、不出奇，但如以單劍對之，既不能進身直取，又不能與其正面拆破。只好左右騰挪、旋轉變化，在造成對手鐮、拐左右分開不能呼應之時，進擊勝之。

我曾遇一右手持鐮的莽漢，正面以鐮刀尖劈我頭頂而來。我上左步，側閃身讓過，左手由上向下順勢點擊其右腕，其鐮刀脫手，我順勢翻手用左掌擊其右腮部，其應聲倒地。這旨在說明訣中的「左右騰轉兩邊分」的妙處及實用價值。

虎鉤當閃莫貼身，乘機便可取人魂。

【闡釋】

虎頭雙鉤，前鉤後槍，外把手如月牙，兩頭尖，器長三尺有餘，雙手運使，似螳螂之雙臂。變化多端，非有臂力之根基者，不能運使入妙。由於前鉤長，後槍尖短，可長短攻防互用，勾掛擊刺互使，對手難以進身。其優勢如此，但必身法靈妙，方能運用自如，無牽扯吊掛之弊，時時處處攻防同時體現，同時存在。否則，恐自受此兵器所制而傷身。

故遇運使虎頭雙鉤者，當以閃門法應之，莫要輕易貼身。否則有被其後槍尖、月牙雙尖點擊刺傷可能。故以閃展騰挪之法，造成對手左右雙鉤不能及時補救，身法滯呆的瞬間，一擊便可制敵而勝之。此乃身曲劍直之妙用，破虎頭雙鉤之策略。

劍與劍遇步飛騰，靈穩肩肘腕要勻。

【闡釋】

劍與劍相遇，乃相同兵器的對決，要點在於內勁的騰挪之巧與外形的閃展變化，即步法騰挪之靈妙。這是由坤為吾母乾為父，太極一氣貫來衡，周身靈穩準，內外一齊通的攻防藝境決定的。敵劍未動，而我先知之，一目了然。如此便可應變通權，順隨為法，避向擊背而勝之了。只有這樣，才能肩、肘、腕、手，大小樞機隨機應變而無過不及，才能勝之。

勝機其實是「不是我擊敗對手的，而是對手讓我這樣擊敗他的」。只有持這樣的攻防觀念，才能神行一片，靈動先知，大小樞機靈動恰當，此正是劍法中「三直六揭」之妙法勝人的所在。但關鍵在知「玄門」。

由上述所論觀之，用劍之法，因對手兵器不同，具體策略、戰術方法不盡相同，此乃具體兵器具體對待的法則。假設自身的攻防動靜機制健全了，就要在運使上下工夫，不外就是「以聽探之良知運用順化之良能」的以靜用動、動中亦靜的周而復始的運行，以柔用剛、柔化剛發的技術方法的實施以及避向擊背、以實擊虛、以虛勝實的應用。法則確立了，還要知道一些具體運使的竅門要妙，才能周全，這就是下面歌訣中每句話之要妙處。

讓我們繼續闡述，以解得此中精義，為我們所用，因為這是傳統手戰之道的共性法則。

調勻視神與樞殼，審氣觀變於玄門。

【闡釋】

此句話在攻防之道中具有廣泛之意義。

視神：一切察知對方虛實動靜變化的功能總稱。

樞：自身內外的神、意、氣、勁、形、中六合一統的內主外從的層層中樞。外形中的天、地、人三才部位的人才部位為中樞；地才部位為根樞；天才部位為首領之樞。但以三才立論，乃神、氣、形，氣乃神、形之中樞。

殼，竅也，大小樞機之部位。關於樞殼的體用內容，《少林拳經》有問答歌訣，記之如下，可以對照參考。

問曰：拳法足以克敵，何也？

答曰：在披竅導竅。一身節節有多般，百法收來無空間。誰能熟透其中妙，恢恢遊刃有何難。

在本經中有「十二含」「十三隨」的內容，皆談樞殼之內容。

調勻：即自身視神的聽探之良知和樞殼的順化之良能的相互為用，無過不及。與對手攻防較技之時，亦要隨其動靜變化，無過不及，不先不後。是謂均勻，亦名停，即施招用手、施手用招的停停兩分，無過不及，落點不先不後之謂也。

調勻視神，即指「神窺其勢，意覘其隙」「神以知來，智以藏往」的功夫，亦含罩眼之功夫。

審氣觀變於玄門。審，審時度勢之審，即神窺其勢，意覘其隙。察來勢之機會，揣敵人之短長，就是審氣度勢的內容，即擒人在於氣。能夠戰勝對手的首要條件在於知彼。敵未動已先知，是觀變於玄門的目的。

觀變於玄門。此玄門者何？陰陽轉換之處，氣形變化之根，攻防招法轉換變化之樞。舊力已去，新力未生之時機，皆謂之玄門。簡言之即「有無相生」之根樞處。按本經文所指，玄門之關要處乃是「上視眉間」，上關勝負之機，「中視其頸」，中關起伏之樞，「下視臍帶」，下關引誑之變。雖分三視而論，然一罩眼皆可一目了然。

而門者，又有上中下「三門」的前後左右十二門。故曰：招式變化分三門，仔細推來仔細尋，莫把神機看輕了，務必功力體精神。以上皆為玄門之內容，下面還有論述。

能觀玄門便能知敵之動靜變化，靜以待動有上法，動中處靜有借法，隨其變化而用招法，穩操勝券乃為易事了。

知神知氣便可以，超眾致人妙在神。

【闡釋】

雖是審敵料勢，觀變於玄門，有觀神、觀氣、觀形三觀之內容，然較技中從簡從易，只觀察到對手的神、氣之根樞便可以了，形乃是次要的。故知審敵料勢「三觀」之觀形、觀氣、觀神，觀形為次，觀氣為次上，觀神為上。是謂知敵有三等：上等知神，中等知氣，下等知形。故審敵度勢，能審敵之神、氣，知敵之神、氣的微妙變化，便可知敵之變了。即敵未動，我已知悉其將發之意。

此乃前知功夫。有此前知功夫，超眾人之藝而能制人得勝，其奧妙全在「神以知來」的功能上。

氣隨玄門連樞彀，相應不分斯足已。

【闡釋】

人之玄門已知，又如何運用玄門呢？此玄門所指，即「一身節節有多般」之處，皆為「有無相生」之玄門。此樞彀讀樞竅，亦是指外形。仔細分析，玄門又有神、意、氣、勁、形、中六合一統，由內至外及由外至內的「聽探之靜，順化之動」「動靜互為其根」的主從內容。有了內外的樞竅、玄門，但又如何相連結而貫之呢？這就要依靠內氣了！虛實相須，內外一而貫之，也正是「百法收來無空間」之精義。此虛乃外形，此實乃內勁。相須是指內勁、外形在攻防中各自的作用和功能。訣云：「用剛不可無柔，無柔則環繞不速；用柔不可無剛，無剛則催逼不捷。」按劍經之論「陰陽迭神其用」，就是陰柔之外形體的柔化功能與陽剛之內勁體的剛發功能。這就是柔化剛發的法則，如此才有以柔用剛的技術方法，並能達到黏走相生、化打合一之至用。而此黏走相生、化打合一之部位，亦可稱其為玄門。

上述之內容，就是「氣隨玄門連樞轂，相應不分斯足已」之精義。這句口訣乃解釋上句「超眾致人妙在神」之精義，即「一氣靈明不昧謂之神」。此神就是太和一氣之功能，能夠內外虛實相須，一而貫之，謂己為一。再與對手「黏走相生，化打合一」，只見一而不見二，這又是「氣隨玄門連樞轂，相應不分斯足已」之深意。

此深意就是闡明擒人在於氣的技術和方法了，即以柔用剛的技術方法。故此才能做到以靜制動，即以聽採用順化；才能做到以小力打大力，即避向擊背；才能立於不敗之地，即順隨為法，沾連黏隨，一羽不能加，蠅蟲不能落，人不知我，我獨知人；才能做到以弱勝強，即以柔克剛。

而功夫到無形處時，正是健順之體的至德全神之候，是名太和一氣。太和之謂道，亦名太極，此正是神明藝境，具備神化之功。功用到此，正是「氣隨玄門連樞轂，相應不分斯足已」之本來精義。功用火候到此，氣充神足，已入化境。對於一個習拳者來說，能臻此境，亦知足矣！

切將要法進攻門，一概虛招問點真。

【闡釋】

攻防較技，由己門出招，破彼門而入，方能登堂入室以擊敵制勝。此乃手戰之道的常規。俗云：「不得其門，而不入也。」然得門易而破其門難，故前人多有總結得門、破門之說法。如打顧不打空。出手問招，打對手所顧之處，以探其虛實，待對手防守變化就攻其防守虛空薄弱之處，易勝之。因為原有的空不是空，可能是誘我深入擊打之陷阱。又有「見孔不打見橫打」，亦取此義。

見孔不打見橫打：出手問招，見對手防守之隙間，虛點而問，其必防，則攻其橫，易見效果。

攻其必救：即攻對手要害之部位，其必救之，則其易暴露大的空隙，繼而擊之，則易見效果。

不招不架，就打一下：當敵擊來，精神為之「打開」，轉身進步，直搗其隙，無不空中投石，立敗對手。

上舉數例，旨在說明，手戰之道攻防的要點、方法，要放在如何破門而入的具體內容中研究，才能體現其較技施招用手的根基功夫。這樣就可在較技時，「靜以待動有上法，動中處靜有借法」。即可先上手攻擊，又可後動手反擊，達到無所謂先後動手，皆能相機而用。此乃剛發他力前，借力打力；柔乘他力後，四兩撥千斤。

總之，寄奇於偶內，隨時可順從以為進退，逆力以為揭獻，勝敵於頃刻之間。這就是平時對進攻破門諸法的精研細練所得之攻擊功夫。

而在研究破門的技法及運用時，一概虛招或問或點，以防對手藏奸使詐，不可用實取之勢。虛招問點，內中自藏有諸般變化之妙用。如對手無防，則虛招變實取，可立勝；如對手實守，則變而化之，在其自露空隙之處實取之。此乃穩握主動權之妙法。虛招問點，可探明對手之虛實，以利進攻退守之變化。而此虛招問點的方法，乃是進攻破門而入的至要藏妙法式。如能將虛招之問點做得逼真，即似實取之招，敵不得不實應。這樣，敵先露隙於我，我自占先機。此乃虛招問點的絕妙之處。正所謂虛驚實取、似取實驚的「虛實變幻之妙，存乎一心」。

此乃研究破門的精髓。凡虛招之用有三法，一曰即引即進，二曰半引半進，三曰虛擶誘詐，只在一轉。得此虛招三法之正傳者，破門而入、進內擊敵、立勝對手乃成易事了。手戰之要法得矣！

大閃旁通偷入步，他雖靈妙也難分。

【闡釋】

由於此屬兵器之爭戰，故有大閃之說。前論主動出手的虛招問點而又逼真之法，此論他人攻來的閃化騰挪之法，即偏閃空費拔山力，騰挪乘虛好用機；讓中不讓乃為佳，復去翻來何地立。

而此論閃化之用，一在偷步，一在旁通。旁通，是指閃化對手之擊時，早知旁邊可通擊敵之所，正因為知道來擊之敵的空隙，故在閃化之時，已有步法騰挪予伏之位了。此步法予伏之位，是名偷步。左閃則右步已偷入，右閃則左步已偷入。偷步與閃化同時完成，則另一足復進而擊敵，可立勝。此乃傳統手戰之道中的半步打法。

採用閃化偷步的半步打法，對手即使靈敏捷妙，也多難於分辨清楚而落敗。因為打了個時間差，即你打我打不著，我打你跑不了。

由此可見，械鬥和拳技，在運用技術的方法、原則上是一致的。

眼宜清明膽宜細，精力纏圈神凝熟。

【闡釋】

此總結了與諸兵對較歌訣的內容，即「眼清明而靈者，審視有先見之明，知其未發之招，悉其將發之意」。眼有神光，明察秋毫，可威懾對手，又可戰亂敵。但眼明還要心細、膽大，無所不能為。心細如髮，知覺知變化無差，能知變化無差便放膽為之。此並非妄為。

精力纏圈：內勁、外形，柔外剛中，錯綜往來，沿路纏綿，而又飽滿圓融。妙手一運一太極，跡象化完歸烏有，正是精力纏圈之精義。神凝熟，神以知來智以藏往。此正是「精力纏圈神凝熟」一句的精義。至此乃達神明藝境，具備神化之功了。

從「調勻視神與樞轂」到「精力纏圈神凝熟」句，皆是傳統手戰之道的通用訣言和練、體、用的通用法則，故應熟記之。

拆字精義

用「之」字：中撇擋住兵刃，初末二撇傷喉羞。

用「也」字：末勾取首耳。

用「半」字：取兩睛。

用「丁」字：勾雙羞。

用「人」字：初撇裡揭腕，二撇外揭腕。如兼用，以頭筆開兵刃，二筆左揭腕，順用右揭腕。

用「完」字：寶蓋取明堂，雙肩二横取項。

用「共」字：兩點取雙足，左撥左點，右撥右點。

用「宀」字：是裡門奪兵刃損手。

以上散字，非體驗入神，難以入妙。若以粗浮之功試之，豈能得心應手也？

【闡釋】

字拳之法，非只一家之言。我常以「永」字八法教弟子熟悉單手招式手法，並以草書數字練習連手招法，全在空中自畫而練之。怎知此經之中，前人早有成法，又只是拆字取筆勢而用之。下面逐字細解其精義。

「之」字，中撇擋住兵刃，乃順勢擋住對手之兵器，屬於劈或提，暗含兩種格擋之法。由上往下為劈（斜）勢，往上斜領為反提勢。二撇傷喉羞，是說：斜劈勢就近一撇傷敵喉部，反提勢就近一撇可傷敵下陰。

「也」字，末畫之勾短而小，末畫之橫長，橫可取頸削首，勾可附帶取耳。左右可相機而用。

「半」字，半字之兩點，乃含取兩睛之用，劍勢勁道之準，一打兩點擊之妙。

「丁」字，一橫可劃雙眼，一勾可傷下陰。

「人」字，搶裡之裡，揭敵右腕，外揭敵左腕；亦可搶外之裡，揭敵左腕外側，外揭敵右腕外側。如兼用，以頭筆開兵刃，二筆左揭敵右腕，順勢而用，右揭敵左腕（此乃右手兵刃搶裡門之手法）。

「完」字，寶蓋一點取明堂穴，一點一橫，一勾，取雙肩，二橫雙取項頸。

「共」字，兩點在下，故取雙足，左撥左點，右撥右點。

「宀」字，搶裡門，奪兵刃，連帶揭腕傷對方雙手。

以上數字，是明劍法散手招式，只有練之純熟，方能入神、入妙。若以粗浮之功試之，豈能得心應手？何謂精熟入妙？自能連續順隨而施，勢勢應招準確，委之於自然之神，因時而變，因力制勝，自是精熟入妙之境。若頂扁丟抗、尚氣用力、大劈大砍大封，是為粗浮之功，如何能得心應手！

此拆字法，可與歷代所傳「九宮手」的斜擢、斜領、上擢挑、下栽捶、裡擺、外擺、斜劈、斜捧、直拳九手相媲美，亦是自成一法式的。故不應視為散手，可視為基本技法、手法。故我論拳之練用，有雙手攻防同時體現的「米」字八手，即壓打、攔打、搬打、摘打、分打、提打、托打、搓打、直拳，共九手。而將米字拆開，不就是「拆字精義」之法式嗎！由此可知，手法招法，皆以「九宮手」為基本，復合成之。

知道了「拆字精義」的內容，習拳者研究攻防招法，可謂掌握住樞機了，自然可達圓融之藝境。此乃從簡易入手而知繁雜，雖繁雜卻有條不紊，故不亂。故能致全體大用，復歸於簡易。至此境便可觸類旁通，成為明家、通家，不枉習武練拳一場！此可謂有始有終之完人了。

靈源秘筏

【題解】

諺云：「精養靈根氣養神，拳功拳道見天真。丹田養就長命寶，萬兩黃金不予人。」此靈源秘筏，即靈之源頭。靈之源頭乃煉精化氣，此氣所成之體，乃健之體。

秘筏：渡人至彼岸之法，名為寶筏、渡舟、仙航。秘者，秘不可見、秘而不宣之訣竅。

夫刺猿劍法，乃至妙變化之自出。其身式忽高忽低，或左或右，似進非進，似退非退，進中退、退中進、近而遠、遠而近，恍惚形如定。其中有詐誑引駭之式、横斜奇正之機，以十二式連合一式，謂之刺猿。非身柔若絮，靈活穩準，難以為此也。

【闡釋】

健之體，乃靈之體。拳訣「首統乾之體，乃全身之總領」中的乾之體，即健之體，又名靈之體。

刺猿劍法，非一招一式之名。能以十二式連合一式，謂之刺猿。而此十二式，乃針對前文九宮三十六式中演化出來的前、後、左、右、中各十二式而說的。此指十二式連手發招，合一式而用。

刺猿劍法的特點是攻防招法至妙變化自然化出，即自己生化出來。雖其式的身法忽高忽低，或左或右；似進非進，似退非退；或進中退、退中進，似近而實遠，似遠而實近，恍惚之形變幻無定一般，實而有一定之規矩。然就在此變幻無形的身式之中，蘊含著詐誘、誑騙、虛引、驚嚇之虛招，潛伏著横衝直撞、斜行直進、奇正相變之伏機。但皆以「自出」為其特點。然非身柔如絮、形體似水流、靈活穩準，難以為此也。

此論刺猿劍法，好似「養靈根而動心者，敵將也」的功夫，其藝境也是很高的了。從中可見劍法的施招用手，施手用招，以十二式連合一式，勢如波濤洶湧之長河，能不驚駭對手嗎？此以勢勝人之法，妙在身柔若架，靈活穩準，可知功法嫻熟而又深厚了。

內功、外技相機而用，因時至變、因力制人。立體發用之妙，件件原委於自然之神，統蓄以先天寸綿之力，為「無為無不為也」之真功夫自現矣。

讀此文當知傳統手戰之道身柔若架方有靈活穩準，乃是法眼之處。此乃「因形煉形」之所至也。正是「形劍之名，後天之功，果能以先天之神為體用者，亦足以向機御變，因變致神。是形劍又顧名思義者也」。

所謂先天之神，即健之體，順之體，合之至者也，是名太和一氣。此太和一氣，靈明不昧，謂之先天一氣爾。故曰此為先天之神，即至德全神的自身之天。此天乃本體之謂也，即陰陽相摶謂之神的陰陽相摶所見之天。呼此本體之天為先天，其所具功能名為神，故合而名之為先天之神。

而此「天」字，陳鑫云：「人人各保其天。」說的就是自身之天也。明此可知傳統手戰之道的建德體、至道用的練用之法了。

十二形名列後

穿九曲珠，開迷魂鎖，春風舞蝶，逆風使船，迎風合扇，隨滾繡球，點水蜻蜓，提壺灑地，扶龍搖，臥平沙。

【闡釋】

此十二形名內容，乃上述刺猿劍法中的「以十二式合一式」之劍招。加刺猿、飛仙兩劍，方合「十二形名」。但只知其為劍法招式，無從解之，因無圖像說明。觀者可憑悟性自解之。悟性高者，自能揣度八九不離十。

飛仙劍

飛仙劍，乃含形隨應致變之劍，亦當暗暗純習，克造其極。皆從他力取法，要在心空靈，而手靈妙，猝變無心動徨徨之色，動靜皆自然，非勉強也。自然之力，由於習慣也。爾等能潛神熟煉，自可時至神知，山人亦必從而默為誘勸、比較，何患劍術不成也？

【闡釋】

此段原在「十二形名列後」之後，無獨立標題。此節標題為筆者據文義所加。飛仙劍法，含形隨應致變。刺猿劍法，至妙變化之自出。此兩者不應在劍招上區別，而應在用法上區別。正所謂「劍法之妙，妙難盡言」。

劍分先天與後天。先天之劍，靈活自然。敵劍未動，而我先知之，一目了然，便可應變通權。彼進我退，彼後我先，彼低我高，彼左我右，彼直我橫，彼提我伏，列此數端，可以類明。

此段分清先後天之劍。先天劍法，順隨為法，重在神機，這是說飛仙劍法的。而「倘然他來得快活，我速伏退守，乘虛再攻其不備，彼必忙中失色。此敗以伏勝之法，亦一破十二連宮之法。乃後天之劍，機在於肩，為發轉之源；樞在腕，為曲直上下左右之宮」，此後天劍法，亦順隨為法，重在形之樞機，是說刺猿劍法的。

明白了先天劍法和後天劍法之異同者，名「青白眼」。

飛仙劍法，乃含形隨應致變，即隨其變化示神奇的功夫。暗自純習潛修，用心在沾連黏隨之法上，克己之慾而登峰造極，可達神化之功。

此時自然無法，而無法有法，此法從何而出之？從他力取法，即借他人之力的方法。或順從以為進退，四兩撥千斤，或逆力以為揭獻，借力打人。此即無法之法，無法是法之法，此法最難。但惟是法最佳。

從他力取法之法，要求自身具備條件，即「要在心空靈，而手靈妙，猝變無心動徨徨之色，動靜皆自然，非勉強也」。即自身全體透空，聽探敏捷，順化靈妙。即便猝然之變，也無動於心，只因意在人先，柔化剛發，動靜變化自自然然。順勢而用，隨勢而變，因勢而發，全憑聽探真切，順化恰機，故勝敵只在接觸之瞬間。此乃功夫精純者所能為之。

自然之力，由於習慣也。何謂先天自然之力？即陽剛的健之體，陰柔的順之體。二體合之的德之體，謂之太和一氣。而此太和一氣所表現的能力，稱為自然之力。

先天者，人之先天爾。修練而至太和一氣之境，謂人之天也。此乃先於人而存，故曰先天。

此天之能為何？古云：「天之知物，不以耳目心思，然知之之理，過於耳目心思。」

所以說，具備自然之力者，自有知人之能、順化無跡無形無象之妙。

拳家將此列為拳道合一之藝境，其描述自然之力的攻防能力和攻防功夫藝境時說：放之則彌六合，其大無外；卷之則退藏於密，其小無內；卷放必得時中，絲毫無差。一羽不能加，蠅蟲不能落。人不知我，我獨知人，故英雄所向披靡。是有關學力之真實功夫爾。

然具此自然之力者，並不神祕。自然之力，由於習慣。按正確方法修練而自然出現的能力，使之成為習慣，習慣成自然。什麼是正確方法？即建中立極，順隨為法，沾連黏隨。不丟不頂不扁不抗之習慣成自然，自然之力也就逐漸形成了。

爾等能潛神熟練，自可時至神知，山人亦必從而默為誘勸、比較，何患劍術不成也？

此飛仙劍法，就是神劍。神劍修練的就是自然力的功夫。只有建中立極，尚意不尚力，順隨為法，沾連黏隨為技，隨彼伸屈，不自妄動，潛心修練，方可熟而自然，自然而然，時至自然神知境界自然而來。窮神知化，與天為一。存神以知機，德滋而熟，所用皆神，化物而不為物化，此聖希天之實學也。神化者，天之良能，非人能，豈己能勉哉？乃德盛而自至爾。

自己明理知法而潛修，再有山人（老師）默為誘勸、比較，還怕劍術修練不能成功？不能登峰造極？

此段先天神劍修練之論，正是傳統手戰之道修練之無為法內容，故可達無不為之藝境。而關鍵在對自然力的理解、認識上。知者，便可循法而登峰造極，達到神明藝境，具備神化之功。而自然之力的培養，必須「從他力取法」才是正途。

於此論可知：神劍、神拳，關鍵在一個「神」字。只有窮神化知，方可與天為一，即達天人合一之藝境矣。此乃無上藝境。修練者能至此，則功德無量矣！

劍經結文

【題解】

對《渾元劍經》的闡釋，終於到了尾聲，進入對「劍經結文」的闡釋了。「劍經結文」分了六段來說明寫作《渾元劍經》的原因以及修練渾元劍法的方法、過程、條件、信念、態度等多方面內容。文中包含了作者對傳統手戰之道修練價值的認識及對後人的無限期望之情。

作者深切而真摯地期盼後人能超越前人，並由衷地發出「更吾山人之樂也」這一傳道者的心聲。為詳細闡釋「劍經結文」中的全部內容，下面分段一一述之。

夫劍為兵之祖，百藝之先。既非小技，豈可輕傳？可堅體以全命，當細心審以精研。若朝夕之功，鮮能奇驗。非年月之功，難以身劍齊完。當瞬息存養，綿力無間，方與大有成就。

昔歐冶之鑄劍也，取金剛之陽精、鐵石之陰精，火為父，爐為母，納五行罡氣入於爐內，九轉以成。雖是劍形，亦通靈妙。

神劍乃仙佛之寶器，氣劍乃地仙之憑依，護法除精，形劍乃純儒之珍重，需以斬情根、習體型，尤當習琴以化暴氣，使外無圭角之偶露，因以生事也。

惜乎形劍之不傳也亦久。夫欲習上乘之法，當先存一點救世之心，方可習也。永久學者，先具信心；而後傳者，投以實在。學者固當擇師而師；師亦當擇弟之賢樸不惡者，始能漸為指點玄關，豁其路程，誘之以造於極。尤必傳者，遇明師，學者有英俊者，伴亦良善，境遇富豪，父兄樂使之學，在學者，無間隔厭故思遷之意，亦須朝夕聚首，一息鑄成，更當伴侶互相對較，無忌心、無鬥心、無厭心，久而能按部就班，去習不以偶惰致輟。此數者，缺一難許大成也。

自傳道者以盲印盲，而習者亦以誤傳誤，甚至真訣日晦，盡是皮毛之學。是以仙俗日相殊闊，言語難通。欲習者無處尋真師益友，欲傳者無處擇忠孝之完才，兩相間隔，咫尺天涯。吾山人今所樂傳其詳者，正以才之難覯也。個偶逢之，又安敢秘不宣洩？因不憚苦心脣力，切為討論，分門以究其源，縷析條注，瑣屑之至。雖屬玩物，而其中動靜作用之機，隨符道脈，入手之要。得訣者永習無惰，亦足以成大乘之道，豈但天仙地仙而已。然個中精義之妙，尚有難以言宣筆記者。待爾功用充足之後，再為補遺，以資後學之取法焉。

玆者按其概略，先僅為跋，以期昭垂於不朽云。爾果能遇有志之賢弟子，當循之代吾山人，代為傳點，化施後覺。或有超出者，更吾山人之樂也。吾日望之，直待緣遇，再暢清懷可也。

南宮許立福敬抄於北平寓所

夫劍為兵之祖，百藝之先。既非小技，豈可輕傳？可堅體以全命，當細心審以精研。若朝夕之功，鮮能奇驗。非年月之功，難以身劍齊完。當瞬息存養，綿力無間，方與大有成就。

【闡釋】

劍器為諸冷兵器之祖，而劍法、劍術、劍道，為諸般武藝之先。明代有十八般武藝樣樣精通之說。而此說「百藝」，即百般武藝，百字形容武藝內容之豐富。此外又有「百拳」一說，與此類同，皆用「百」字形容眾多爾。

這裡，十八般武藝要和十八般兵器分開認識。十八般武藝是說修練項目的分類，十八般兵器只是從一般兵器的種類來說的，而「百藝」卻涵蓋了全部內容。由此可以看出著劍經之人對劍器、劍術的推崇。

劍術、劍道的修練，於己可健康長壽，光靈明而不昧。可防一身之害，資三捷之成，珍為至寶，運可神通，實亦入道之基。功成自為「文兼武全將相身」，具備經綸之才，大可讚育天地，立於其間，必足以止戈於億萬代之後。非小技也，故不可輕易傳之。

既然知道劍術、劍道的「建德體，至道用」的至德全神、堅體全命的價值，自當細心審察其練、體、用的本末根由，精心研究「建德體」之法的內容及形劍至妙變化自出的機制和神劍含形隨應致變、從他力取法的奧妙。又須明「至道用」中此兩者之區別處。最終必須一理貫通，方能以文觀法，以形鑑真，而成為明家、通家。

然內功修練，並非朝夕可成。必須朝練外功夕煉內功，持之以恆，方能有奇效。非積年累月之功，不能精足氣清，氣足神靈。

只有內而精氣神，外而筋骨皮，渾成一片，方能身輕如羽，變化莫測，聽探知人所不知，順化能人所不能。能先知於人，必能先機於人。功臻至此，故曰：身完天下無敵手，劍完四海少敵兵。能此二者，可超凡入聖，功得正果。

此正是「本末清，始終明」之功德。

當瞬息存養，不可間斷，以養為煉，方是真養、真煉。正所謂「十二時辰都是練功時」。只有這樣，先天自然之力才能無間，即以先天之神為體用。

太和之氣本自無間，是指太和一氣流行「放之則彌六合，其大無外；卷之退藏於密，其小無內；卷放必得其時中，絲毫無差」這一功夫藝境而言的。功臻此神明藝境，具備神化之功，是為「大有成就」。

昔歐冶之鑄劍也，取金剛之陽精、鐵石之陰精，火為父，爐為母，納五行罡氣入於爐內，九轉以成。

【闡釋】

春秋戰國時期，各國戰事頻繁，劍器的製造得到空前發展。

據專家考證，吳越是劍器首先發展的地區。吳越地處南方，田埂錯落，水網縱橫，戰車無用武之地。因此步兵及水兵為軍隊主力。劍器攜帶方便，殺傷力強，就成了吳越士兵的重要武器。

《考工記》曰：「吳粵之劍，迁乎其地而弗能為良，地氣然也。」又說：「吳、粵之金、錫，此材之美者也。」此所說的是吳、越有鑄劍的良好條件。

雖是劍形，亦通靈妙。

【闡釋】

劍器雖然是精工所成之物，然亦能與使用它、珍重它、愛護它的人通靈性之妙，即與運使它的人會有靈性相通之妙趣。所謂家什器械得心應手，就是通靈妙之意。

過去各類工匠的器具家什，不輕易借人使用，寧肯親自幫忙，也不願意將器具借人一用，更何況能夠護身的劍器了。正所謂：光靈明而不昧，持劍隨手指點，可防一身之害，資三捷之成，故練家子皆將自使之劍珍為至寶。這正應了古人一句話：「道似無情卻有情。」

以此論「雖是劍形，亦通靈妙」之精義，再恰當不過了。家父曾言：「練家之兵器，可視而不可觸摸，視乃眼福，觸摸則犯忌諱。」今日始明其義。

神劍乃仙佛之寶器，氣劍乃地仙之憑依，護法除精，形劍乃純儒之珍重，需以斬情根、習體型，尤當習琴以化暴氣，使外無圭角之偶露，因以生事也。

【闡釋】

神劍者，神明藝境，神化之功，乃含形隨應致變之劍，皆從他力取法，自可時至神知，有感而應，寂感遂通，為不期然而然，不期至而至的大成劍道功夫。其以仙佛喻之，說明乃「劍道合一」之無上藝境，相當於拳術中「拳道合一」之無上藝境。

氣劍者，巧手藝境，相當於拳術中的暗勁功夫階段，即「勁形反蓄、陰陽逆從」的功夫境界。因地仙之說，在仙家的鬼仙、人仙、地仙、神仙、天仙之五仙的說法中居中間位置，故借用而知之。

形劍者，至妙變化之自出的劍法，即入門之劍法。修此劍法亦應恭敬而又珍重，崇尚溫和儒雅之氣。需斷七情之根，一心清靜。初習體型柔若無骨，身若絮柔，繼至勢正招圓，尤當習琴化淨暴烈習氣，使外無稜角，內自圓融。不單劍法如是，做人亦如是，方得形劍之妙。

此段以神劍、氣劍、形劍立論，說明劍法有用形者、用氣者、用神者三個深淺不同的藝境。這同《內功經》《神運經》中所言的形、氣、神的觀點是一致的。如以形意拳的明、暗、化三勁之說來比照，自是有異曲同工之妙。可見歷代大家之論，皆真一不二也。

惜乎形劍之不傳也亦久。夫欲習上乘之法，當先存一點救世之心，方可習也。永久學者，先具信心；而後傳者，投以實在。學者固當擇師而師；師亦當擇弟之賢樸不惡者，始能漸為指點玄關，豁其路程，誘之以造於極。尤必傳者，遇明師，學者有英俊者，伴亦良善，境遇富豪，父兄樂使之學，在學者，無間隔厭故思遷之意，亦須朝夕聚首，一息鑄成，更當伴侶互相對較，無忌心、無鬥心、無厭心，久而能按部就班，去習不以偶惰致輟。此數者，缺一難許大成也。

【闡釋】

可惜呀！形劍的真功夫不能光大承傳，時日也久遠了。至於形劍者，後天之功，果能以先天之神為體用，亦足以向機御變，制敵而能勝。

如欲習上乘之氣劍、神劍之法，當先存一點救世之心，方可習內功法也。氣劍、神劍者為何？即「極之則光閃耀而人影無蹤，身飛騰而劍芒倏忽」。氣劍者，或一躍千里之遙，縱橫隨其意向；神劍者，或靜息方寸之間，神威感於至誠。故習此上乘之法者，不存一點救世之心，功夫不能上身。若私心盛，易入魔境也。故明師遇此私心盛者，只授形拳、形劍而已，絕不授氣劍、神劍。非是其師保守，實為保護其人不受魔之侵害爾。

永久學者，即形劍、氣劍、神劍全部修練者，應先具必成之信心。只有這樣的弟子，傳道者方能投以實實在在的傳授，自然毫無虛假。學者必然可成。

習武練功，學者固當選擇明師。為師者亦當擇樸實不惡者為傳人。為師者必以理、法、術、功教之，使弟子造於極境。

英俊者何？英雄之才，俊傑之士也。此英俊之才，得明師傳授，潛修熟練，時至神知，施招用手，能柔能剛，能翕能張。明師能遇此良才，亦為師者一生之樂事。故遇此英俊之才，尤必傳之。

如果此英俊之才家境富裕，父兄亦樂使之學藝，而無見異思遷之意，惟專心修習，則欲成就，還應與同習者互相餵手、盤較。而在餵手、盤較過程中要無猜忌之心，無鬥心，即以無爭之心而練。無鬥心則暴烈習氣自除，而道心必固。人心不死則厭煩心出，道心日明則無厭。這樣練功日久，自能按部就班，去掉不良習慣，不會因偶然的懶惰而中斷練功。此數條缺一難大成也。

自傳道者以盲印盲，而習者亦以誤傳誤，甚至真訣日晦，盡是皮毛之學。是以仙俗日相殊闊，言語難通。欲習者無處尋真師益友，欲傳者無處擇忠孝之完才，兩相間隔，咫尺天涯。吾山人今所樂傳其詳者，正以才之難覯也。倘偶逢之，又安敢秘不宣洩？因不憚苦心唇力，切為討論，分門以究其源，縷析條注，瑣屑之至。雖屬玩物，而其中動靜作用

之機，隨符道脈，入手之要。得訣者永習無惰，亦足以成大乘之道，豈但天仙地仙而已。然個中精義之妙，尚有難以言宣筆記者。待爾功用充足之後，再為補遺，以資後學之取法焉。

【闡釋】

當然，在傳授傳統手戰之道的歷史長河中，有的傳道之人，自己不知道「建德體、至道用」的精義，只傳套路而毒害他人。而習練者又不辨真假，以誤傳誤，導致練、體、用的真訣和真功夫日漸晦暗而失真。

最典型的就是將套路當作真功夫，而不知攻防招法拆變的運用。更不知形拳的至妙變化之自出，關鍵在身柔若絮，靈活穩準；神拳的含形隨應致變，皆從他力取法，關鍵在心身空靈而手自靈妙。能如此潛神熟練，自可時至神知。因此傳統手戰之道的行家和俗人的識見就日益不同，也難溝通了。此乃以假亂真之弊病也。

由此造成欲習傳統手戰之道之人無處尋找明師學藝，亦無處覓得真功夫在身的良朋益友以討教，而欲傳真功夫之人亦無處覓得忠孝兩全之完才。欲習者，欲傳者，同處人世間，卻如隔世，互不能識。雖近在咫尺，卻像各在天涯。這說明傳統手戰之道的傳承之難。

我今之論述詳細備至，正因為人才難得。偶然有緣而逢之，又安敢秘而不宣？而今只能執筆立論，不怕耗精勞神，苦心費力，全部為之討論，分練、體、用以究其源，縷清析解，分條註疏明白，故瑣碎詳細之至。

傳統手戰之道，雖屬玩物，然皆內實精神，外示安逸，靜如好婦，動如懼虎，布形候氣，與神俱往。而此中動靜之機制，氣形健順和之至，與道是一脈相承的，此乃練、體、用的入手之要妙，即「養精者，飽含真永之精以煉己；養神者，外養全體之神以合氣」。

得此真訣者，即「以先天真人呼吸法，尋得先天真人呼吸處」，而能持之以恆習練，又無懶惰之情，必能修到神明藝境，達到「渾身無處不太極，挨著何處何處發」的藝境。繼而達到「以柔軟接堅剛，使堅剛化為烏有」的窮神知化的無上境界，即神化之功的藝境。與道合一，方是真一不二之藝境。

然傳統手戰之道練、體、用之精義，尚有難以言明之處。待爾練功至大成後，再為補充遺漏之內容，以便後人修練時有法可取，使得傳統手戰之道得以正確流傳，造福於天下修練者。

茲者按其概略，先僅為跋，以期昭垂於不朽云。爾果能遇有志之賢弟子，當循之代吾山人，代為傳點，化施後覺。或有超出者，更吾山人之樂也。吾日望之，直待緣遇，再暢清懷可也。

【闡釋】

在這裡將傳統手戰之道練、體、用的大概內容，簡略陳述一番，又作此「跋」，以期傳統手戰之道的真法昭明於天下，使傳統手戰之道造福於後人，成不朽之功德。

爾等如遇有志之賢良弟子，當遵此代替吾等修行之人傳播、點化。

或有天賦資質、功德藝境超出我輩者，可使傳統手戰之道廣為流傳，那更是吾等修行之人的最大之樂趣。吾等日日期盼之，直待善緣相遇，再暢談敘故，聊解清懷，也就可以知足了。

南宮許立福敬抄於北平寓所

【闡釋】

觀此「北平」二字，可知「劍經結文」的抄錄時間已是民國之時。再結合「劍髓千言」中「河北雲中子立福識」可知，許立福乃河北南宮人。

「渾元劍經內外篇原序」中有「光緒二十二年丙申九月戊戌朔日，許國本敬書」的字樣。

如果聚雲山主許地雲、許國本、許立福、許仲荷四人是親族，甚至祖孫三代的話，則此劍經之抄錄出於三代人之手。這可由原抄本作進一步考證。

「劍經結文」到此闡釋完畢！《渾元劍經》之全部內容，闡釋至此也告一段落。

本人對《渾元劍經》的闡釋，權當作拋磚引玉。因本人水準有限，識淺見薄，於劍經所述之功法精髓、至用妙義，難免有闡釋不當之處，誠祈諸位前輩與朋友們海涵。

跋

評價一部傳統武學著作的價值，至少應從兩個方面入手：

一是著作完成的歷史時期，即著作的歷史文化價值；

二是著作中武術專業內容的學術水準，即著作的武學價值。

《渾元劍經》的成書時期為元末明初，現在傳世的其他傳統手戰之道的經譜皆在其後，僅此一條，其歷史文化價值之高已毋庸置疑了。此經中手戰之道理、法、術、功、形、意、體、用的內容豐富，明清兩代各家經譜所述練、體、用的基本內容，在此經中多有出現，且論述精細微妙，層次分明，具有可行性、可證性、可信性。

以下對此經所述的理、法、術、功、形、意、體、用等方面內容的分析，可證此判斷不謬。

理：

《渾元劍經》以中華傳統文化的「天人合一」思想為核心，建立傳統手戰之道的理論體系。其又引《易經》《道德經》《黃帝內經》及傳統兵法學等內容，闡明「三一一三」宗旨及建德體、至道用的基本觀點。

其言：「渾之為體也，純而篤靜；其為用也，動而多玄。」又論動靜剛柔：馭靜以動，動中亦靜，動靜互為其根；柔化剛發，以柔用剛，陰陽迭神其用。這為傳統手戰之道成為一門獨立的學科奠定了堅實的理論基礎。

《渾元劍經》還從練用保身的角度，闡明了傳統手戰之道「無害者順生機之自然，去其害生機者也」「文兼武備將相身」以及健身、技擊二者並行不悖的道理。

總之，《渾元劍經》已經基本完善了傳統手戰之道的「理」。

法：

理明則法密。有其理，便有其法。法有建體之法、至用之法的分別，以下概論之。

建德體之法：有內功法的建「健之體」、外功法的建「順之體」、內外合修的建「健順德之體」三項基本內容及形、氣、神三層功夫藝境之體的修法內容。

至道用之法：「至妙變化之自出。其身式忽高忽低，或左或右，似進非進，似退非退，進中退、退中進、近而遠、遠而近，恍惚形如定。其中有詐誑引駭之式、橫斜奇正之機，以十二式連合一式，謂之刺猿。非身柔若絮、靈活穩準，難以為此也」，論述了形拳招熟；「攻防招法含形隨應致變，皆從他力取法，要在心空靈，而手靈妙，猝變無心動中徨徨之色，動靜皆自然，非勉強也。自然之力，由於習慣也。爾等能潛神熟練，自可時至神知」，論述了氣拳懂勁；「寂感遂通」，論述了神拳神明。

術：

術者，變化之道也。從歌訣「精神凝結一團團，動靜之為貴自然。隨所往來無阻滯，任從指點合先天」中可以知道，順隨為法而實施攻防招法，是其基本攻防變化的技術。而柔化剛發，以柔用剛是其根本的攻防技術。

功：

功夫也，能力也。有體、用的分別。以體言，有形、氣、神的三體論。就用而言，有聽探、順化的能力；以柔用剛的攻防能力；至妙變化自出的能力；含形隨應致變，時至神知的能力；「務須功力體精神」的能力；層層體現攻防功夫的能力等。

形：

手戰之道分為有形和無形。有形者，因形練形，後天之功，果能以先天之神為體用，足以向機御變，因變致神。無形者，極至道成，其妙存乎虛靈之人，其幾速於影響。有形者，至妙變化之自出；無形者，含形隨應致變，時至神知。

意：

「不動不牽意誠篤。氣隨心到，心逐氣穿，心能普照，氣自周全，久而力自加焉。式如行雲流水，無停無滯，瞬息存養，動靜輕清而靈，入手神妙，可以進退如意，形無定門，非斜非橫，忽高忽低。功夫到此，可謂通真。」此段論述，將務以意會的「意」的練用之法表達得淋漓盡致。

體：

健之體：本乎天之一，養氣於至清，則健之體立。

順之體：則乎地之一，融精於至寧，則順之體立。

神之體：此於艮之一，涵神於至靈，則神之體立。

渾之體：以靈神，又渾化清、寧而一之，則渾之體立。正所謂「渾化歸一之體」。

此將健之體、順之體、神之體、三者合一的渾之體，皆論述得清清楚楚，至極則無形無象，無極之體。論之全矣！正如歌訣所言：

內外全無渣滓質，養成一片紫金霜。

陰陽變化皆歸我，變動飛潛各有常。

有建德體之法，便有德體的運用之法。「初基等級詳序」中所述系列方法，皆為練法，即為熟而練的方法。該方法明確提出了內外雙修，餵手、盤較的系統練法。

用：

有其體，自有其體之用。有剛柔之德體，就有「馭靜以動，動中亦靜，動靜互為其根；柔化剛發，以柔用剛，陰陽迭神其用」的攻防技法之運用。

《渾元劍經》將用法分為「術、道」兩個層次立論。術法為「養靈根而動心者，敵將也」，且「至妙變化之自出，非身柔若絮，靈活穩準，難以為此也」；道法為「固靈根而靜心者，修道也」，即「含形隨應致變，皆從他力取法；要在心空靈，而手靈妙，猝變無心動中惶惶之色，動靜自然，非勉強也。自然之力，由於習慣也。潛神熟練，自可時至神知」。

《渾元劍經》還將具體用招法則，定為「因變亦變，逸以待勞，從之以為進退，逆力以為揭獻」，即「寄奇於隅內」。經文中又有關於用形、用氣、用神之區別的詳細論述。真可謂諸用之法全矣！

我們從對傳統手戰之道的理、法、術、功、形、意、體、用的全部內容的分析中，可以清楚地認識到《渾元劍經》的全面性。其功法、技術的含金量之高是許多經譜無法比擬的。

《渾元劍經》上承春秋戰國劍道之餘緒，下接明清兩朝各家經譜之要略，承前啟後，具有重要的學術價值。

《渾元劍經》最顯著的特點是既沒有提到少林達摩，又沒有提到武當張三丰。這為我們認識明清兩代傳統手戰之道提供了新的角度。「內家拳、外家拳」和「內家拳法、外家拳法」兩種說法孰是孰非，「明、暗、化」三勁，特別是「形、氣、神」三層功夫藝境，在《渾元劍經》中都有涉及。

儘管明清兩代傳統手戰之道的大家們多未提及《渾元劍經》，但是他們在練、體、用等諸方面的論述，為什麼與《渾元劍經》極其相似，基本法則又如出一轍呢？這都是值得後世研究者深入探究的。

總之，《渾元劍經》的學術地位及價值，尚不是我們今天能夠完全認識和把握的，今後還須不斷努力。

馬國興釋讀《渾元劍經》

釋　　讀｜馬國興
整　　理｜崔虎剛
責任編輯｜李博倫

發 行 人｜蔡森明
出 版 者｜大展出版社有限公司
社　　址｜臺北市北投區（石牌）致遠一路 2 段 12 巷 1 號
電　　話｜（02）28236031，28236033，28233123
傳　　真｜（02）28272069
郵政劃撥｜01669551
網　　址｜www.dah-jaan.com.tw
E-mail｜service@dah-jaan.com.tw
登 記 證｜局版臺業字第 2171 號

承 印 者｜傳興印刷有限公司
裝　　訂｜佳昇興業有限公司
排 版 者｜菩薩蠻數位文化有限公司
授 權 者｜北京科學技術出版社
初版 1 刷｜2024 年 10 月

定　　價｜450 元

國家圖書館出版品預行編目（CIP）資料

馬國興釋讀《渾元劍經》／馬國興釋讀
—初版—臺北市：大展出版社有限公司，2024.10
面；　公分
ISBN　978-986-346-493-8（平裝）
1.CST: 劍術 2.CST: 中國
528.974　　113013453